Logische Propädeutik

Logische Propädeutik

Vorschule des vernünftigen Redens

von Prof. Dr. Wilhelm Kamlah †
und Prof. em. Dr. Paul Lorenzen
Universität Erlangen-Nürnberg

Dritte Auflage

Verlag J. B. Metzler
Stuttgart · Weimar

Die Deutsche Bibliothek - CIP - Einheitsaufnahme

Kamlah, Wilhelm:
Logische Propädeutik : Vorschule des vernünftigen Redens
von Wilhelm Kamlah u. Paul Lorenzen. - 3. Auflage,
unveränd. Nachdruck - Stuttgart ; Weimar : Metzler 1996
   ISBN 3-476-01371-5
NE: Lorenzen, Paul

ISBN 978-3-476-01371-2

Gedruckt auf säure- und chlorfreiem, alterungsbeständigem Papier.

Dieses Werk einschließlich aller seiner Teile ist urheberrechtlich
geschützt. Jede Verwertung außerhalb der engen Grenzen des
Urheberrechtsgesetzes ist ohne Zustimmung des Verlages unzulässig
und strafbar. Das gilt insbesondere für Vervielfältigungen, Übersetzungen, Mikroverfilmungen und die Einspeicherung und Verarbeitung in
elektronischen Systemen.

© 1996 J. B. Metzlersche Verlagsbuchhandlung
und Carl Ernst Poeschel Verlag GmbH in Stuttgart

Druck und Bindung: CPI – Ebner & Spiegel, Ulm
Printed in Germany

Verlag J. B. Metzler Stuttgart · Weimar

VORWORT ZUR ZWEITEN AUFLAGE

Als dieses Buch, aus mehrjähriger fruchtbarer Zusammenarbeit am Erlanger Philosophischen Seminar hervorgegangen, 1967 zum ersten Mal gedruckt werden sollte, schlugen wir als Titel „Vorschule des vernünftigen Redens" und als Untertitel „Eine logische Propädeutik" vor. Uns scheint, daß sich der Verleger, Herr Dr. Mittelstaedt, damals ein Verdienst durch den Gegenvorschlag erworben hat, die beiden Titel umzustellen. Denn seit dem Erscheinen des Buches hat sich der Ausdruck „Logische Propädeutik" nicht nur als Titel eben dieses Buches, sondern darüber hinaus als Titel einer relativ selbständigen Disziplin der Logik eingebürgert, hat die Einsicht an Boden gewonnen, daß es zweckmäßig, ja notwendig ist, diesen Teil der Logik ausdrücklich zu pflegen.

Wie war denn die Lage zuvor? Zwar war man nicht nur in den angelsächsischen Ländern, sondern auch auf unserem Kontinent und in Deutschland endlich zu der Überzeugung gelangt, daß die Philosophie den Anschluß an die Logik wiederfinden müsse, nunmehr den Anschluß an die moderne „mathematische" Logik. Lehrstühle wurden gegründet, Einführungsübungen wurden nicht allein in den mathematischen, sondern auch in den philosophischen Instituten üblich. Doch machte man alsbald die Erfahrung: Die Einübung in die Kalküle dieser modernen Logik ist kaum dazu geeignet, dem Philosophen oder Geisteswissenschaftler die Disziplinierung des Redens zu vermitteln, derer er so bitter nötig bedarf. Ein Philologe oder Kunsthistoriker, der es in einer Anfängerübung vielleicht bis zur konjunktiven Normalform des Aussagenkalküls gebracht hat, weiß damit hernach in seiner eigenen Wissenschaft begreiflicherweise nichts anzufangen.

Die ältere „traditionelle" Logik gliederte sich bekanntlich in die Lehre vom Begriff, vom Urteil, vom Schluß. Es ist die seit KANT „formale Logik" genannte Lehre vom Schluß, die in der modernen, von Mathematikern begründeten Logik seit einigen Generationen eine vordem ungeahnte Blüte erlebt hat, und so kann man auch sagen: Heute ist es an der Zeit, sich auch wieder der alten Lehre vom Begriff und vom Urteil ausdrücklich zuzuwenden und diese Lehre dem heutigen Stande der Logik, aber auch der Sprachtheorie gemäß neu auszuarbeiten. Auch auf diesem elementaren Felde ist nämlich seit FREGE, RUSSELL, WITTGENSTEIN einiges zusammengekommen — man denke z. B. an die von Frege und Russell ausgebildete Theorie der Kennzeichnung —, das endlich jeder kennen lernen sollte, jeder Philosoph oder Wissenschaftler, der unseres Bildungsjargons überdrüssig und der bemüht ist, klar und einfach und unmißverständlich zu reden und zu schreiben.

In dieses Buch sind ferner folgende von Lorenzen stammenden Gedanken eingegangen: die Idee eines konstruktiven methodischen Aufbaus der Logik, die Abstraktionstheorie hinsichtlich Begriff, Klasse und Sachverhalt, die dialogische Einführung der logischen Partikeln und die Einführung der Modalität „Notwendigkeit" durch den Bezug auf einen vorgegebenen Wissensstand.

Der Gedanke, aus dem allen eine „Logische Propädeutik" zu erarbeiten, stammt von Kamlah. Hinzugefügt wurde von ihm die im II. Kapitel und in III, § 6 dargelegte Sprach- und Zeichentheorie, in ihrem Zusammenhang die Ausdehnung der Abstraktionstheorie auf die allgemeine Unterscheidung von „Handlungsschema" und „aktueller Handlung" und auf die spezielle Unterscheidung der sprachlichen Handlungsschemata von ihrer Aktualisierung in der Rede. Sein Ziel war dabei, durch eine detaillierte Ausarbeitung des Aufbaus dieses elementaren Teils der Logik und durch dessen Einbettung in vielerlei Bezüge der Philosophiegeschichte einerseits, der Sprachphilosophie und der Philosophischen Anthropologie andererseits einen Text zu schreiben, den auch der Nichtmathematiker mühelos lesen kann.

In der Nachfolge DILTHEYS und HEIDEGGERS war man bei uns in Deutschland lange der Ansicht, daß jeglicher „Fundamentalismus" in der Philosophie unmöglich und zu verurteilen sei, daß man nicht allein die „hermeneutische", sondern die prinzipielle Zirkelhaftigkeit unseres Denkens ohne Einschränkung anzuerkennen habe. Auch wir sind der Ansicht, daß die Logische Propädeutik ihre Motivation in unserer „Lebenspraxis" hat, daß sie daher ohne „praktische" Vorwegnahmen nicht auskommt, die dann in der Ethik bzw. in einer auf Ethik abzielenden Anthropologie „theoretisch" zur Sprache kommen müssen, daß also Logik und Ethik einander in gewisser Weise wechselseitig voraussetzen. Gleichwohl ist es methodisch geboten, nicht mit der Ethik, sondern mit der Logik anzufangen, und gleichwohl ist es möglich, in der elementaren Prädikation einen geeigneten Anfangspunkt für den methodischen Aufbau der Logik zu finden. Das wird, so meinen wir, in diesem Buch durch die Tat bewiesen.

Die Logische Propädeutik konstruiert nach und nach den wissenschaftlichen Satz mittels seiner Elemente und Regeln, anfangend mit dem Elementarsatz, endend mit dem generellen Satz. Dieser Aufbau erfolgt im Hinblick auf den empirischen Satz und verwendet daher empirische Sätze als Beispiele. Die Logische Propädeutik als solche enthält aber keinerlei empirische Sätze, sondern ist eine apriorische, d. h. nichtempirische Wissenschaft (was Seiten- oder Vorblicke auf empirische Wissenschaften nicht ausschließt). Daher haben wir es für angezeigt gehalten, der von Kamlah geschriebenen Logischen Propädeutik im engeren Sinne (Einleitung und Kapitel I bis VI) ein weiteres, von Lorenzen geschriebenes Kapitel folgen zu lassen, das den Aufbau der formalen Logik als einer „apriorischen" Wissenschaft allein zum Thema hat.

Schon die erste Auflage hatte einen erfreulichen Erfolg und mußte mehrfach neugedruckt werden, doch in den „revidierten Ausgaben" wurden lediglich Versehen und Druckfehler ausgemerzt. In dieser zweiten Auflage ist von Kamlah dem V. Kapitel ein Paragraph über die Modalitäten hinzugefügt und der bisherige Exkurs über die rein darstellende („kognitive") Aussage zu einem selbständigen, dem VI. Kapitel ausgebaut, so daß Lorenzens Weiterführung nun als VII. Kapitel erscheint. Hier wird die Begründung der allgemeinen Dialogregel in neuer Weise dargestellt. Ferner sind zwei Paragraphen über ontische und deontische Modallogik hinzugefügt. Im übrigen wurde der Text nur hier und da gekürzt, ergänzt, verbessert. Der Exkurs über „Existenztragende Wahrheit" am Ende des IV. Kapitels wurde beibehalten, obwohl er nur das Programm einer „Philosophischen Anthropologie" entwirft, die Kamlah inzwischen geschrieben und veröffentlicht hat mit dem Untertitel „Sprachkritische Grundlegung und Ethik" (BI Mannheim 1972).

Als ein Versuch der im Schlußkapitel angekündigten „praktischen Hauptschule" ist inzwischen auch von Lorenzen/Schwemmer eine „Konstruktive Logik, Ethik und Wissenschaftstheorie" ausgearbeitet worden (BI Mannheim 1973).

Der Leser übrigens, der eine Darstellung der Vorgeschichte vermißt, die dem Aufbau dieser „Vorschule des vernünftigen Redens" vorausgegangen ist, kann jetzt auf das Buch von Kuno LORENZ verwiesen werden: „Elemente der Sprachkritik, eine Alternative zum Dogmatismus und Skeptizismus in der Analytischen Philosophie" (erschienen in der Suhrkamp-Reihe „Theorie" 1970), das in seinem ersten, historischen Teil — der systematische

Teil ist nicht weniger lesenswert — genau diese Vorgeschichte darstellt (unter Hervorhebung von Russell, Moore und besonders Wittgenstein) und die Problemlage, von der auch wir auszugehen hatten, treffend angibt als das Dilemma des „dogmatischen" logischen Empirismus einerseits und der „skeptischen" ordinary-language-Philosophie andererseits.

Schließlich soll nicht in Vergessenheit geraten, daß Kuno LORENZ und Jürgen MITTELSTRASS an der Endredaktion der ersten Auflage sehr hilfreich mitgewirkt haben.

Erlangen, im August 1972

Wilhelm Kamlah
Paul Lorenzen

INHALTSVERZEICHNIS

Vorwort zur zweiten Auflage 5

Einleitung

§ 1. Sprachkritik als gegenwärtige Aufgabe 11
§ 2. Das Problem des Anfangs (der „Fundamental-
philosophie") 15

I. Kapitel: Die elementare Prädikation

§ 1. Vorbereitung des Neu-Anfangs 23
§ 2. Prädikatoren 27
§ 3. Eigennamen 31
§ 4. Die Elementaraussage und ihre Form 34
§ 5. Ist „Gegenstand" ein Prädikator? 39

II. Kapitel: Welt, Sprache, Rede

§ 1. Die sprachliche Erschließung der Welt 45
§ 2. Sprache und Rede (sprachliche Handlungsschemata) . 53
§ 3. Kontextabhängigkeit von Gebrauchsprädikatoren . . 64

III. Kapitel: Erste Bausteine der wissenschaftlichen Aussage

§ 1. Termini als normierte Prädikatoren (die Prädikatorenregel) 70
§ 2. Die Definition 78
§ 3. Exemplarischer Aufbau einer Terminologie 82
§ 4. Lautgestalt, Bedeutung, Begriff (die Abstraktion) . . . 86
§ 5. Die Klasse 93
§ 6. Zeichen und Bedeutung; Handlungsschemata 95
§ 7. Abstraktoren 101
§ 8. Eigennamen und Kennzeichnungen 104
§ 9. Indikatoren 111

IV. Kapitel: Wahrheit und Wirklichkeit

§ 1. „Wahr" und „falsch" (die interpersonale Verifizierung) 117
Anmerkung zu „Aletheia" 129

§ 2. Aussage und Sachverhalt 129
§ 3. Sachverhalt und Tatsache 136
    Anmerkung über „Wahrheit" als „Echtheit" 145
Exkurs: Existenztragende Wahrheit 146
    Anmerkung zur „Wahrheit der Kunst" 149

V. Kapitel: Die logischen Partikeln, der generelle Satz und die Modalitäten

§ 1. Generelle und singulare Aussagen in den Wissenschaften 151
§ 2. Die Junktoren 153
§ 3. Die Quantoren 161
§ 4. Empirische generelle Sätze 167
§ 5. Hinweis auf das „Universalienproblem" 172
§ 6. Die Modalitäten 179

VI. Kapitel: Zur Pragmatik der Aussage

§ 1. Aussage und Anweisung 188
§ 2. Die Mitteilung 190
§ 3. Einführung und Verwendung von Prädikatoren 193
§ 4. Der performative Satz 195
§ 5. Die rein darstellende (kognitive) Aussage 196

VII. Kapitel: Formale Logik

§ 1. Klassische Tautologien 202
§ 2. Logische Wahrheit 209
§ 3. Ontische Modallogik 225
§ 4. Deontische Modallogik 229

Personenregister 232
Sachregister 233
Symbolregister 239

EINLEITUNG

§ 1. *Sprachkritik als gegenwärtige Aufgabe*

Die Absicht dieses Buches ist, zur Bewältigung einer Aufgabe beizutragen, die sich im gegenwärtigen geschichtlichen Augenblick angesichts der Situation der Philosophie und der Wissenschaften, zumal der so genannten Geisteswissenschaften stellt.

Die Philosophie und die Geisteswissenschaften haben in Deutschland zu Beginn des Jahrhunderts und besonders in den zwanziger Jahren so etwas wie eine glückliche Stunde gehabt. In der Nachfolge DILTHEYS und HUSSERLS, in der Aneignung von KIERKEGAARD und NIETZSCHE, in der fortgehenden Auseinandersetzung mit KANT und HEGEL entstanden eindrucksvolle Entwürfe der Philosophie, ergaben sich neuartige Aspekte der historischen Interpretation von Texten und Kunstwerken. Auch die Theologie war in Bewegung gekommen und nahm philosophische Anregungen auf.

Ganz anders die heutige Situation. Es wäre unfruchtbar und ungerecht zu sagen, seither sei niemandem mehr etwas Förderliches eingefallen, man zehre noch immer von der Leistung der damals führenden Denker. Es hat sich eher herausgestellt, daß jene Ansätze nicht so aufgenommen und weitergebildet werden konnten, wie man durch einige Jahrzehnte hoffte, daß ferner die gegenwärtige Stagnation einerseits, Verworrenheit andererseits Ursachen haben müssen, die weit älteren Datums sind als unser eigenes Jahrhundert.

Woran es heute fehlt, ist nicht der geniale neue Einfall oder gar das avantgardistische Experiment — davon haben wir eher zu viel —, sondern die Disziplin des Denkens und des Redens, die uns endlich ermöglichen würde, unsere hoffnungslos gegeneinander aufgefahrenen Standpunkte und Meinungen abzubauen und, in aller Ruhe sozusagen, miteinander, in vernünftigem Gespräch, einen neuen Anfang zu machen. Die Disziplinlosigkeit des monologischen Drauflosschreibens und Aneinandervorbeiredens in fast allen Bereichen nicht allein der Philosophie und der Wissenschaft, sondern auch der Literatur, der Kunstkritik, der Politik ist erschreckend, obwohl gerade dies von den Betroffenen meist gar nicht bemerkt wird, weil es Maßstäbe und Regeln des disziplinierten Dialogs nicht gibt. Sonst würden nicht mit so unbekümmerter Betriebsamkeit immer neue Tagungen, Gespräche, Begegnungen,

Podiumsdiskussionen organisiert werden, in denen jeder wieder nur seine bereits mitgebrachte Munition abfeuert, wobei Prestigerücksichten die Verwirrung oft noch vermehren.

Nun ist bekannt genug, daß die Philosophie seit einigen Generationen und besonders wiederum in Deutschland den Kontakt mit der Logik verloren hat. Gerade in den zwanziger Jahren kam die Meinung auf, Logik sei ein Instrument des „verfügenden", des „objektiv distanzierten", seine Gegenstände der „Berechnung" unterwerfenden Denkens, das man im Engagement der betroffenen Existenz oder der von Gott angerufenen Person oder der dem historisch Fremden sich öffnenden Interpretation überwinden müsse. Die „traditionelle" nacharistotelische Logik verfiel der Geringschätzung und verschwand aus dem akademischen Unterricht, und die seit FREGE und RUSSELL neu aufblühende Logik wurde ignoriert.

Der Rezeption dieser neuen Logik nun stehen auch noch heute verständliche Hindernisse im Wege. Zunächst einmal ist diese Logik von Mathematikern entwickelt worden. Auch ihre elementaren Lehrbücher setzen mathematische Kenntnisse ausdrücklich oder stillschweigend voraus und bleiben dem Theologen oder Kunsthistoriker unzugänglich. In der Tat kann die formale Logik heute nur noch von Mathematikern gefördert werden, denn die Problematik ihrer Kalküle ist ein Spezialfall mathematischer Fragestellungen. Infolgedessen wird die Logik in der Regel von gebürtigen Mathematikern vertreten und gelehrt, von denen wiederum viele nur mathematisch interessiert sind, so daß sie die Aufgabe, sich für die Disziplinierung des allgemeinen vernünftigen Denkens einzusetzen, gar nicht in den Blick bekommen. In dieser Lage kann sich auch bei den Gutwilligen das Vorurteil nur verfestigen, die „Logistik" sei dem Geisteswissenschaftler unzugänglich oder sie gehe ihn nichts an oder sie führe wieder nur in die Irre des verfügenden und verrechnenden Denkens. Obwohl sich also nachgerade herumgesprochen hat, daß die Logik in unserem Jahrhundert zu einer respektablen und blühenden Wissenschaft geworden ist, die man nicht mehr wie einst ignorieren kann, ja obwohl es geradezu Mode geworden ist, sich für die „bestürzenden Errungenschaften" der elektronischen Technik, der Atomphysik, der Kybernetik und dergleichen aufgeschlossen zu zeigen, bleibt der Graben nach wie vor tief, eine Situation, die sich noch verhärtet durch das Bündnis, das die Logik in der Wiener Schule und in den angelsächsischen Ländern mit dem Positivismus eingegangen ist.

Führende Vertreter der Logik jenseits des Ozeans verbinden in der Tat ihre Forschung mit einem Glaubensbekenntnis, das sie selbst als strenge „Wissenschaftlichkeit" deklarieren und dessen Dogmen vorschreiben, der Mensch und seine Sprache seien so etwas wie Objekte der Physik, am ehesten mit den Methoden des Behaviorismus erforschbar, und vernünftige Wissenschaft sei in jedem Falle exakte Wissenschaft nach dem Leitbilde der Mathematik einerseits, der Physik andererseits. Mag auch diese der Logik sich gemeinhin verbindende Weltanschauung nicht immer Neopositivismus sein, um Szientismus, d. h. um ein Verständnis der Vernunft im soeben angedeuteten Sinne, handelt es sich fast in jedem Falle. Und so bleibt denn hierzulande das Mißtrauen gegen die „Logistik" bei allen denen lebendig, die ganz zu Recht daran glauben, daß Existenzphilosophie oder geisteswissenschaftliche Hermeneutik nicht bloße Hirngespinste sind. Das Mißtrauen bleibt unüberwunden, die Formelsprache der Logiker bleibt unverständlich, die Logik bleibt ein abgesondertes Fach, und die babylonische Sprachverwirrung dauert an.

Aus dieser Situation erwächst die Aufgabe, zu deren Bewältigung hier beigetragen werden soll durch eine „Vorschule des vernünftigen Redens", die auch heißen kann: Logische Propädeutik für jedermann. Die Thematik dieser Vorschule kann kaum mit wenigen Worten im Voraus angegeben werden, der Leser wird vielmehr gebeten, sich ohne Mißtrauen an die Sache selbst zu begeben. Er wird alsbald bemerken, daß es jedermann angehende Fragen der Disziplinierung des vernünftigen Redens gibt, die noch diesseits der Logik im engeren Sinne liegen, diesseits nämlich der formalen Logik als der Lehre vom logischen Schluß oder von der Herleitung wahrer Sätze aus vorgegebenen wahren Sätzen allein auf Grund der logischen Form dieser Sätze. Logische Propädeutik ist aber **nicht lediglich eine Vorhalle der formalen Logik** — dann ginge sie ja wiederum den nichts an, der gar nicht die Absicht und den Ehrgeiz hat, formale Logik zu betreiben —, sondern die **Lehre von den Bausteinen und den Regeln jedes vernünftigen Redens**, das nämlich auch dann der klärenden und ordnenden Kritik bedarf, wenn es — wie etwa in den historischen Wissenschaften — von logisch komplizierten Schlußverfahren gar keinen oder nur bescheidenen Gebrauch macht. (Als bloße Einleitung in die formale Logik könnte die logische Propädeutik erheblich kürzer ausfallen: ein Standardlehrbuch wie z.B. Hilbert-Ackermann verwendet weniger als eine halbe Seite darauf.)

Der Leser wird ferner alsbald bemerken, daß diese Vorschule keinerlei Mathematik voraussetzt, daß sie wirklich jedermann zugemutet werden kann, der vernünftig nachzudenken und den Gesprächspartner nicht niederzureden, sondern durch Gründe zu überzeugen wünscht, indem er sich selbst den Argumenten des Partners offenhält. Und zwar wird die Mathematik nicht etwa bloß der Didaktik zuliebe beiseitegelassen, sondern es wird ein sprachlicher Aufbau versucht, der seinerseits wie der formalen Logik so auch der Mathematik vorauszugehen hat.

Erst recht soll dieser Aufbau so versucht werden, daß nicht in den ersten Anfang schon weltanschauliche Vorurteile eingehen, auch nicht diejenigen des modernen Szientismus. Die Notwendigkeit der Sprachkritik ist nämlich nicht auf Philosophie, Theologie, „Geisteswissenschaften" beschränkt, wo sie nur am ehesten in die Augen springt. Auch in den exakten Disziplinen gibt es das Aneinandervorbeireden von dogmatisch eingenommenen Standpunkten aus. Es ist die Aufgabe gestellt, die Sprache von Wissenschaft und Philosophie überhaupt von Grund auf zu überprüfen und neu zu entwerfen.

Während der letzten Jahrzehnte ist auch die Sprache zu so etwas wie in einem Modethema geworden. Nicht allein die alten Wissenschaften von der Sprache, die Linguistik, die Philologien wenden sich dem Thema unter neuen Aspekten zu, sondern auch die Philosophie, die Psychologie, die Pädagogik, die Feuilletons der Zeitungen. Kennzeichnend für diese Modesituation ist etwa der Eifer, mit dem sich die Nachtstudios unserer Rundfunkanstalten um die „Begegnung von Sprachanalyse und Dichtung" bemühen.

Hier jedoch interessiert uns nicht die Frage, auf welchen Wegen seit HAMANN, HERDER, Wilhelm VON HUMBOLDT die Sprache mehr und mehr in das Blickfeld der deutschen Philosophie vorgerückt ist oder in welcher Weise die seit FREGE, RUSSELL, WITTGENSTEIN neu aufblühende Logik die Sprachanalyse im angelsächsischen Raum verbreitet hat, also auch nicht die historische Frage, inwiefern Sprachkritik als Parole gegenwärtiger Philosophie gelten kann. Auch nicht darum geht es hier, die Sprache für einen hervorragenden Gegenstand der Philosophie zu erklären. Zwar ist und bleibt die Sprache Gegenstand zahlreicher Wissenschaften und auch der Philosophie, etwa der philosophischen Anthropologie. Damit sie das aber sein kann, damit es überhaupt vernünftige Erforschung von Gegenständen geben kann, müssen wir „immer schon" sprechen. Die Sprache ist, mit KANT zu reden, „Bedingung der Möglichkeit" jeglicher Wissenschaft und Philosophie. Sofern die Kantische Vernunftkritik als Untersuchung der Möglichkeit jeglicher Erkenntnis „Transzendentalphilosophie" hieß, ließe sich also sagen, daß die Sprachkritik das Erbe der Kantischen Transzendentalphilosophie anzutreten hat. Zwar kann die „Sprach-Philosophie" (Sprach-Anthropologie) die Sprache auch zum Gegenstande haben, ähnlich wie die Rechts-Philosophie, die Religions-Philosophie, die Natur-Philosophie, die Existenz-Philosophie sich jeweils mit ihrem Sachbereich befassen. Logische Propädeutik als Sprachkritik aber ist, wie allen Wissenschaften, so auch allen solchen Bindestrich-Philosophien vorgeordnet[1].

§ 2. *Das Problem des Anfangs (der „Fundamentalphilosophie")*

Die Phänomenologie und Existenzphilosophie unseres Jahrhunderts haben jenes „immer schon" zu beachten gelehrt, das soeben zitiert wurde: Wir müssen „immer schon" sprechen, wenn wir Wissenschaft oder Philosophie treiben. Wir existieren „immer schon" in einem „Vorverständnis" der Welt und unserer selbst, ehe wir nachzudenken und zu forschen beginnen, und dieses Vorverständnis artikuliert sich sprachlich. Wie sollen wir also beginnen, die Sprache als Bedingung der Möglichkeit vernünftigen Redens und Denkens zu untersuchen, wenn wir keinerlei Untersuchung beginnen können, ohne bereits zu sprechen? Geraten wir hier in einen unvermeidlichen Zirkel, oder haben wir Aussicht, einen Anfang unseres Nachdenkens zu finden, von dem her wir zirkelfrei und schwindelfrei vorgehen können?

In mannigfachen Abwandlungen hat das Problem des Anfangs die Vernunft seit ihrem eigenen geschichtlichen Anfang beschäftigt. Schon THALES soll nach der „$\dot{\alpha}\varrho\chi\dot{\eta}$ alles Seienden" gefragt haben. Von „Prinzipien" und „Elementen", von „Grund" und „Ursprung" handelt unsere ganze philosophische Tradition. Der kosmologischen Frage nach dem Ursprung, aus dem alles hervorgegangen ist, und nach einfachen Elementen, aus denen alles als zusammengesetzt zu gelten hat, gesellt sich die epistemologische Frage,

---

[1] Vgl. K. O. APEL, Die Idee der Sprache in der Tradition des Humanismus von DANTE bis VICO, Arch. f. Begriffsgeschichte 8 (1963), S. 22.

womit die Erkenntnis selbst anzufangen hat, um nicht fehlzugehen. Diese Frage setzt Skepsis voraus, die Erfahrung, daß die Vernunft bereits fehlgegangen ist, eine Skepsis, die in der griechischen Sophistik zuerst auf den Plan tritt und der die Vereinigung des griechischen Denkens mit dem christlichen Glauben für etwa ein Jahrtausend den Mund verschließt. Denn nun gelten Offenbarung, Autorität, Tradition als Sicherheit verbürgendes Fundament alles menschlichen Denkens. Doch als sich dieses Denken erneut zur Selbständigkeit entschließt, als es die Tradition der „Schule" und der „Bücher" zurückweist, um sich allein auf Vernunft und Erfahrung zu gründen, kommt die Reflexion auf den richtigen Anfang mit einer vordem unbekannten Wachheit und Hartnäckigkeit in Gang. Denn wo der Rückhalt an einer Tradition verschmäht wird, die zuvor als Wahrheit verbürgend gegolten hatte, erscheint äußerste Vorsicht schon der ersten Schritte angezeigt. DESCARTES blickt nun wieder skeptisch zurück auf die jahrhundertelangen Anstrengungen einer Gelehrsamkeit, die noch immer nichts Gewisses, dem Streit der Schulen Entzogenes gefunden hat, und verlangt programmatisch den Neubeginn „a primis fundamentis"[1]. LOCKE fordert vor allem Eintritt in neues Forschen die fundamentale Untersuchung der Möglichkeiten und Grenzen des menschlichen Verstandes und begründet damit die explizite Erkenntniskritik[2]. KANT sieht bereits kritisch zurück auf zwei Jahrhunderte des neuen Denkens, das auch wieder fehlgegangen ist, und versucht, durch seine Vernunftkritik endlich den „sicheren Gang" zu gehen, den bisher nur Mathematik und Physik gegangen sind[3]. Auch HUSSERL und der Positivismus unseres Jahrhunderts haben noch einmal, je in ihrer Weise, zuverlässige Fundamente zu legen versucht, ohne daß man sagen könnte, das Stimmengewirr der philosophischen Schulen und Standpunkte sei heute weniger beunruhigend als zu Zeiten KANTS oder der griechischen Sophisten.

Ist also dieser „Fundamentalismus" vielleicht als solcher verfehlt ? Könnte es nicht sein, daß sich das Denken überfordert auf der Suche nach dem noch makellosen, noch irrtumsfreien Anfang seiner selbst ? Sich am eigenen Schopf aus dem Sumpf mißlungener Bemühungen herauszuziehen, ist das nicht ein von vornherein

---

[1] Med. I, 1.
[2] Essay concerning Human Understanding, Epistle to the Reader.
[3] Vorrede zur 2. Auflage der Kritik der reinen Vernunft.

aussichtsloses Vorhaben der Vernunft? Sollte es geboten sein, auf solche Überanstrengung endlich zu verzichten, die Zirkelhaftigkeit alles menschlichen Denkens anzuerkennen und nunmehr vertrauensvoll „inmitten" zu beginnen, nämlich inmitten der Sprache, die wir „immer schon" sprechen, und inmitten der sprachlich erschlossenen Welt, in der wir vor aller Wissenschaft immer schon leben?

In gewisser Weise wird sich ein solcher Anfang „inmitten" der Sprache mit dem Versuch, trotz allem „von Grund auf" neu zu beginnen, verbinden müssen und verbinden lassen, so daß die Frage nach dem Anfang als die Frage nach solchem Sowohl-als-auch neu zu stellen ist. Jedoch darf eine solche Behauptung hier wiederum nichts dogmatisch vorwegnehmen.

Wie ist es denn mit den bisherigen Versuchen der fundamentalen Erkenntnisgründung bestellt? Läßt die Beantwortung dieser historischen Frage hoffen, auf andere, noch nicht verbrauchte Möglichkeiten zu stoßen?

Noch unverbraucht ist die Möglichkeit, Erkenntniskritik eben als Sprachkritik zu wiederholen. Denn die bisherigen Unternehmungen der Erkenntniskritik lassen sich in Kürze folgendermaßen nachzeichnen: Seit DESCARTES und LOCKE stehen „Rationalismus" und „Empirismus" einander gegenüber. Die Rationalisten setzen die Tradition eines christlichen Platonismus fort, nach dessen Lehre der Mensch als Gottes Ebenbild die Gedanken des Schöpfers nachzudenken vermag, ausgehend von „angeborenen", ihm vom Schöpfer ursprünglich mitgegebenen „Ideen" (Begriffen) oder „Prinzipien" (Sätzen). Das Erfolg verheißende Muster rationaler Prinzipien sind immer wieder die Axiome der Euklidischen Geometrie, zumal seit NEWTON der axiomatische Aufbau auch der Mechanik gelingt. Noch KANT folgt in gewisser Weise dieser Tradition, wenn er in „reinen Verstandesbegriffen" („Kategorien") neben „reinen Anschauungsformen" die Bedingungen der Möglichkeit aller Erkenntnis zu finden glaubt, obgleich er andererseits seine Kategorien „transzendental" zu begründen versucht. Über LEIBNIZ und KANT hinaus hat sich dieser Rationalismus in der Philosophie nicht behauptet, indem ihm der Erfolg allgemein überzeugender Erkenntnisgründung versagt blieb. Dagegen in den mathematischen Disziplinen hat sich das axiomatische Denken seit dem Ende des 19. Jahrhunderts zu einer Art von Weltherrschaft durchgesetzt[1]. Freilich gelten Axiome nun nicht mehr als „evident" oder gar als Prinzipien der natürlichen Vernunft selbst, die Gott allen seinen Geschöpfen mitgegeben hat. Axiome werden vielmehr wie in freiem Entwurf „erst einmal hingeschrieben" und nur danach beurteilt, was sie als Prämissen eines Systems von weiteren Sätzen leisten, die nach den Regeln der Logik aus ihnen hervorgehen. Auch in den exakten Wissenschaften hat man also die Frage nach einer von Anfang an überzeugenden ersten Begründung als ein Bestandsstück antiquierter Tradition abgeschrieben.

Die neue Situation der Vernunft seit 1600, d. h. seit dem ersten eklatanten Erfolg einer neuen Physik, ist diese, daß sich der Fragende weder auf „Seiendes" in der Welt noch auf den offenbarenden Gott als primum fundamentum glaubt stützen zu können, so daß er sich nun auf sich selbst als „Bewußtsein" oder „Subjekt" zurückgeworfen findet. DESCARTES macht zunächst das zweifelnd fragende Subjekt selbst zum „Ausgangspunkt" des Denkens, in dem er dann freilich sogleich die „angeborenen Ideen" vorfindet. Die Empiristen teilen diese Ausgangslage, verlassen sich aber lieber auf die einfachen Sinneseindrücke als den angeblich ersten Erwerb des angeblich zuvor leeren Bewußtseins. LOCKE vergleicht die simple ideas mit den Atomen des GASSENDI (der gerade die antike Atomistik erneuert hatte). Während sich die Rationalisten der logischen Ableitung bedienen, um von ihren ersten Prinzipien her die Erkenntnis aufzubauen in analytischer Entfaltung, halten sich die Empiristen an das Vorbild der synthetischen Zusammenfügung aus einfachen Elementarbausteinen. Noch die Psychologie des 19. Jahrhunderts hat nach solchen Elementen des Bewußtseins gesucht, und noch die Neopositivisten haben in ihrer Frühzeit an dieses absonderliche Dogma angeknüpft, als sie in den „Protokollsätzen" das Baumaterial aller empirischen Wissenschaft gefunden zu haben meinten. Die Psychologie des 20. Jahrhunderts erkannte dann freilich, daß es jene elementaren Sinneseindrücke oder einfachen „Empfindungen", aus denen sich die „Wahrnehmung" und dann alle weitere Erkenntnis zusammensetzen sollten, gar nicht gibt, sofern unsere sinnliche Rezeption geleitet ist durch unsere „schon immer" vorausgegangene sprachliche Erschließung der Welt.

Die sozusagen klassischen Bemühungen der neuzeitlichen Philosophie, der Erkenntnis ein zuverlässiges Fundament zu besorgen,

---

[1] Vgl. P. LORENZEN, Methodisches Denken, in: Ratio 7 (1965), S. 1 ff.

nachdem die Zuverlässigkeit der Tradition beiseitegeschoben war, zeichnen sich miteinander dadurch aus, daß sie eine verschwiegene metaphysische Voraussetzung machen: Unter dem Eindruck des Erfolges einer neuen mechanistischen Physik hält man die „äußere" Welt schlechthin für mechanisch funktionierende Materie. Der Mensch steht dieser entseelten res corporea als schlechthin körperloses Bewußtsein, als res cogitans gegenüber. Die den Engeln verwandte leiblose Seele kommt, seltsam genug, erst durch diese neuzeitliche Umdeutung zur vollendeten Eigenständigkeit ihrer selbst. DESCARTES ist stolz darauf, als erster die radikale „distinctio" der Seele vom Leibe erkannt und die Unsterblichkeit der Seele damit neu bewiesen zu haben. Ein traditionell christlicher Zug des menschlichen Selbstverständnisses wird also radikalisiert am Anfang einer Denkbewegung, die sich am Ende vom Christentum gerade abwenden sollte. Für einige Jahrhunderte ist der metaphysische Dualismus von „Geist" und „Natur" etabliert, als handle es sich um eine Selbstverständlichkeit.

Die neuzeitlichen Denker arbeiten nämlich dieses dualistische Schema zwar auf mannigfache Weise aus, von DESCARTES bis zu HEGEL, ja bis zu HUSSERL. Aber schon Descartes begründet nicht etwa das Schema als solches, sondern setzt es deutlich bereits voraus, als er mit seinen Meditationen a primis fundamentis erst zu beginnen vorgibt. Und er setzt es voraus unter der Faszination durch die neue Mechanik. Noch KANT steht wie selbstverständlich in dieser metaphysischen Tradition, wenn er es etwa für einen „Skandal der Philosophie und allgemeinen Menschenvernunft" erklärt, daß man die Realität der Außenwelt lange nicht beweisen konnte[1]. Die klassischen Bemühungen des neuzeitlichen Fundamentalismus kranken also daran, daß sie in aller Arglosigkeit eine Metaphysik bereits zum unerkannten Fundamente haben — eine geschichtliche Erfahrung, die auf die Frage führt, ob es denn nicht trotz allem möglich sein sollte, einen metaphysikfreien, einen standpunktfreien Anfang des Denkens zu finden.

Die Eigenart der neuzeitlichen Metaphysik des Gegenübers von Geist und Natur, Bewußtsein und Außenwelt erklärt nun aber auch, warum so lange die Sprache als das Feld der kritischen Selbstbesinnung übersehen wurde. Zunächst hat das Denken gleichsam unschuldig damit begonnen, nach dem „Seienden" zu fragen. Die

---

[1] Kritik der reinen Vernunft B XXXIX.

Sprache ist anfangs so etwas wie das Gehäuse des Denkens, aus dem heraus man in die Welt schaut, ohne es zu bemerken. Doch bei dieser anfänglichen Selbstvergessenheit bleibt es ja nicht. Schon die Griechen fragen nach Episteme und Logos, und das neuzeitliche Denken ist geradezu gekennzeichnet durch seine extreme Reflexion auf sich selbst. Da aber dieses „Selbst" in der Neuzeit von vornherein als leibloses Bewußtsein verstanden wird, befaßt man sich reflektierend eben mit dem „Denken" und nicht mit der leibhaftigen Sprache, die neben dem Denken als äußerlich und als nachträglich gilt. „Primär" ist immer der Bewußtseinsakt, sei es als rationaler Gedanke oder als sinnliche Empfindung, die „Vorstellung" (LOCKES idea), die sich erst sekundär „ausdrückt" im gesprochenen Wort. (Dem entspricht in der Logik der Vorrang des „Begriffs" vor dem Wort, des „Urteils" vor dem Satz.) Das metaphysische Grundschema bewirkt also, daß trotz aller Reflektiertheit an der Sprache gleichsam vorbeigesehen wird.

Wieder kann man an DESCARTES, der so unüberbietbar entschlossen von vorn beginnen will, die Arglosigkeit beobachten, mit der er die Sprache weiterspricht, in deren Tradition er als Schüler der Jesuiten hineingewachsen war. Er überfällt den Leser seiner Meditationen alsbald mit einer Terminologie, die niemand verstehen kann, der nicht scholastisch gebildet ist (besonders in der III. Meditation). Und indem er bei aller skeptischen Vorsicht der ersten Schritte die Sprache vergißt, gibt er sich auch davon nicht Rechenschaft, daß er doch immer schon und immer noch spricht, wenn er sich in die extreme Abgeschiedenheit seines zweifelnden Ich zurückzieht, daß er also die Kommunikation mit den Mitmenschen, mit dem künftigen Leser, vom Untergang im Zweifel durchaus verschont.

Die subtile „geistesgeschichtliche" Durchforschung nicht nur der Vergangenheit, sondern auch der Gegenwart, an die wir heute gewöhnt sind, hat uns auch daran gewöhnt, undurchschaute Metaphysik, uneingestandene „Ideologie" überall und in jedem Falle zu vermuten. Auch die Soziologie hat dazu beigetragen, daß wir niemanden, auch uns selbst nicht, von der Vermutung auszunehmen pflegen, unser Handeln und Denken sei vorbestimmt durch übernommene (z. B. „bürgerliche") Verhaltensmuster und weltanschauliche Vormeinungen. Ist es nicht in der Tat utopisch, nach all unserer Erfahrung, nun wiederum ähnlich DESCARTES von so etwas wie einem „absoluten Nullpunkt" das Denken beginnen zu wollen?

Nicht allein die klassischen Bemühungen einer vergangenen Erkenntniskritik finden wir von unerkannter Metaphysik durchherrscht, mit den gegenwärtigen Bemühungen ähnlicher Absicht scheint es nicht besser zu stehen. Die Philosophie des logischen Positivismus z. B. zeichnet sich zweifellos aus durch eine methodische Umsicht und Selbstkritik, wie sie der geisteswissenschaftlich orientierten deutschen Philosophie dieses Jahrhunderts zu ihrem Schaden abgeht. Dennoch ist unschwer zu sehen, daß auch die Positivisten von undiskutierten metaphysischen Voraussetzungen ausgehen, wenn sie den Menschen etwa als „Organismus" verstehen, der es mit „Reizen" aus seiner Umwelt zu tun hat, wenn sie gewisse Gewöhnungen eines behavioristischen oder physikalistischen Denkens wie Selbstverständlichkeiten übernehmen. Was soll in einer so entmutigenden Lage die Ankündigung, hier wolle nun einer alle solche Fehler erstmals vermeiden ?

Doch es handelt sich gar nicht um die Aufgabe, mit dem Denken von einem absoluten Nullpunkt neu anzufangen. Keineswegs haben wir, wie DESCARTES vermeinte, eine Situation zu fingieren, in der ein Ich „ohne Körper und ohne Sinne" die Welt und die Mitmenschen noch gar nicht zu Gesicht bekommen und in der es das erste Wort noch gar nicht gesprochen hat. Diese Denker der Aufklärung, KANT wiederum eingeschlossen, haben „Erkenntnis" so verstanden, als müsse nicht allein die vernünftige, die wissenschaftliche Erkenntnis, sondern auch unser vorwissenschaftlicher Weltbezug allererst gestiftet werden, und haben sich damit zweifellos übernommen. Statt dessen ist allen Ernstes „davon auszugehen", daß wir „immer schon sprechen", miteinander sprechen als Menschen unter Menschen und als Menschen in der Welt. Was wir einklammern, gleichsam vorerst auslöschen, sind lediglich die Sprache der Wissenschaft und damit alle Behauptungen, die in wissenschaftlicher (oder philosophischer) Sprache formuliert wurden oder formuliert werden können. Selbstverständlich wird von dieser Einklammerung auch alles dasjenige betroffen, was hier bisher schon behauptet wurde im Sinne vorläufiger Präliminarien.

Freilich entschließen wir uns zu dieser Revision unseres vernünftigen Denkens auf Grund der Erfahrungen, die wir mit der Vernunft seit THALES gemacht haben. Der jetzt neu Anfangende ist nicht ein „Anfänger" schlechthin, sondern sozusagen ein enttäuschter Kenner (darin wieder ähnlich dem skeptischen DESCARTES). Was kann er also tun, damit ihm nicht mitgebrachte Überzeugungen (die er wie jeder andere zweifellos hat) das Geschäft von vornherein verderben? Er kann es vermeiden, solche Überzeugungen zu „denken", d. h. zu formulieren, auszusprechen, indem er den Standpunkt einnimmt, daß er die Wörter, die er dazu verwenden müßte, noch gar nicht zur Verfügung hat[1].

---

[1] Nur am Rande sei daran erinnert, daß HEGEL seine „Wissenschaft der Logik" mit der Frage beginnt: „Womit muß der Anfang der Wissenschaft gemacht werden?" Dieser Anfang ist aber für Hegel „das reine Sein". Das erste Buch seiner Logik trägt den Titel „Die Lehre vom Sein", das 1. Kapitel handelt vom „Sein", vom „Nichts" und vom „Werden" — Hegels Fragestellung führt also sogleich auf einen Weg, der sich sowohl von der traditionellen wie von der modernen Logik weit entfernt und auch mit der hier versuchten Sprachkritik nichts gemeinsam hat.

I. KAPITEL: DIE ELEMENTARE PRÄDIKATION

§ 1. *Vorbereitung des Neu-Anfangs*

Damit wir diesen Standpunkt einnehmen können (daß wir eine wissenschaftliche Sprache noch gar nicht besitzen), müssen wir nicht allein (wie es ja auch hier weiterhin geschieht) „immer schon sprechen". Wir müssen auch schon wissen — und wissen es als enttäuschte Kenner —, daß es bisher so etwas wie „wissenschaftliche Sprache" gegeben hat im Unterschied von einer anspruchsloseren Sprache, die wir die „Umgangssprache" nennen. Dieses „Vorverständnis" eines Unterschieds gleichsam zweier Sprachebenen können wir schon zu Anfang nicht entbehren, indem wir seine Vorläufigkeit freilich im Auge behalten. Und wir tun gut daran, im Rückgriff auf geläufige Redeweisen diesen Unterschied jetzt (immer noch vorläufig) zu verdeutlichen.

Wir sprachen bisher schon und sprechen weiterhin, indem wir uns einer Sprache bedienen, die wir auch die „natürliche Sprache" nennen. Jeder von uns hat als Kind eine bestimmte natürliche Sprache als seine „Muttersprache" erlernt. Der Ausdruck „natürliche Sprache" ist also insofern irreführend, als gerade die Muttersprachen geschichtliche Gebilde sind, als überhaupt die menschliche Sprache die Vorgegebenheit der „Natur" nicht hat, sondern vom Menschen erst hervorgebracht wurde. „Natur" steht hier nicht im Gegensatz zu „Geschichte", sondern in dem älteren Gegensatz zu „Kunst": natura — ars, $\varphi \acute{v} \sigma \iota \varsigma$ — $\tau \acute{\epsilon} \chi \nu \eta$. Die Umgangssprache unterscheidet sich als natürliche Sprache von künstlichen Sprachen der artes, der Wissenschaften. Zwar ist auch sie Menschenwerk, nicht aber vorgeplantes Kunstwerk. Wir beginnen von vorn, indem wir jene „Kunstausdrücke" vermeiden, jene „termini technici", die sich äußerlich oft dadurch verraten, daß sie im Gewande des „Fremdwortes" auftreten. Wir versetzen uns also in eine Situation, in der wir noch nicht wissen, was „Realität" ist oder „Bewußtsein", „subjektiv" oder „philosophisch", „Elektron" oder „Kohlenwasserstoff", „Begriff" oder „logischer Schluß", „Eschatologie" oder „Sozialstruktur" und so fort. Wir verbieten uns, den unvorbereiteten Gesprächspartner, Hörer oder Leser in der heute überall üblichen Weise mit solchen Ausdrücken zu überfallen.

Wie auch immer solche „Kunstausdrücke" eingeführt sein mögen, sie unterscheiden sich von den „Gebrauchsausdrücken" der natürlichen Sprache, die auf jene schwer greifbare Weise entstanden sind, in der eine Sprache gleichsam wächst, ohne doch Natur zu sein, in der sie von Menschen hervorgebracht wird, ohne doch geplantes Gerät zu sein. Jeder von uns hat diese Ausdrücke nicht in der Schule, sondern schon im Elternhaus erlernt, im Vollzuge des Gebrauchs, des „Sprachgebrauchs". (Damit führen wir, weiter im Blick auf jenen Unterschied von wissenschaftlicher Sprache und Umgangssprache, vorläufig gewisse Kunstausdrücke ein oder wieder ein.) Eine Sprache wie die unsrige zeichnet sich dadurch aus, daß sie eine schwer abgrenzbare Masse von Kunstausdrücken (oder „Fachausdrücken") enthält. Und diese Ausdrücke werden keineswegs nur in wissenschaftlicher, in „theoretischer" Absicht gebraucht, sondern sind vielfach in die Umgangssprache eingegangen, mit der wir uns alltäglich verständigen, indem wir einem anderen etwa vorhalten, seine Ansicht sei „sehr subjektiv" oder er leide an „Minderwertigkeitskomplexen". Dieser Umstand macht es schwierig, in jedem einzelnen Falle zu unterscheiden, ob wir ein Wort jener oberen Sprachebene zuzurechnen haben, auf die wir uns vorerst nicht begeben wollen. Wir müssen und können uns mit einer ungefähren Unterscheidung beider Ebenen begnügen.

In der Tat beginnen wir nun „vertrauensvoll inmitten", indem wir immer schon sprechen und weiterhin sprechen, nämlich unsere Umgangssprache gebrauchen. Unser skeptisches Mißtrauen richtet sich gegen die Bildungssprache, in der von „Werten" oder von „Fundamentalontologie" gesprochen wird, dagegen nicht gegen die Sprache des Alltags, in der von „Gemüse", „Abreise", „Sprechen" gesprochen wird — auch dies wieder auf Grund unserer geschichtlichen Erfahrung.

Wir versuchen also keineswegs, „fundamentalontologisch" so etwas wie „Prinzipien des Seins" oder der „Gegenstandskonstitution" in die Hand zu bekommen. Wir versuchen auch nicht, die „Erkenntnis" eines Wesens zu begründen, das noch nicht einmal einen Farbfleck gesehen, noch nie einen Gedanken gedacht hat. Mit dergleichen Fabelwesen befassen wir uns nicht. Und wie wir nicht „hinter" das Sein und nicht „unter" die Erkenntnis zu gelangen versuchen, so erkennen wir auch in gewisser Weise (in der angegebenen Weise) die Nichthintergehbarkeit der Sprache an. Wir fingieren weder eine Kaspar-Hauser-Situation, noch vertiefen wir uns in die Probleme der Lern- oder Kinderpsychologie.

Freilich werden wir hernach noch genauer klären müssen, inwiefern wir einerseits auf dem Boden der natürlichen Sprache beginnen und andererseits dennoch von Grund auf beginnen. Was die Rolle der natürlichen Sprache als Vorbedingung betrifft, so werden wir insbesondere auf folgendes zu achten haben: Benutzen wir die Umgangssprache lediglich als Erläuterungssprache, etwa so, wie im Klavierunterricht erläuternd gesprochen wird, ohne daß von dem Klavierspiel selbst gesagt werden kann, es knüpfe an irgend etwas an, was wir als schon immer Sprechende bereits können? Oder knüpft der Aufbau des wissenschaftlichen Sprechens eben in dieser Weise rückgreifend an das schon immer vorgegebene Sprechenkönnen an? In diesem zweiten Falle erhielte das „inmitten" eine erheblichere Bedeutung als im ersten Falle.

Der erste Fall bestünde dann, wenn die zu erlernenden ersten Schritte des wissenschaftlichen Sprechens von der Art der ersten Schritte des Rechnens wären. Zwar kennen wir kein noch so primitives Sprechen, das nicht bereits mit primitivem Zählen und Rechnen verbunden wäre. Wir können aber aus einer natürlichen Sprache die Zahlwörter und die Ausdrücke für einfache Rechenoperationen ohne Schwierigkeit gleichsam herausschneiden, eine Anfangssituation fingieren, in der das Zählen noch gar nicht bekannt ist, und dann z. B. durch wiederholtes Zeichnen von Strichen die ersten Handlungen in Gang setzen, die zum Zählen und Rechnen führen. Die Umgangssprache würde dabei in derselben Weise wie beim Klavierspiel oder beim Halma als bloße Erläuterungssprache dienen.

In unserem Falle ist die Ausgangssituation offenkundig eine andere. Wir werden uns hernach mit „Sätzen", des genaueren mit „Aussagen" befassen, weiterhin mit „Wörtern" verschiedener Art. Aber wir können uns keine natürliche Sprache denken, in der nicht bereits Wörter und Sätze vorkämen, in der nicht Handlungen schon bekannt und eingeübt wären wie eben diejenigen, die wir „Sätze" nennen. Und wir haben keinen stichhaltigen Grund, nicht auch die Verwendung von Wörtern wie „Wort" oder „Satz" bereits als eingeübt vorauszusetzen. In unserem Falle werden wir also nicht allein erläuternd, sondern auch rückgreifend, an bereits Bekanntes und Gekonntes appellierend, von der Umgangssprache Gebrauch machen, dabei indessen zu fragen haben, ob wir einfache sprachliche Handlungen nicht wenigstens rekonstruieren können in einer Weise, die uns zu der Zuversicht berechtigt, daß wir gleichsam nachträglich ihrer Geburtsstunde beigewohnt haben.

Wohlgemerkt, in diesem Paragraphen haben wir mit dem Versuch, „inmitten" der Sprache dennoch „von vorn" anzufangen, a primis fundamentis in kleinen Schritten vorzugehen, noch nicht begonnen. Wir haben diesen Neu-Anfang lediglich vorbereitet im Rückgriff auf einige gebräuchliche Redeweisen der Bildungssprache — obwohl wir doch diese obere Sprachebene noch nicht betreten wollten. Der Leser wird vielleicht zugeben, daß Ausdrücke wie „Umgangssprache", „Sprachgebrauch" sozusagen „harmloser" sind als Ausdrücke wie „Realität" oder „Eschatologie" oder „Sozialstruktur". Doch wir haben auch die durchaus nicht harmlosen traditionellen Unterscheidungen „Natur" und „Geschichte", „Natur" und „Kunst" herangezogen und den Ausdruck „natürliche Sprache" verwendet, der seit DANTE im Humanismus aufkam[1]. Wir können uns also nicht herausreden und behaupten, diese Vorgriffe seien nicht ernst zu nehmen, sondern müssen unsererseits dem Leser das Folgende zugeben: Wir sind nicht alle miteinander ratlose Anfänger, auch nicht nur enttäuschte Kenner gescheiterter Traditionen, sondern der sprachliche Aufbau, der vom nächsten Paragraphen an versucht werden soll, wird einem Plan folgen, der schon vorliegt und der dem „Lehrer" der „Vorschule" ermöglicht, schon zu wissen, welche Ausdrücke in der soeben abgeschlossenen Vorbereitung verwendet werden durften, weil sie nicht im bloßen Rückgriff auf die noch unkritisierte Bildungstradition gebraucht wurden, sondern im Vorgriff auf spätere Ergebnisse des folgenden Aufbaus. (Z. B. wird der Ausdruck „Sprache", der in „Umgangssprache" enthalten ist, im zweiten Kapitel eingeführt werden, und das dritte Kapitel wird sich mit den „Kunstausdrücken" der Wissenschaft befassen.) In diesem Sinne ist es zu verstehen, wenn immer wieder gesagt wurde, daß wir „vorläufig" sprechen, vorgreifend und vorlaufend nämlich und zugleich auf fortschreitende Klärung bedacht. Und im gleichen Sinne sollen auch künftig Vorgriffe nicht pedantisch vermieden, ja sogar gelegentlich weitvorgreifende Exkurse eingeschoben werden, die dazu bestimmt sind, den Fortschritt des schrittweisen, des „methodischen" Aufbaus, den sie unterbrechen, mittelbar zu fördern.

---

[1] DANTE unterscheidet auf der ersten Seite seines unvollendeten Traktats „De vulgari eloquentia" unsere jeweilige Umgangssprache (er sagt: „vulgaris locutio"), die wir als Kinder, die Amme nachahmend, uns aneignen, von der Bildungssprache, in der nur wenige unterrichtet werden — für Dante das Lateinische —, und nennt die eine „naturalis", die andere „artificialis" (Opere di Dante VI, hg. von A. Marigo, S. 6 ff). Vgl. L. WEISGERBER, Die Entdeckung der Muttersprache im europäischen Denken (1948), S. 70 f. K. O. APEL, a. a. O. S. 98 f.

Wir beginnen also inmitten und mit Hilfe unserer Umgangssprache, aber auch der Aufbau des wissenschaftlichen Sprechens wird nicht ganz und gar der Zirkelbewegung entraten. Jedoch die Einführung **derjenigen** Wörter, die eines nach dem andern den Aufbau **tragen** werden, soll von jetzt an zirkelfrei a primis fundamentis versucht werden. Dabei werden zuweilen, aber so sparsam wie möglich, neue Wörter eingeführt werden, die der Tradition fremd sind. Andererseits werden, nach kritischer Prüfung, alte Wörter der Tradition wieder aufgegriffen werden.

Obwohl der „Lehrer" der Vorschule seinen Plan verfolgt, nimmt er doch als Lehrer keinerlei **Autorität** für sich in Anspruch. Er appelliert an nichts anderes als an die selbständige Einsicht des Lesers, der insofern nicht „Schüler", sondern **Partner** ist.

Aber auch die Tradition wird nirgends als Autorität in Anspruch genommen. Sie wird sorgfältig beachtet, sie wird kritisiert und zugleich respektiert in der Vermutung, daß sie uns Wichtiges zu lehren hat, ja daß die großen Denker der Vergangenheit uns **überlegen** sein könnten, daß wir z. B. von PLATON und ARISTOTELES, von LEIBNIZ und KANT zu lernen haben. Dennoch werden wir auch diese Denker stets nur als **Partner** eines vernünftigen Gesprächs hören, und etwa PLATON hätte nichts anderes von uns gefordert. In diesem Sinne wird unsere Beachtung der Tradition destruktiv und konservativ zugleich sein: **kritische Bewahrung**.

Damit unterscheidet sich unser Vorhaben von einer Sprachkritik, die unser Sprechen „vor das Forum der geschichtlichen Tradition stellt, der wir alle gemeinsam angehören"[1]. Schon allein die Vielstimmigkeit dieser Tradition würde uns, wollten wir Richtersprüche von ihr erwarten, nur aufs neue verwirren.

§ 2. *Prädikatoren*

Wir beginnen nun mit einer einfachen sprachlichen Handlung, indem wir z. B. sagen: „Dies ist ein Fagott." Genauer, wir denken uns eine **Situation**, in der ein Musikschüler über die Holzblasinstrumente aufgeklärt wird: Der Lehrer nimmt ein Fagott in die Hand und sagt den angeführten Satz. Der Satz stellt eine sprachliche Handlung dar, die in diesem Falle verbunden ist mit einer Handlung des **Hinweisens**. Diese „deiktische" Handlung, wie wir sagen wollen, wird zugleich von der zeigenden oder greifenden Hand und dem Wörtchen „dies" ausgeführt (griechisch δείκνυμι, ich zeige).

---
[1] H. G. GADAMER, Wahrheit und Methode, 2. Aufl. (1965), S. XXIX.

Wir vermeiden also Beispielsätze von der Art jenes Lehrbuchsatzes „die Rose ist rot", für den man sich eine Situation, in der er vernünftigerweise gesagt werden könnte, offenkundig nicht ausgedacht hat. Überdies wäre ein solcher Satz für den hier gesuchten Anfang bereits zu kompliziert, da er zwei Wörter enthält von der Art, auf die wir uns erst besinnen wollen. Wir könnten aber abwandelnd sagen: „Dies ist eine Rose." Und wir könnten noch zahlreiche andere Situationen des Hinweisens uns vorstellen, in denen Sätze von der „Form" „dies ist . . ." gesprochen werden.

Damit haben wir, wiederum voreilig, den Ausdruck „Form" verwendet, auf den wir hier noch ungenügend vorbereitet sind. Wir sehen also, daß uns in der Erläuterungssprache auch jetzt wieder leicht Ausdrücke unterlaufen, die zwar unserer Bildungssprache, nicht aber der Umgangssprache angehören und die wir, obwohl wir sie zweckmäßigerweise schon jetzt verwenden, korrekterweise erst später einführen sollten. Da wir aber nicht gezwungen sind, schon jetzt von „Form" zu sprechen, bietet diese Voreiligkeit kein beunruhigendes Problem.

Würden wir in der bisherigen Weise fortfahren, Wörter einzuführen wie „Fagott", „Rose", also jeweils auf Gegenstände hinzeigen und dazu sagen „dies ist ein . . .", so würden wir die sprachliche Handlung, auf deren Rekonstruktion es jetzt ankommt, verfehlen. Wir würden nämlich bei unserem Gesprächspartner die Vermutung wecken, er solle auf dasjenige hingeführt werden, was ihm bildungssprachlich als „Substantiv" bekannt ist. Um diesen Fehler zu vermeiden, müssen wir als hinführende Beispiele auch Sätze bilden wie „das klappert" oder „das ist komisch". Wir müssen also durch vielseitige Einübung zeigen, daß es auf den aus der Grammatik bekannten Unterschied von „Substantiv", „Adjektiv", „Verbum" hier nicht ankommt, sondern lediglich darauf, von einem Gegenstand irgend etwas „auszusagen" (wieder ein Ausdruck der Bildungssprache, auf den wir vorläufig zurückgreifen und hernach zurückkommen werden). Und zwar sagen wir in jedem dieser kleinen Sätze von einem Gegenstand, auf den wir hinzeigen, etwas aus, indem wir dem Gegenstand einen Prädikator zusprechen.

Dieser Ausdruck „Prädikator" ist in Anlehnung an den grammatischen Ausdruck „Prädikat" gebildet und zugleich in Abhebung davon[1]. Das grammatische Prädikat ist ein Satzteil, der in

---

[1] Vgl. „predicator", von R. Carnap eingeführt in „Meaning and Necessity", 2. Aufl. (1956), S. 6.

der Regel Prädikatoren enthält, der Prädikator hingegen ist eine Wortart, die auch im grammatischen Subjekt vorkommen kann. Daß nicht alle Wörter von dieser Art sind, vergegenwärtigen wir uns leicht, wenn wir Wörter wie „und", „morgen", „zwei", „dies", „ist", aber auch „Hans" oder „Goethe" als Gegenbeispiele danebenstellen.

Was ein „Fagott", was eine „Rose" ist, was „klappern", „zeigen" und was „komisch", auch dies hat unser Gesprächspartner an Beispielen und an Gegenbeispielen gelernt, d. h., diese Prädikatoren sind „exemplarisch eingeführt" worden. Und wir selbst haben diese und zahlreiche andere Prädikatoren im Elternhaus auf eben dieselbe Weise zu gebrauchen gelernt. Auch wenn wir eine Fremdsprache erlernen, hilft es uns nicht allzu viel, dem Lexikon als „Bedeutungen" z. B. der französischen Wörter „arbuste" und „buisson" deutsche Wörter wie „Busch, Strauch, Staude" zu entnehmen. Wir „können" den Gebrauch dieser französischen Ausdrücke erst, wenn uns ein Franzose in geeigneten Situationen an einer hinreichenden Zahl von Beispielen und Gegenbeispielen beigebracht hat, wann und wann nicht man den einen oder den anderen Ausdruck verwendet. An dieser Stelle können wir also rekonstruieren, wie die Prädikatoren der natürlichen Sprache gebrauchsmäßig erlernt werden, so daß sie schließlich mit großer Sicherheit den Gegenständen zugesprochen und abgesprochen werden, ohne daß wir explizit (ausdrücklich) auseinanderzusetzen wüßten, was sie „bedeuten". Dafür können wir auch sagen: „Gebrauchsprädikatoren" sind uns auf Grund des Sprachgebrauchs „unmittelbar verständlich". (Wir wollen demgegenüber von den „Termini" späterhin sagen, daß ihr Verständnis „vermittelt" ist durch eine explizite Vereinbarung.)

Wiederum auf dieselbe Weise, auf die wir in den Gebrauch von Prädikatoren wie „Fagott" eingeübt werden, haben wir inzwischen mit der Einübung des Prädikators „Prädikator" an Hand einiger Beispiele und Gegenbeispiele den Anfang gemacht (weitere Beispiele folgen später). Ferner wissen wir jetzt, was für sprachliche Handlungen ausgeführt werden, wenn wir gewissen Gegenständen Prädikatoren „zusprechen" oder „absprechen", und fügen hinzu, daß wir diese Handlungen „Prädikationen" nennen wollen.

Dabei beachten wir sogleich noch das folgende: Wenn mir der Musiklehrer sagt „dies ist ein Fagott", dann mag er weitergehen zum nächsten Instrument und sagen „dies ist eine Klarinette". Jedenfalls soll ich diese Instrumente kennenlernen und unterscheiden lernen. Genauer: ich lerne sie kennen, indem ich sie unterscheiden lerne, und zwar zugleich die Wörter und die Instrumente selbst.

Unterscheidend kann ich dann sagen: „Dies ist ein Fagott; jenes ist kein Fagott (sondern eine Klarinette)." Im Unterscheiden muß ich also auch verneinen (negieren), denn das Absprechen von Prädikatoren geschieht als Negation (freilich innerhalb des Satzes, vorerst nicht als Negation eines Satzes im ganzen), und das „affirmative" Zusprechen lerne ich nur mit dem „negativen" Absprechen zugleich (nämlich an Beispielen und an Gegenbeispielen).

Wenn aber jemand kommen sollte, der demselben Gegenstand den Prädikator „Fagott" zuspricht und dann gleich wieder abspricht, dann würde ich darauf beharren: Entweder (darfst du sagen) „dies ist ein Fagott" oder „dies ist kein Fagott" (du darfst nicht beides sagen). Und wenn ich mich dafür entschieden habe, daß „dies ein Fagott ist", dann behaupte ich, daß „dies ein Fagott ist", und bestreite, daß „dies kein Fagott ist".

Einen Satz, den wir in solcher Weise behaupten oder bestreiten können, nennen wir eine Aussage. Wir unterscheiden somit Aussagen von Sätzen, die eine Bitte, einen Ausruf, eine Frage, einen Befehl, einen Fluch, einen Gruß oder dergleichen ausdrücken, eine Unterscheidung, die schon auf ARISTOTELES zurückgeht[1].

Vergegenwärtigen wir uns nun noch einmal die Situation, in der zweifelhaft oder strittig war, ob „dies ein Fagott ist", und in der ich nunmehr nachdrücklich oder ausdrücklich behaupte: „Dies ist ein Fagott." Statt dessen könnte ich offenbar auch sagen: „Die Aussage ‚dies ist ein Fagott' ist wahr", umgangssprachlich etwa so: „Doch, das ist wahr: dies ist ein Fagott." Ich könnte also, statt noch einmal „diesem Gegenstand" den Prädikator „Fagott" zuzusprechen, jetzt die Aussage „dies ist ein Fagott" zum Gegenstand einer neuen Aussage machen und ihm den Prädikator „wahr" zusprechen — oder auch den Prädikator „falsch". Wenn ich nämlich behaupte „dies ist kein Fagott" (bestreite, daß „dies ist ein Fagott"), dann sage ich eben damit, der Satz „dies ist ein Fagott" sei falsch.

Die Frage, wie wir nachprüfen können, ob solche Behauptungen nicht nur Wahrheit für sich beanspruchen, sondern ob sie „berechtigt" sind, stellen wir noch zurück.

Indessen wollen wir schon hier folgende traditionelle Sprechweise wiedereinführen: Einmal angenommen, die Nachprüfung der

---

[1] ARISTOTELES, De interpretatione 17 a.

Behauptung „dies ist ein Fagott" habe ergeben, daß ich „diesem Gegenstand" „mit Recht" den Prädikator „Fagott" zugesprochen habe, dann wollen wir auch sagen, daß der Prädikator „Fagott" dem durch das Wörtchen „dies" bezeichneten Gegenstand „zukommt".

§ 3. *Eigennamen*

Wir gehen nun einen wichtigen Schritt weiter. Statt zu sagen „dies hier ist eine Stadt", sagen wir nunmehr „London ist eine Stadt".

Wiederum wissen wir als Sprecher unserer Umgangssprache schon, was „Eigennamen" sind. Ja, in diesem Falle können wir sagen, daß die Umgangssprache von Eigennamen Gebrauch macht und daß auf der höheren Ebene der traditionellen Bildungssprache auf diesen Gebrauch reflektiert wird unter Verwendung des Prädikators „Eigenname", der freilich längst auch in die Umgangssprache eingegangen ist. Doch wir verdeutlichen den Appell an dieses Vorverständnis durch Beispiele: In unserer Umgangssprache kommen Eigennamen vor wie „Peter", „Picasso", „Frankreich", „der Rhein", „London", „die Sonne", also Namen für Personen, für geographische und astronomische Gegenstände. Ferner verwenden wir historische Eigennamen wie „Perikles", „das Christentum", „die Gotik". Der Bereich der Gegenstände, denen wir gebräuchlicherweise Eigennamen geben, ist also einer Beschränkung unterworfen, die wir uns jetzt als aufgehoben denken: Von jedem beliebigen Gegenstand, dem ein Prädikator zugesprochen werden kann, wollen wir nunmehr sagen, daß er auch durch einen Eigennamen benannt werden kann oder doch benannt werden könnte.

Lebten wir in einer Welt, in der es nur ein einziges Fagott gibt, als einen irgendwie, etwa kultisch, ausgezeichneten Gegenstand, so würde man uns sagen: „Dies ist das Fagott." „Das Fagott" wäre dann Eigenname wie andere Eigennamen mit dem bestimmten Artikel („der Olymp", „die Erde"). Doch wir leben in einer Welt, in der viele Orchester der Holzbläser bedürfen, in der es also viele Fagotte gibt, so daß unser Lehrer den unbestimmten Artikel verwenden und sagen konnte: „Dies ist ein Fagott", eines von vielen. Ein Prädikator unterscheidet sich als „Gemeinname", der vielen Gegenständen zugesprochen werden kann, von einem „Eigennamen", der genau einem Gegenstand zu eigen ist. Wir wollen, wie gesagt, sparsam vorgehen, unsere Sprache nicht durch überflüssige Ausdrücke belasten, also den Ausdruck „Gemeinname" weiterhin nicht verwenden — zumal er, wie wir noch sehen werden, irreführen könnte. Er soll hier nur im Vorübergehen auf jene Unterscheidung von Prädikatoren und Eigennamen aufmerksam machen, die seit SOKRATES und PLATON durch die Jahrhunderte diskutiert worden ist: In beiden Fällen handelt es sich um „Namen" (ὀνόματα, nomina) für Gegenstände. Aber nur die Prädikatoren (die in der Tradition „universalia" heißen), werden „allgemein" verwendet.

Indem der Eigenname die deiktische Handlung ersetzt, macht er die Rede unabhängig von der Situation des Redens (von der „Redesituation"). Will ich verstehen, was gemeint ist mit „dies ist ..." („dies hier ist ..."), so muß ich ja die Situation des Redenden teilen. Verwende ich dagegen Eigennamen, so kann ich in jeder beliebigen Situation z. B. erzählen, was sich in beliebigen anderen Situationen zugetragen hat.

Da solches Erzählen bereits im Anwendungsbereich der Umgangssprache beheimatet ist, hat die Befreiung der Rede von der Redesituation schon vor aller Wissenschaft die größte „praktische" Bedeutung. Die wissenschaftliche Rede aber bedarf als solche **situationsunabhängiger Sätze**.

Dadurch, daß Eigennamen jeweils genau einen Gegenstand benennen, während Prädikatoren vielen Gegenständen zugesprochen werden können, ergibt sich ein weiterer folgenreicher Unterschied zwischen diesen beiden Wortarten (auf den FREGE nachdrücklich aufmerksam gemacht hat): Wenn ich „Sokrates" sage, so weiß ich bereits, von welchem Gegenstande ich reden, eine Aussage machen will. Der Eigenname vergegenwärtigt seinen Gegenstand bereits, wenn er auch für sich allein noch nichts „besagt" (immer unter der Voraussetzung, daß wir aussagen und nicht etwa rufen wollen), und ist insofern „in sich abgeschlossen" (FREGE). Sage ich dagegen „Baum", so hängt dieser Ausdruck gleichsam in der Luft und bekommt erst dadurch Boden unter die Füße, daß ich ihn auf einen bestimmten Gegenstand beziehe. FREGE sagte: Ein solches Wort ist „ergänzungsbedürftig" oder „ungesättigt", es führt eine „leere Stelle" mit sich, die man, einer Gewohnheit der Mathematiker folgend, eine **Variable** nennen kann. „Baum" heißt dann so viel wie „x ist ein Baum", ein Ausdruck, der in eine **Aussage** übergeht, sobald die durch den Buchstaben x angedeutete Leerstelle „von einem Eigennamen ausgefüllt wird oder von einem Ausdrucke, der einen Eigennamen vertritt"[1].

Man sieht hier, daß der Unterschied zwischen den Eigennamen und den Prädikatoren verharmlost wird, wenn man sie wie PLATON und die Tradition miteinander als „Namen" auffaßt.

Gibt es aber nicht zahlreiche Eigennamen (wie z. B. „Hans", „Müller", „Neustadt"), die in Wahrheit nicht „genau einen", sondern viele Gegenstände benennen?

Wenn in einer Redesituation gesagt wird, „Hans" werde „etwas später kommen", dann wissen die Gesprächspartner „genau", welche Person gemeint ist. Der Kontext des Gesprächs und der Gesprächssituation sorgt dafür, daß der Ausdruck „Hans" genau einen Gegenstand benennt und insofern „unmißverständlich" oder „eindeutig" als Eigenname verwendet wird. Ist aber diese Eindeutigkeit in Frage gestellt, so verfügt die Sprache über hinreichende Mittel, sie zu sichern, z. B. durch die Kombination von Vornamen und Familiennamen oder durch weitere sprachliche Zusätze. Auf diese Weise können dann auch in situationsunabhängiger Rede Eigennamen jederzeit unmißverständlich verwendet werden.

Eigennamen sind voneinander verschieden, wenn sie verschiedene Gegenstände benennen. Daß in einer bestimmten Sprache verschiedene Eigennamen von gleicher Lautgestalt vorkommen, hindert uns nicht, den Prädikator „Eigenname" in der hier vorgeschlagenen Weise zu gebrauchen.

Freilich liegt auf der Hand, daß es zu einer grotesken Verkünstelung des Sprechens führen würde, wollten wir jeden beliebigen Gegenstand, über den wir etwas sagen wollen, mit einem Eigennamen benennen. Die Sprache besitzt denn auch noch ein anderes Mittel zum Hinweis auf Gegenstände, von dem man wird sagen dürfen, daß es weitaus häufiger verwendet wird: die Kennzeichnung von Gegenständen durch zusammengesetzte Ausdrücke wie „dieses Fenster", „dieses Haus". Solche Ausdrücke bestehen aus einem Zeigewort und einem Prädikator. Aus der Fülle der Gegen-

---

[1] G. FREGE, Funktion und Begriff, in: Funktion, Begriff, Bedeutung, hg. von G. PATZIG, S. 27. Demgemäß gebrauchen manche Logiker das Wort „Prädikat" ähnlich den Grammatikern, indem sie z. B. in dem Elementarsatz „Werner ist krank" denjenigen Satzteil als „logisches Prädikat" bezeichnen, der übrig bleibt, wenn man den Eigennamen „Werner" wegläßt. Im Falle dieser Redeweise ist „Prädikat" nicht dasselbe wie „Prädikator", was aber keine Verwirrung stiften muß, da ja auch nach der hier eingeführten Redeweise Prädikatoren zum Prädizieren da sind. Sie „können" vielen Gegenständen zugesprochen werden, sind daher – so werden wir uns später ausdrücken – „potentielle" Satzprädikate.

stände, denen der Prädikator „Fenster" zukommt, wird durch Hinzeigen genau einer ausgewählt — freilich so, daß wir nun wieder an die Redesituation gebunden sind.

Haben wir es in einer solchen Situation mit mehreren Fenstern zu tun, so müssen wir **eindeutig** hinzeigend sagen: „**dieses** Fenster klappert." Befinden wir uns in einem Raum mit nur einem Fenster, so sagen wir: „**das** Fenster klappert." Oder beim Frühstück sagt jemand: „Darf ich um die Butter bitten?" Hier reicht der **bestimmte Artikel**, als abgeschwächtes Zeigewort, zur Kennzeichnung des besprochenen Gegenstandes aus.

Sonderbarer Weise ist die Kennzeichnung und damit die Verwendung des bestimmten Artikels erst vor wenigen Jahrzehnten von Logikern, insbesondere von FREGE und RUSSELL, analysiert worden. Infolgedessen ist ihre Kenntnis und logische Beherrschung noch wenig verbreitet, so daß sie einer ausführlichen Behandlung bedarf, die wir auf das dritte Kapitel vertagen. Vorerst sind wir ja mit der Rekonstruktion der **einfachst möglichen** Aussage befaßt, in der Prädikatoren nicht an mehreren Plätzen vorkommen sollen.

§ 4. *Die Elementaraussage und ihre Form*

Indem wir die Prädikation als sprachliche Handlung rekonstruieren, verstehen wir dies: Wird einem Gegenstand ein Prädikator zugesprochen, so kann diese Zuordnung sprachlich beliebig vollzogen werden, solange nur die Prädikation als solche verständlich bleibt. Es hängt jetzt nur von unserer **Vereinbarung** ab, ob wir, wie üblich, dem Eigennamen, der den Gegenstand benennt, den Prädikator folgen lassen wollen oder etwa umgekehrt, ob wir dabei das Wörtchen „ist" als „Kopula" verwenden wollen oder ein anderes oder gar kein besonderes Wort (wie bei „Peter schläft"). Die gleiche Freiheit haben wir bei der Wahl des Ausdrucks für das Zu- und das Absprechen. Zum Beispiel könnten wir sagen (schreiben): „London Stadt ja", „London Regenschirm nein". Wir können aber auch, dem Sprachgebrauch folgend, die „affirmative" und die „negative" Prädikation dadurch unterscheiden, daß wir die Kopula „ist" verwenden und dabei das Wörtchen „nicht" weglassen oder hinzufügen.

Solche Verabredungen drücken wir tunlich dadurch aus, daß wir uns auf die „Form" der Prädikation einigen, die wir jetzt besser darstellen können als in jener vorläufigen Weise: „Dies ist so und so." Das „so und so" ist auch eine Leerstelle (für die wir auch drei Punkte verwendet haben), an der nun aber ein Prädikator eingesetzt werden soll. Diesen leeren Platz stellen wir durch lateinische Buchstaben dar (durch „Prädikatorenvariablen"), ähnlich wie jene Stelle, an der ein Eigenname einzusetzen ist, und verwenden ferner für das Zu- und Absprechen die Zeichen ε ($\dot{\varepsilon}\sigma\tau\acute{\iota}\nu$) und ε' (ist nicht):

$$x \; \varepsilon \; P, \; x \; \varepsilon' \; P.$$

Eine Aussageform (die Variablen enthält) wird durch Einsetzung von Eigennamen bzw. Prädikatoren zu einer Aussage.

Da eine Aussage von der Form $x \; \varepsilon \; P$ die einfachst mögliche Aussage darstellt, die wir kennen, nennen wir sie „Elementaraussage".

Wir können uns einen Satz von der Form $x \; \varepsilon \; P$ freilich auch zu einem komplizierten Gebilde ausgebaut denken, etwa zu: „Goethe hat sich bis in sein hohes Alter eine erstaunliche Schaffenskraft bewahrt." Derartige Sätze, die in der Tradition „singuläre Urteile" hießen, herrschen bekanntlich in der Sprache des Historikers vor. Die Intention der Einführung des Prädikators „Elementaraussage" ist jedoch dieselbe, die als ersten PLATON veranlaßte, in seinem Dialog „Sophistes" einen Satz wie „Theaetet sitzt" zu bilden als Beispiel eines möglichst einfachen Satzes (Soph. 263 a). Platon unterscheidet freilich einen Satz wie „Theaetet sitzt" nicht formal von einem Satz wie „der Mensch lernt", den er zunächst als Beispiel des „ersten und kleinsten Logos" angibt (Soph. 262 c), indem er eben Eigennamen und Prädikatoren miteinander als „Namen" behandelt[1].

Daß man nicht allein im Rückgang auf die einfachst mögliche Aussage zur Elementaraussage kommt, sondern daß man sie auch als eigentliches „Element" zum Aufbau komplizierter Aussagen, insbesondere genereller Sätze, verwenden kann, hat mehr als zweitausend Jahre nach PLATON erst FREGE entdeckt (wovon noch zu reden sein wird).

Ein wichtiger Fortschritt der Logik, der zu deren neuer Entfaltung seit FREGE beigetragen hat, war auch die Einführung mehrstelliger Prädikatoren. Die bis dahin in der traditionellen Logik und die bisher in dieser Propädeutik verwendeten Prädika-

---

[1] Näheres zur Platonischen Logik in: W. KAMLAH, Platons Selbstkritik im Sophistes, Zetemata 33 (1963).

toren sind **einstellig**, d. h. sie werden jeweils **einem** Gegenstand zugesprochen. Hingegen in der Elementaraussage „Platon ist ein Schüler des Sokrates" werden „Platon" und „Sokrates" in eine **Relation** gebracht, die der „zweistellige" Prädikator „Schüler von" ausdrückt, so daß man schreiben kann: Platon, Sokrates ε Schüler (wobei es auf die **Reihenfolge** ankommt, in der die Eigennamen hingeschrieben werden).

In der Umgangssprache werden mehrstellige Relationen häufig, grammatisch gesprochen, durch Akkusativ- und Dativobjekte dargestellt, z. B. „Faust liebt Gretchen" (Faust, Gretchen ε lieben) oder „Judas verrät Jesus dem Kaiphas" (Judas, Jesus, Kaiphas ε verraten). Zur Verwendung eines mehrstelligen Prädikators gehört also eine Vereinbarung auch darüber, wie die Anordnung der vorangestellten Eigennamen zu verstehen ist. In der Umgangssprache wird diese Ordnung nicht allein durch die Unterscheidung der Kasus, sondern etwa auch durch unterschiedliche präpositionale Ausdrücke ersetzt mit der Folge, daß die Eigennamen beliebig umgestellt werden können. Z. B. die Prädikation „Hans kaufte das Kleid für Maria bei Meyer" kann auch lauten „bei Meyer kaufte Hans für Maria das Kleid" (eine vierstellige Prädikation mit drei Eigennamen und einer Kennzeichnung). Will man sagen, daß **jemand einem Gegenstand einen Prädikator** zuspricht, so erhält man eine dreistellige Prädikation, wobei der in Anführungszeichen geschriebene Prädikator als Eigenname zu erscheinen hätte, etwa so: „Matthäus, Judas, ,Verräter' ε zusprechen", umgangssprachlich: „Matthäus nennt Judas einen Verräter."

Mehrstellige Relationen, bei deren Darstellung es auf die Reihenfolge der Eigennamen **nicht** ankommt, nennen wir „symmetrisch", z. B. „Karl, Hans ε Brüder" (was auch geschrieben werden kann „Hans, Karl ε Brüder"), „Karl begegnet Hans" („Hans begegnet Karl"). Übrigens ist „Brüder" ein mehrstelliger Prädikator mit beliebiger Stellenzahl, ähnlich wie „befreundet" oder „miteinander spielen".

In der Umgangssprache treten häufig zweistellige Prädikatoren auf, zu denen es eine **Umkehrung** in folgendem Sinne gibt: Die Aussage „Platon, Sokrates ε Schüler" läßt sich umkehren in „Sokrates, Platon ε Lehrer". Weitere Beispiele für solche „konversen Relationen", wie man sagt: jünger, älter; größer, kleiner; lieben, geliebt werden.

Unter Mitberücksichtigung der mehrstelligen Elementaraussagen ergeben sich also die Aussageformen:

$$x_1, x_2, \ldots, x_n \; \varepsilon \; P$$
$$x_1, x_2, \ldots, x_n \; \varepsilon' \; P \qquad (n = 1, 2, \ldots)$$

Gehen wir in dieser Weise vor, dann machen wir uns mehr und mehr unabhängig von der Vielfalt umgangssprachlicher Ausdrucksmöglichkeiten und darüber hinaus von der geschichtlichen Vielfalt der natürlichen Sprachen. Schon der Übergang vom gesprochenen zum geschriebenen Satz bringt eine Einschränkung („Verarmung") mit sich, was man sich an einem Ausruf wie „jämmerlich ist das Wetter" klarmachen kann. Darüber hinaus soll nun, ohne emotionalen Ausdruck, eine bloße Aussage gemacht und der Unterschied vernachlässigt werden, der auch in den geschriebenen Sätzen „das Wetter ist jämmerlich" und „jämmerlich ist das Wetter" noch spürbar werden könnte: „das Wetter ε jämmerlich." Schließlich gehen wir auf die graphischen Zeichen ε und ε' zurück, die anzeigen, daß eine affirmative oder eine negative Prädikation ausgeführt werden soll mit der Maßgabe, daß vor dem Prädikationszeichen ein oder mehrere Eigennamen und nach ihm ein Prädikator zu schreiben sind.

Unter Preisgabe des Reichtums umgangssprachlicher Sprechweisen gehen wir also zu einer normierten Schreibweise über. Auch die geschichtlich verschiedenen Umgangssprachen enthalten Normen, gleichsam stillschweigend vereinbarte Regeln des Sprechens. Aber diese Normen unterscheiden sich von einer Sprache zur anderen und lassen innerhalb ein und derselben Sprache mancherlei Sprechweisen zu, während die hier vorgeschlagene Normierung alle diese Unterschiede beseitigt.

Ist man an der Sprache der Dichtung oder auch nur an der Sprache des Alltags interessiert, wird man solche Normierung als „Verarmung" empfinden und vermeiden. Man wird sie indessen anstreben, wenn man an einer disziplinierten und darüber hinaus international verständlichen Wissenschaftssprache interessiert ist. Die Normierung der Elementaraussage durch die Konstruktion ihrer bloßen Form ist ein extremer Fall der Normierung wissenschaftlichen Sprechens. Ein anderer Fall ist die internationale Vereinbarung des Gebrauchs von Wörtern wie z. B. „Prädikator".

Da es uns weniger auf die Überschreitung der nationalen Grenzen als der Sprachgrenzen ankommt, sagen wir übrigens besser: Die Sprache, die wir anstreben, ist **interlingual**. Ihr Aufbau kann sich zwar jeder beliebigen Muttersprache als Erläuterungssprache bedienen, so aber, daß die Verständigung am Ende von den Besonderheiten geschichtlicher Sprachen nicht mehr abhängt.

In früheren Jahrhunderten diente das Lateinische als interlinguale Sprache der Gelehrten. Zu dieser Rolle war es zunächst als Verkehrssprache des römischen Imperium aufgestiegen, zugleich als Lehrsprache der einst griechischen Bildung und schließlich als Lehr- und Kultsprache der christlichen Kirche. Als Lehrsprache hatte es zahlreiche Ausdrücke griechischer Herkunft in sich aufgenommen. Noch heute wird die interlinguale Verständigung in Wissenschaft und Philosophie erleichtert durch die Verwendung von Wörtern griechisch-lateinischer Herkunft.

Daß wir die Elementaraussage auf eine normierte Form gebracht haben, bedeutet freilich nicht, daß wir uns bereits auf dem Felde der formalen Logik befänden — sofern wir unter „formaler Logik" die Wissenschaft verstehen, die uns lehrt, wahre Sätze allein auf Grund ihrer logischen Form in andere wahre Sätze umzubilden. Um zur formalen Logik übergehen zu können, bedürfen wir der Einführung der „logischen Partikeln", die wir an dieser Stelle noch vertagen.

Die Normierung einer Wissenschaftssprache kann so oder anders erfolgen und ist insofern „willkürlich". Keineswegs willkürlich hingegen verfahren wir, wenn wir die elementare Prädikation als solche konstruieren und damit re-konstruieren. Mit welchen umgangssprachlichen oder kunstsprachlichen Mitteln auch immer die Prädikation dargestellt wird, als sprachliche Grundoperation bleibt sie stets dieselbe. Sie kommt in allen geschichtlichen Sprachen vor, und das läßt sich nicht allein empirisch feststellen, sondern zugleich läßt sich einsehen, daß sie in jeder Sprache vorkommen muß, sofern Sprechen ohne sie gar nicht möglich ist. (Sollte es Menschengruppen geben, die der Prädikation nicht fähig sind, so hätten diese eben keine „Sprache".)

Freilich muß man sich gelegentlich daran erinnern, daß die Einführung von Prädikatoren in den natürlichen Sprachen nicht in wissenschaftlicher („kognitiver") Absicht erfolgt, sondern im Zusammenhang der praktischen Weltbemächtigung. Der Prädikator „Holz" dürfte nicht deshalb zuerst gebildet worden sein, weil man „erkennen" und aussagen wollte, was alles Holz ist, sondern weil man Holz für Feuer, Geräte, Unterkünfte nötig hatte und zu gebrauchen lernte.

Achtet man übrigens nicht so sehr auf die „Elementaraussage" — in der hier angegebenen strengen Beschränkung —, sondern auf die „elementare Prädikation" als sprachliche Grundoperation, dann kommt es nur darauf an zu sehen, daß einem (oder mehreren) auf irgend eine Weise „benannten" Gegenstand (Gegenständen) ein Prädikator zugesprochen wird. Auf irgend eine Weise „benannt", d. h. durch ein deiktisches Wort oder durch eine Kennzeichnung oder durch einen Eigennamen benannt, so daß es sich dann empfiehlt, diese benennenden Ausdrücke unter dem Prädikator „Nominatoren" zusammenzufassen (Kuno LORENZ).

§ 5. Ist „Gegenstand" ein Prädikator?

Neben einer Anzahl von Prädikatoren, die mehr am Rande und ohne systematische Anordnung eingeführt wurden („deiktisch", „Redesituation", „interlingual" ...), haben wir bisher folgende Prädikatoren ausdrücklich (explizit) eingeführt: „Prädikator", „Eigenname", „Kennzeichnung", „Nominator", „zu-" und „absprechen", „benennen", „Prädikation", „affirmativ" und „negativ", „Elementaraussage". Und zwar haben wir uns vorerst damit begnügt, diese Prädikatoren exemplarisch einzuführen, im Zusammenhang einer Rekonstruktion der elementaren Prädikation als sprachlicher Handlung. Im gleichen Zusammenhang haben wir, auf die traditionelle Bildungssprache zurückgreifend, das Wort „Gegenstand" verwendet. Wir sagten, daß Prädikatoren jeweils einem oder mehreren Gegenständen zu- oder abgesprochen werden („einstellige" oder „mehrstellige" Prädikatoren), und ferner, daß Gegenstände durch Eigennamen benannt werden. Im Vorgriff auf später explizit zu Erläuterndes (S. 73) könnten wir versucht sein, diese beiden Sätze folgendermaßen in „Prädikatorenregeln" umzuwandeln:

$$x \; \varepsilon \; P \Rightarrow x \; \varepsilon \; \text{Gegenstand},$$
$$‚x‘ \; \varepsilon \; \text{Eigenname} \Rightarrow x \; \varepsilon \; \text{Gegenstand}.$$

Doch wir haben dem Wort „Gegenstand" noch keinerlei ausdrückliche Aufmerksamkeit zugewendet und wollen das nunmehr nachholen.

Ist „Gegenstand" ein Prädikator? Nehmen wir das einmal an — wie wir es soeben durch Formulierung von zwei Regeln getan haben —, dann sehen wir beim Versuch seiner Einführung sogleich, daß es hier keine Gegenbeispiele gibt. Da es ja immer schon Gegenstände sind, denen Prädikatoren zugesprochen werden, kämen wir auf diesem Wege statt zu einer Unterscheidung nur zu einer nichtssagenden „Tautologie". „London ist ein Gegenstand" würde ja heißen: „Der durch den Eigennamen ‚London' benannte Gegenstand ist ein Gegenstand."

In der Tat haben wir das Wort „Gegenstand" keineswegs exemplarisch eingeführt, sondern beiläufig zu verwenden erlernt im Zusammenhang der ausdrücklichen Einführung der Prädikatoren „Prädikator" und „Eigenname". Wir können aber jetzt auch ausdrücklich angeben, wie dieses Wort einzuführen ist: Wir machen Aussagen wie „dies ist ein Fagott" und ersetzen in solchen deiktischen Aussagen das Wörtchen „dies" durch den Ausdruck „dieser Gegenstand". Was ändert sich an der Aussage „dies ist ein Fagott", wenn wir sie umbilden in „dieser Gegenstand ist ein Fagott"? Indem wir wieder auf später zu klärende Ausdrücke vorgreifen, stellen wir fest: Am „Inhalt" der Aussage ändert sich gar nichts. Es wird immer noch „dasselbe ausgesagt", und insofern ist das eingeschobene Wort „Gegenstand" wiederum „nichtssagend". Der Satz als Wortfolge wird um ein Wort verlängert, und dieses eingeschobene Wort dient uns fernerhin als Hilfswort, um Sätze bequem formulieren zu können wie alle jene bisher formulierten Sätze, in denen von „Gegenständen" die Rede ist. (Im Unterschied zu der „exemplarischen" Einführung von Prädikatoren wollen wir die so demonstrierte Einführung von „Gegenstand" „synsemantisch" nennen).

Wir finden somit keinen Weg, der uns hinausführt über jene schon formulierten zwei Sätze (die nicht Regeln sind): 1. Als „Gegenstand" bezeichnen wir dasjenige, dem jeweils ein Prädikator zugesprochen wird; 2. als „Gegenstand" bezeichnen wir dasjenige, das jeweils durch einen Eigennamen benannt wird. In dem Ausdruck „dasjenige" steckt eben jene deiktische Handlung, die wir anfangs vollzogen und hernach durch Eigennamen ersetzt haben: Gegenstand ist dasjenige, worauf man jeweils im Vollzuge einer Prädikation hinweist — ohne daß übrigens dieses Hinweisen auf leibhaftiges Hinzeigen eingeschränkt werden dürfte (vgl. z. B. „das Christentum"). So hat sich bereits ARISTOTELES (zu Recht) ausgedrückt, als er den Kunstausdruck „τόδε τι" einführte, und DUNS SCOTUS hat den noch künstlicheren Ausdruck „haecceitas" gebildet. Jedoch solche „Diesdaheit" ist kein Prädikator, der allen Gegenständen als solchen zukommt, und auch das Wort „Gegenstand" ist kein Prädikator — obwohl es so „aussieht", sich so „anhört" —, sondern lediglich, nun einmal bildlich gesprochen, so etwas wie ein verlängertes „dies" (ein verlängertes Demonstrativpronomen — in der Sprache der Grammatik).

Was hier irreführt, ist wohl insbesondere die Verwendung des Wortes „Gegenstand" in dem Ausdruck „dieser Gegenstand". Wenn wir nämlich sagen „dieser Gegenstand ist ein Fagott", dann hört sich das an wie „dieses Haus ist dreistöckig", d. h. der Ausdruck „dieser Gegenstand" hört sich an wie eine Kennzeichnung, die aus einem Zeigewort und einem Prädikator zusammengesetzt ist. In dem Satz „dieses Haus ist dreistöckig" wird ja einem Gegenstand der Prädikator „dreistöckig" zugesprochen, dem zuvor schon ein anderer Prädikator, nämlich „Haus", zugesprochen worden ist, und der Satz „dieser Gegenstand ist ein Fagott" erweckt nun den Anschein, als enthielte auch er zwei Prädikatoren, als sei also nicht allein „Fagott", sondern auch „Gegenstand" ein Prädikator.

Die historische Erinnerung an Versuche, gar noch Prädikatoren zu finden, die jedem Gegenstand qua Gegenstand zukommen, kann uns schon jetzt mit Nutzen darauf aufmerksam machen, daß wir uns hier auf dem Felde einer seit den Griechen diskutierten Problematik bewegen. Wir haben wie Descartes alle Behauptungen, alle Sätze der bisherigen Philosophie ausgelöscht oder doch eingeklammert. Über Descartes hinaus haben wir diese einstweilige Auslöschung auch auf die S p r a c h e des bisherigen Denkens ausgedehnt. Wir müssen aber späterhin auf die Tradition, ihre Sprache und auch ihre Sätze zurückkommen, um sie mit den neugewonnenen Mitteln kritisch zu interpretieren — ohne diese Arbeit würden uns die vertrauten Formeln hernach wieder behindern und verwirren. Mit dieser kritischen Überprüfung beginnen wir bei geeigneter Gelegenheit schon von jetzt an.

Die Griechen begannen die Erforschung der Welt mit der Frage nach dem „Sein" oder dem „Seienden" (τὸ ὄν, ins Lateinische übersetzt: res). Die antike Philosophie betrieb „Physik" als die Untersuchung der Physis des Seienden, der natura rerum, jedoch durch die Ausgrenzung einer „Physik" im engeren Sinne entstand daneben oder „dahinter" eine „Metaphysik", von Humanisten des 17. Jahrhunderts auch „Ontologie" genannt. Seit Platon wird diese Seinslehre beherrscht von der Frage nach dem Verhältnis der Dinge, die wir antreffen in unserer sinnfälligen Welt, zu den „Ideen", an denen sie „teilhaben". Die Prädikation wird also aufgefaßt als Ausdruck einer Beziehung zwischen zwei Arten des „Seienden". Gegen diese Platonische Lehre dringt seit Aristoteles, radikaler im sogenannten „Nominalismus" des Mittelalters, die Ansicht vor, daß nur die Gegenstände, die „Einzeldinge", auf die man mit Rede und Finger hinzeigen kann, als „wirkliche Dinge", als „Seiendes" zu gelten haben, während die Prädikatoren nur „Namen" (nomina), von Menschen hervorgebrachte Wörter der Sprache sind.

Indessen ist auch nach dem Erfolg des Nominalismus als Erbe des Platonismus die Ansicht verbreitet geblieben, die Gegenstände als die „Einzeldinge" seien die „sinnlich greifbaren" („konkreten") Dinge der uns umgebenden Welt ($αἰσθητά$, sensibilia). Auch die Kantische Umwandlung des „Dinges (an sich)" in den „Gegenstand" (als „Erscheinung" für uns) hat das Vorurteil nicht aus der Welt geschafft, die „Gegenstände der Wirklichkeit" müßten irgendwie sinnlich faßbar und daraufhin materiell sein, oder ein „Gegenstand" bekunde sich durch den spürbaren „Widerstand", den er unserem leibhaftigen Handeln leistet. Denn auch die Empiristen, die zugleich immer die Vertreter des Nominalismus waren, behaupteten ja, die Erkenntnis habe stets von „Sinnesdaten" auszugehen.

Solchen traditionellen Vorurteilen gegenüber empfiehlt die Rekonstruktion der Prädikation das folgende: Wir verstehen unter „Gegenstand" alles „dasjenige", dem ein Prädikator zugesprochen werden kann oder worauf man durch Eigennamen oder deiktische Handlungen (Kennzeichnungen) hinzeigen kann in einer für den Gesprächspartner verständlichen Weise. „Dieses hier" kann also z.B. sein „diese Symphonie" oder „dieses Haus", „dieses Eiweißmolekül" oder „diese Theorie", „diese Religion" oder „dieses Wort". Wir haben keinerlei Anlaß, uns auf Beschränkungen einzulassen, die zusätzlich fordern, jedem Gegenstand müsse, damit er überhaupt ein Gegenstand ist, von vornherein, in einer Ontologie „a priori", der Prädikator „sinnlich greifbar" oder sonst irgend ein Prädikator zugesprochen werden. Aber das bedeutet selbstverständlich keinen Freibrief für die Verwendung bildungssprachlicher Ausdrücke wie etwa „der tiefste Seinsgrund" mit dem Anspruch, man habe damit — ohne weitere Begründung — schon einen Gegenstand gekennzeichnet.

Eine von Christian WOLFF verwendete und von KANT in seiner „transzendentalen Dialektik" übernommene Einteilung unterscheidet die Ontologie als „metaphysica generalis" von Kosmologie, Theologie, Psychologie als den drei Disziplinen der „metaphysica specialis". Die Seinslehre als „allgemeine Metaphysik" fragt nach dem „Seienden als Seienden" (nach dem „Sein des Seienden") und folgt damit einer aristotelisch-scholastischen Tradition der Untersuchung des ὄν ᾗ ὄν (ens qua ens). Folgen wir statt dessen dem hier eingeschlagenen Weg, so ist auch daran mit Entschiedenheit festzuhalten, daß Aussagen über den „Gegenstand als Gegenstand" über nichtssagende Tautologien auf keine Weise hinausführen, daß es eine „Fundamentalontologie" als „erste Philosophie" (so ARISTOTELES) so wenig geben kann wie eine fundamentale Epistemologie.

Das deutsche Wort „Gegenstand" ist im 17. Jahrhundert als Übersetzung von „obiectum" entstanden, welches lateinische Wort im Englischen und Französischen weiterlebt. Es ist nichts dagegen einzuwenden, auch im Deutschen das Wort „Objekt" an Stelle von „Gegenstand" zu gebrauchen. Umgangssprachlich unterscheiden wir „Objekte" („Gegenstände" oder auch „Dinge") von Personen, Dinge und Personen von Handlungen und Vorgängen. Diese Sprachgewohnheit sollte aber nicht dazu verleiten, wiederum „ontologisch" allgemeine Unterscheidungen von Gegenständen einzuführen. Z. B. die Unterscheidung von Dingen und Vorgängen (Prozessen) kann in einem gegebenen Falle von Nutzen sein, nicht aber im Rahmen einer generellen Ontologie, die nicht allein den Anspruch erhebt, über das „Sein des Seienden" begründete Aussagen zu machen, sondern darüber hinaus den Anspruch, „alles Seiende" zu umfassen und nach „Seinsweisen" zu gliedern.

Ein verbreitetes philosophisches Wörterbuch sagt, „Gegenstand" sei „alles, was gegenübersteht, worauf sich daher das Bewußtsein zu richten vermag"[1]. Diese Auffassung steht noch auf dem Boden jenes von DESCARTES inaugurierten Dualismus, der die Sprache erst nachträglich einführt und überdies das Vorurteil begünstigt, die Gegenstände müßten als corpora, als materielle Objekte dem rein geistigen, unkörperlichen Bewußtsein gegenüberstehen. Die Formulierung „alles, worauf sich das Bewußtsein zu richten vermag", ist aber leicht umzubilden in „alles, worauf sich eine Prädikation zu beziehen vermag".

Da nur tautologische Sätze über Gegenstände als Gegenstände möglich sind, könnte man vorschlagen, auf die Verwendung des Ausdrucks „Gegenstand" ganz zu verzichten. Es ist und bleibt jedoch zweckmäßig, ihn beizubehalten, da er ja gestattet, jede Aussage der Form „dies ist P" in die gegebenenfalls bequemere Form „dieser Gegenstand ist P" zu bringen, ohne daß dadurch inhaltlich

---

[1] J. HOFFMEISTER, Wörterbuch der philosophischen Begriffe, 2. Aufl. (1955).

irgendetwas an der Aussage geändert würde. Dieses syntaktischen Vorteils wegen reden wir weiterhin von „Gegenständen".

Selbstverständlich kann das Wort „Gegenstand", indem es keinerlei fundamentale Ontologie ermöglicht, auch nicht im Rahmen einer fundamentalen Kosmologie auftreten. Freilich hat das Bedürfnis der Forschung, „letzte Bausteine" der Welt (des Kosmos) aufzufinden, nachdem es in der Antike nur Spekulationen über „Elemente" oder „Atome" hervorgebracht hatte, in der modernen Naturwissenschaft zu erstaunlichen Ergebnissen geführt. Jedoch diese Ergebnisse beschränken sich auf die Erforschung der Materie, welche erst durch methodische Abblendungen zutage tritt. „Die Welt" hingegen „besteht" nicht aus Nukleonen und Elektronen, und sie besteht schon gar nicht aus „Gegenständen", als seien diese so etwas wie die „Atome" unserer Welt. Vielmehr nur wo menschliche Rede ist, werden Gegenstände von anderen Gegenständen unterschieden. Um also einzusehen, daß es unsinnig ist, über die „Dinge an sich" zu spekulieren, bedürfen wir lediglich einer aufmerksamen Besinnung auf dasjenige, was wir tun, wenn wir miteinander — oder auch „denkend" mit uns selber — reden.

Übrigens ist dies eine Einsicht, zu deren Erwerb Ludwig WITTGENSTEIN in seiner Spätphilosophie einiges beigetragen hat, nachdem er in seinem „Tractatus" noch ontologischen und fundamentalistischen Irrtümern angehangen hatte.

Doch die Frage nach der „Welt" erfordert eine besondere Erörterung, zu der wir im nächsten Kapitel übergehen.

II. KAPITEL: WELT, SPRACHE, REDE

§ 1. *Die sprachliche Erschließung der Welt*

Im 19. und 20. Jahrhundert hat man sich darum bemüht, die Logik aus der Verquickung mit der Psychologie zu befreien (den „Psychologismus" in der Logik zu bekämpfen), eine Anstrengung, die zusammengeht mit der Überwindung der Lehre vom Bewußtsein als philosophischer Grundlehre. Älter und zugleich schwieriger zu beurteilen ist die Verbindung von Logik und Ontologie (oder Kosmologie). Denn auch wenn man einsieht, daß es eine Ontologie als allgemeine Lehre vom „Seienden als Seienden" nicht geben kann, so kann man doch die Lehre von der Sprache nicht schlechthin abtrennen von denjenigen Wissenschaften, die das „Seiende" (die „Wirklichkeit") erforschen, zumal ja schon die natürliche Sprache nicht sich selber dient, sondern der interpersonalen Erschließung der Welt. Bevor wir zu den Bausteinen und Regeln der wissenschaftlichen Aussage übergehen, soll daher diese Leistung der Sprache bedacht werden, in einem Zwischenkapitel, das den Aufbau der logischen Propädeutik nicht unmittelbar voranbringen, das Verständnis seines Fortgangs jedoch fördern kann.

Die Sprache erschließt „schon immer" die Welt, wenngleich nicht in theoretischer Absicht. In dieser theoretischen Absicht wird die Welterschließung der Sprache **durch die Wissenschaft fortgesetzt**. Was aber verstehen wir unter „Welt"? Wir können zunächst die Frage offenlassen, ob es eine Möglichkeit gibt, über unser sprachgebräuchliches Vorverständnis von „Welt" zu einem besseren Verständnis vorzudringen. Auch im Rahmen dieses Vorverständnisses können wir sagen, daß die Welt durch die Sprache erschlossen, nämlich durch Prädikatoren und Eigennamen „artikuliert", gegliedert wird.

Daß wir uns in der Welt überhaupt zurechtfinden, beruht darauf, daß wir fort und fort Gegenstände **wiedererkennen**, die uns zwar oft nicht als „diese" Einzeldinge (als „Individuen", wie man auch sagt), wohl aber als Beispiele, als „Exemplare" von etwas „Allgemeinem" bereits **bekannt** sind. In unserer Stadt sind wir „heimisch", indem wir hier auch die Einzeldinge, Straßen, Personen mit ihren Eigennamen „kennen". Kommen wir aber in eine „fremde" Stadt, so finden wir auch dort „Häuser", „Straßen", „Kinder",

„Hunde", „Autos", wir finden „Menschen" als „sprechende", „kaufende", „gehende" und so fort, d. h. wir finden in dieser Fremde doch nur im Grenzfall etwas schlechthin Fremdes, etwas uns Befremdendes. Anders würde es uns vielleicht in der Tiefsee oder auf einem anderen Planeten ergehen. Die Sprache mit ihren Eigennamen und Prädikatoren ist es also, die uns unsere Welt „immer schon" erschließt, immer schon bekannt und vertraut macht. Vertraut wird uns eine fremde Stadt oder Landschaft insbesondere wieder dadurch, daß wir Straßen, Plätze, Berge, Flüsse mit ihren Eigennamen zu benennen lernen.

Ein Kind erwirbt sich gleichsam die Welt, indem es die Namen erlernt, mit denen es mehr und mehr Dinge wiedererkennen und in erneuter Begegnung durch Ausrufen des Namens gleichsam begrüßen kann. Dabei macht es zwischen Eigennamen und Prädikatoren erst allmählich einen Unterschied, da ja auch bestimmte Gegenstände, z. B. Personen, unter ihrem Namen wiedererkannt werden. Sobald es den Prädikator „wau-wau" zu gebrauchen gelernt hat, begrüßt es freudig jeden Hund auf der Straße mit diesem Wort, während es vordem die Hunde gar nicht bemerkt hatte. Am Kinde wiederholt sich also in gewisser Weise die sprachliche Welterschließung des Menschen. Sie setzt sich fort in der Weltbemächtigung der Wissenschaft, der auch die Tiefsee nicht mehr unheimlich ist.

Die Zoologie kennt auch Tiefseefische, die uns in unserer vertrauten Umwelt niemals begegnen, und da sich ein Fisch als räumlich abgegrenzter, sinnlich greifbarer, noch dazu sich bewegender Gegenstand von seiner Umgebung deutlich abhebt, macht die Unterscheidung solcher Gegenstände von anderen Gegenständen, die durch die Prädikation vollzogen wird, keinerlei Schwierigkeiten. Ähnlich verhält es sich bei Fagotten, Hunden, allgemein bei Lebewesen, die dem Menschen wie andere Menschen in der Natur begegnen, und bei Geräten, die er selbst hergestellt hat. Die Gliederung der Welt bietet sich der Sprache mehr oder weniger an, und wo sie sich aufdringlich anbietet, werden in jeder Sprache Prädikatoren entstehen, die sich dann ohne Schwierigkeiten von einer in die andere Sprache „übersetzen" lassen (z. B. „Fahrrad" und „bicyclette").

Doch nicht überall bietet sich die Welt der sprachlichen Gliederung so griffig an wie im Falle von Lebewesen und Geräten. Z. B. die Unterscheidung von „Bach", „Fluß", „Strom" oder von „Knabe", „Jüngling", „Mann", „Greis" oder von „kalt", „warm",

„heiß" setzt Grenzen, wo wir Übergänge vorfinden, so daß hier der sprachlichen Unterscheidung ein Spielraum bleibt, der in verschiedenen Sprachen verschieden genutzt wird. Wir achteten bereits auf das Beispiel der Schwierigkeit, die deutsche Unterscheidung von „Busch, Strauch, Staude" auf die französische Unterscheidung von „arbuste, buisson" zu beziehen. Oder der Umkreis der Fälle, in denen die Franzosen „laver" sagen, deckt sich nicht mit dem Umkreis des deutschen „waschen". Im Deutschen selbst wird zwischen „Stuhl" und „Sessel" im Norden des Sprachgebiets anders unterschieden als im bajuwarischen Süden. Hier sind also Prädikatoren jeweils in verschiedener Abgrenzung exemplarisch eingeführt worden[1].

Die Unschärfe, die solche Prädikatoren unvermeidlich haben, behindert unseren sprachlichen und praktischen Umgang mit den Dingen in der Regel nicht. Ein Stuhl ist ein Gerät zum Sitzen, und wir werden immer wieder Stühle so herstellen, daß wir je nach der besonderen Lage, am Eßtisch oder am Schreibtisch oder am Kamin, „bequem" sitzen, wobei uns nicht daran gelegen sein kann, uns durch sprachliche Pedanterie die Möglichkeit von Vielfalt und Veränderung zu verderben. Ja, ähnlich wie wir an vorfindlichen Dingen der Natur Übergänge finden („Bach", „Fluß", „Strom"), so sorgen wir auch selbst, bei den von uns hergestellten Dingen, zweckmäßigenfalls für solche Übergänge (z. B. „Pfad", „Weg", „Straße"). Es kann jedoch umgekehrt praktisch zweckmäßig sein, diese Unschärfe der Gebrauchsprädikatoren einzuschränken, z. B. wenn einander ähnliche Geräte steuerlich verschieden behandelt werden sollen wie kleinere und größere Autos. Desgleichen ist die Wissenschaft an „scharfer begrifflicher Abgrenzung" interessiert und kann z. B. mit der bloßen Unterscheidung von „lang" und „kurz" oder von „Stein" und „Felsen" wenig anfangen.

Noch größer wird die Freiheit, so oder anders abzugrenzen, durch Einführung von Prädikatoren zu unterscheiden, wenn wir menschliche Verhaltensweisen sprachlich fassen wollen wie etwa „Schätzung", „Achtung", „Verehrung", „Zuneigung", „Liebe" oder „nachdenken", „überlegen", „grübeln". Je weniger sich die sprachliche Gliederung aufdrängt, je mehr die menschliche „Willkür" für diese Leistung beansprucht wird, umso unsicherer werden die Beziehungen der Wörter verschiedener Sprachen zueinander. „Eine neue Sprache eine neue Welt", dieser Spruch besteht zu

---

[1] Weitere Beispiele: A. MARTINET, Grundzüge der allgemeinen Sprachwissenschaft (1963), S. 19 f.

Recht und desgleichen Wilhelm von HUMBOLDTS berühmter Satz, die Verschiedenheit der Sprachen sei „eine Verschiedenheit der Weltansichten selbst"[1].

Angesichts dieser „Willkür" pflegt man auch von „bloßer Konvention" zu sprechen. Zwar werden Gebrauchsprädikatoren natürlicher Sprachen nicht (wie wissenschaftliche Prädikatoren) in ausdrücklicher Konvention vereinbart, sondern in einer Tradition immer schon vorgefunden, jedoch so, als ob man irgendwann übereingekommen sei, einerseits diesen bestimmten Ausdruck zu verwenden und andererseits damit diesen bestimmten Unterschied zu machen. Die geschichtliche Verschiedenheit der Sprachen ist dabei „zufällig" in dem Sinne, daß man im einzelnen auch anders hätte gliedern können, doch nicht zufällig in jedem Sinne. Denn in jeder Sprache haben sich Gewohnheiten des Verhaltens, der Wertschätzung niedergeschlagen, die einer bestimmten Sprachgemeinschaft als Tradition und Sitte mit ihrer Sprache zugleich eigentümlich sind (indem die Sprache noch ihre besonderen Gewohnheiten z. B. der Lautschemata hat). In Bereichen wie denen des Kultus, der Sozialordnung und ihrer Spielregeln können Sprachen bis zur Unübersetzbarkeit verschieden sein. Im Bereich der Lebewesen (Natur) wiederum und vor allem neuerdings im Bereich der Geräte (Technik) wird für Annäherung der Sprachwelten bis zur globalen Uniformität gesorgt.

Dabei ist zu bedenken, daß die exemplarische Einübung der Prädikatoren von einer Generation zur anderen im Regelfalle nicht durch bloß deiktische Handlungen, im distanzierten Hinzeigen also, zu geschehen pflegt, sondern „empraktisch" (BÜHLER), d. h. im Vollzug des Handelns und Miteinanderlebens selbst. Was „gehen" oder „essen" ist, „sägen" oder „pflügen" oder „braten", „sich beherrschen", „sich einigen", „beten", „lieben" und so fort, erlernt man sprachlich nur mit diesen Handlungen zugleich. In langem Miteinanderleben haben wir den Gebrauch von Prädikatoren wie „Vater", „Bruder", „Vertrauen", „geizig", „eifersüchtig" erworben. Erst in der Wissenschaft wird die „Einführung" der Prädikatoren von ihrer nachfolgenden „Verwendung" aus-

---

[1] Wilhelm VON HUMBOLDT, Über das vergleichende Sprachstudium ... (1820), Abs. 20.
„Dieser Gedanke Humboldts, den man getrost eine ‚kopernikanische Wendung' der philosophischen Sprachbetrachtung nennen darf, ist ohne das Modell der Kantischen Vernunftkritik nicht zu denken; aber er führt über KANT doch einen wichtigen Schritt hinaus" (G. PATZIG, Die Sprache, philosophisch befragt, in: Die deutsche Sprache im 20. Jahrhundert, 1966, S. 17).

drücklich unterschieden, und nur in der Wissenschaft geschieht die exemplarische Einführung von Prädikatoren oft in der bloßen Beobachtung, es sei denn es geht um wissenschaftliche Handlungen wie konstruieren, experimentieren, beweisen.

Nun können unbeschadet derjenigen Verschiedenheit von Sprachwelten, die als geschichtlich geprägt und als schwer überbrückbar zu gelten hat, die Unterscheidungen, mit denen wir die Welt gliedern, doch auch „besser" oder „schlechter", der Welt mehr oder weniger angemessen sein. Es kann in einer bestimmten Sprache „treffende" Ausdrücke geben, die einer anderen Sprache fehlen, so daß sie vielleicht als Fremdwörter übernommen werden. So sprechen wir im Deutschen z. B. von „Ressentiment", während den Franzosen ein Wort wie „gemütlich" fehlt. Die Wissenschaft vollends bemüht sich um eine Sprache von optimaler Angemessenheit an die Welt. Doch auch sie kann nicht vermeiden, daß sich ihr die Dinge nicht überall von sich her als verschieden anbieten, daß sie vielmehr auf wichtigen Gebieten (z. B. in der Sozial- oder in der Geschichtswissenschaft) ihrerseits entscheiden muß, was sie als gleichartig und was sie als verschiedenartig ansehen und demgemäß ansprechen will.

Die Sprache sucht sich also einerseits der Welt und ihrer sich aufdrängenden Gliederung anzupassen, indem sie andererseits der Welt eine Gliederung erst gibt. Die Welt „besteht", wie schon gesagt, nicht aus Gegenständen (aus „Dingen an sich"), die erst nachträglich durch den Menschen benannt würden, „entsteht" aber auch nicht erst mit der Sprache zugleich. Somit ist die Welt in gar keinem Sinne die bloße Summe oder die Menge der Gegenstände (was ja oft behauptet wird). Sie ist aber auch nicht selbst ein Gegenstand (da nur „in der Welt" Gegenstände durch Prädikatoren ausgegrenzt werden), was ferner heißt: „Die Welt" ist kein Eigenname, obwohl sich dieses Wort „so anhört" (ähnlich nämlich wie „die Erde", „die Sonne"), sondern — ähnlich wie „Gegenstand" — ein Wort sui generis, dessen Gebrauch wir „synsemantisch" einüben durch Sätze wie die in diesem Paragraphen ausgesprochenen.

In unserer sprachlich schon immer erschlossenen Welt erfassen wir das Einzelding auch als ein solches in der Regel zugleich schon als Exemplar von . . . . Was wir mit einem Eigennamen benennen, dafür haben wir in der Regel auch einen Prädikator (z. B. Mensch, Stadt). Ferner, wenn wir sagen „dies ist ein Fagott", so meinen wir „dieses Instrument ist ein Fagott" — „dieses Instrument" ist eine Kennzeichnung —, oder wenn wir sagen „dies ist eine Amsel", so setzen wir voraus, daß der Gesprächspartner schon weiß, „was für ein Gegenstand" gemeint ist, daß von „Vögeln" die Rede ist. Der bloße Hinweis mit dem Finger oder mit dem Wort „dies" ohne solche ausdrückliche oder stillschweigende vorgängige Verständigung würde gar nicht verständlich sein oder doch nur in dem seltenen Falle, daß „etwas" noch ganz Unbesprochenes aufdringlich „auffällt" und die befremdete Frage „was ist denn das?" veranlaßt. Aber sogar diese Frage enthält die noch nie enttäuschte Erwartung, daß sich dieses „etwas" als sprachlich bereits bekannt herausstellen wird oder daß es, sollte es ernstlich „etwas noch nicht Dagewesenes" sein, einen Namen für die Zukunft erhalten wird.

Die Gliederung der Welt geschieht also schon in der natürlichen Sprache als weiterschreitende Einteilung nach „Gattungen" und „Arten", wie die Tradition sagte. Wir wissen, was „Bäume" sind, und unterscheiden weiterhin „Eichen", „Buchen" und so fort. Oder umgekehrt: Wir lernen, was „Eichen", was „Kiefern" sind, und fassen sie als „Bäume" zusammen. Stets stehen Prädikatoren in einem dicht gewebten Zusammenhang derart, daß einer mit anderen aufzutreten pflegt. Acker und Wiese, Feld und Wald, Baum, Stamm, Ast, Zweig, Blatt werden unterschieden, indem dies alles doch zusammengehört, und als besonders wichtige Beziehung findet sich überall jene teilende und vereinigende „Untergliederung", so daß jeder weiß: Hasen und Rehe sind Tiere, Fagotte und Klarinetten sind Holzblasinstrumente, diese wiederum zusammen mit dem „Blech" und den „Streichern" machen die „Instrumente" des Orchesters aus. In einem Prädikatorensystem dargestellt:

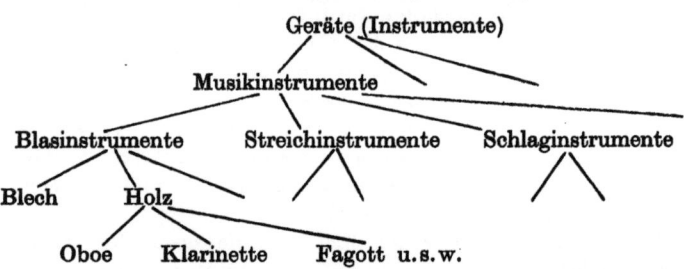

Von solchen Bezügen der Prädikatoren untereinander hat als erster PLATON mit seinen Dihäresen methodischen Gebrauch gemacht, besonders im „Sophistes" und „Politikos". Platon glaubte, mit seinen Einteilungen einer schlechthin vorgegebenen Gliederung

„des Seienden" zu folgen. Ihm wie der ganzen antiken Philosophie lag der Gedanke noch fern, daß die „Namen", die wir den Gegenständen der Welt zusprechen, zwar einerseits vorfindlichen Abgrenzungen folgen, andererseits aber solche Grenzen erst setzen. Je nach der einseitigen Überschätzung dieser oder jener Seite des Ergreifens der Welt durch Sprache hat sich die Vernunft als schlechthin vernehmend (rezeptiv) oder als schlechthin hervorbringend (produktiv, spontan) mißverstanden. In der Erkenntnistheorie hat man demgemäß „Realismus" und „Idealismus" unterschieden, oft ohne zu sehen, daß es hier auf einen Kompromiß ankommt, der nur dann als schlechter Kompromiß erscheint, wenn man zuvor eine schlechte Antithese von Standpunkten aufgestellt hat.

Daß es aber überhaupt eine uns schon vertraute Welt gibt, in der das immer neue Einzelne doch zumeist als Fall des schon bekannten Allgemeinen begegnet, erklärt sich nicht aus der Sprache, sondern daraus, daß in der Welt selbst die Wiederkehr von Gleichem stattfindet, zumal in der „Natur". Wie es immer wieder „Bäume" gibt, hier und dort, einst und jetzt und künftig (bis auf Weiteres wenigstens), wie sich jene Vorgänge regelmäßig wiederholen, die der sprechende Mensch in „Naturgesetzen" darzustellen versucht, so wiederholt sich auch der sterbliche Mensch selbst, und der einzelne Mensch wiederholt seine Handlungen, indem er immer wieder schläft und wacht, ißt und trinkt, liebt und haßt, spricht und lacht und weint, gleichartige Geräte herstellt und immer wieder verwendet. Innerhalb des Sprechens aber wiederholen sich Wörter und Wendungen in einer Weise, die der Einbettung des immer Neuen in das immer Gleiche gleichsam in genialer Anpassung entspricht. („Gleich" und „gleichartig" unterscheiden wir hier nicht, und „gleichartig" sind Gegenstände eben dann, wenn ihnen dieselben Prädikatoren zukommen, einer oder mehrere.)

Der Ausdruck „Anpassung" drängt sich angesichts dieser Leistung der natürlichen Sprache nicht von ungefähr auf. Denn der Welterschließung durch die Sprache geht diejenige Anpassung der Lebewesen schon voraus, von der wir in der Biologie erfahren. Auch der Mensch steht keineswegs als vorerst weltloses Bewußtsein der „Realität" gegenüber, sondern ist durch den gegliederten Bau seines Leibes und durch ererbte Instinkte auf eine gegliederte Umwelt eingerichtet, „immer schon" eingerichtet, die er sprechend in seine unendlich reicher gegliederte und ihn doch fernerhin „umschließende" Welt verwandelt. Die allen Lebewesen eigene Fähigkeit, „unbewußt" im Verschiedenen das Gleiche wiederzuerkennen, wird im Menschen gesteigert zur Fähigkeit, im Gebrauch von Prädikatoren verschiedene Gegenstände als dasselbe zusammenzufassen und als solches wiederum von anderem zu unterscheiden.

Ein solcher Rückgang auf einen hypothetischen urzeitlichen Anfang der Sprache und damit des Menschen kann freilich als methodischer Anfang des wissenschaftlichen Sprechens nicht dienen, sondern kann diesem methodischen Anfang nach langem erst folgen. Erst dann kann er so ausgearbeitet werden, daß Anthropologie und Logik gleichfalls zueinander „passen". Was wir „immer schon" wissen von der Welt und vom Menschen, indem wir „immer schon" sprechen, kann also nur dann ohne Gefahr durch dasjenige ergänzt werden, was wir wissenschaftlich „schon wissen", wenn dieser Zirkel vom methodischen Anfang aus immer neu durchlaufen wird in niemals abgeschlossener Selbstkritik des philosophischen und wissenschaftlichen Denkens (so daß der „Zirkel" eigentlich eine „Spirale" ist).

Für die Disziplinierung des vernünftigen Redens festzuhalten ist vor allem: Ähnlich wie „Gegenstand" nur scheinbar ein Prädikator ist, so ist „die Welt" nur scheinbar ein Eigenname (oder gar ein „Begriff", ein Prädikator). Nur in der Welt können wir Gegenstände ausgrenzen, so daß die Welt nicht selbst ein von anderem abgrenzbarer Gegenstand ist. Es kennzeichnet also die Naivität der natürlichen Sprache, daß sie Sätze zuläßt wie „die Welt ist schön", „die Welt ist schlecht" (Sätze mit einstelligen Prädikatoren) oder einen Satz wie „Gott hat die Welt geschaffen" (mit einem zweistelligen Prädikator). Ähnlich kennzeichnet es die Naivität des traditionellen metaphysischen Denkens, daß es Sätze zuließ wie „diese Welt ist die beste aller möglichen Welten" (LEIBNIZ) oder die Rede von Seiendem, das „transzendent" sei in Bezug auf die Welt.

Eine in solcher Weise disziplinierte Sprechweise schließt nicht aus, daß wir umgangssprachlich weiterhin den Ausdruck „Welt" wie einen Prädikator verwenden — indem wir etwa von „fernen Welten" sprechen, von der „Welt des Kindes", der „Mittelmeerwelt" — oder daß wir „die Welt" wie einen Eigennamen auffassen, wenn wir überlieferte Redeweisen verstehend nachvollziehen.

Sollte aber jemand meinen, die hier eingehaltene (den Sprachgebrauch lediglich präzisierende) Sprechweise sei willkürlich, so fiele ihm die Aufgabe zu, einen anderen Vorschlag zu machen, der in vernünftiger Weise die Ausdrücke „Welt" und „Gegenstand" zu verwenden erlaubt, so freilich, daß zugleich verständlich bliebe, wie wir denn vergleichend und unterscheidend Prädikatoren einführen und verwenden[1].

§ 2. *Sprache und Rede (sprachliche Handlungsschemata)*

Wir richten unsere Aufmerksamkeit nun auf einen bedeutsamen Unterschied, den wir durch die Wörter „Sprache" und „Rede" ausdrücken wollen. Bedeutsam ist dieser Unterschied ebenso für die Logik wie für die Sprachwissenschaft (Linguistik), ebenso hinsichtlich der Umgangssprache wie hinsichtlich der Wissenschaftssprache. Ferdinand de SAUSSURE pflegt mit Recht genannt zu werden als derjenige Sprachforscher, der die Wichtigkeit dieser Unterscheidung zuerst erkannt hat[2].

Wir sahen soeben: In der Welt selbst gibt es die Wiederkehr des Gleichen: Dinge, die immer wieder vorkommen, Vorgänge, die immer wieder stattfinden. Zu diesen sich wiederholenden Vorgängen gehören auch unsere menschlichen Handlungen. Während vorfindliche Dinge einen gewissen zeitlichen Bestand aufweisen — wenn auch alle Lebewesen sterblich und Geräte niemals unvergänglich sind —, so ist es Handlungen eigentümlich, z. B. „diesem Spaziergang", daß sie zeitlich „ablaufen", daß sie vielleicht so

---

[1] Wir folgen in diesem besonderen Falle dem Sprachgebrauch, indem wir ihn lediglich um einige Naivitäten beschneiden. Insbesondere erlauben wir uns keinerlei Sätze, in denen im strengen Sinne über die Welt als Gegenstand gesprochen wird. Jedoch sagen wir, indem wir von metaphorischen Ausdrücken Gebrauch machen:
„Wir leben in der Welt (als uns umschließender Umwelt)."
„Wir gliedern sprachlich die Welt, indem wir Gegenstände durch Prädikatoren und Eigennamen ausgrenzen, unterscheiden, von der übrigen Welt nämlich und von anderen Gegenständen."
„Wir unterscheiden Gegenstände in der Welt, nicht aber die Welt selbst als Gegenstand von anderen Gegenständen."
„Die Gegenstände, die wir in der Welt ausgrenzen, gehören zu der Welt (so daß wir auch sagen können: die Welt ist sprachlich gegliedert, sie wird sprachlich erschlossen)."
„Zu der Welt gehören auch diejenigen Gegenstände, die wir nicht vorgefunden, sondern selbst hergestellt oder sprachlich konstruiert haben. Von anderen werden auch diese Gegenstände in der Welt vorgefunden."
Die zitierten Sätze zeigen „synsemantisch", wie wir das Wort „Welt" verwenden. Diese Sprechweise läßt sich derjenigen wissenschaftlichen Sprechweise verbinden, dergemäß wir sagen: Auch sprachlose Lebewesen leben jeweils in ihrer „Umwelt", die freilich auch für sie „immer schon gegliedert" ist (in ihrem Verhalten unterscheiden ja auch sie). „Die Welt" ist dann die durch die Sprache reicher gegliederte Umwelt des Menschen, die sich nicht auf das unmittelbar Gegenwärtige beschränkt, sondern durch die Vergegenwärtigungsleistung der Sprache erweitert und verfügbar wird.
Schon längst haben wir die Welt sprachlich gegliedert, setzen aber diese Handlung fort, ohne je an ein Ende zu kommen derart, daß wir nun „alle Gegenstände" vor uns hätten. Umso weniger können wir sagen, „alle Gegenstände" seien „die Welt".

[2] Ferdinand de SAUSSURE, Cours de linguistique générale (1916).

„flüchtig" sind wie das Aussprechen eines Wortes oder ein „flüchtiger Blick". Jedoch kann ich „diesen Spaziergang" wiederholen, etwa gar „täglich denselben Spaziergang" machen. Unsere Handlungen (lat. actus) sind zumeist „aktuelle" Abwandlungen von Handlungs-Gewohnheiten. Jeden Schritt vollbringen wir als einmaliges, unwiederholbares Ereignis. Und doch gehen wir im Schreiten, d. h. in der Wiederholung gleichartiger Schritte. Dieses Gehen selbst aber gehört zu unseren Handlungsgewohnheiten, die wir in unserer Kindheit lernend erworben haben. Oder der Klavierspieler führt immer wieder andere, „neue" Griffe und Bewegungen aus, was er doch nicht „könnte", hätte er das Klavierspielen als Komplex wiederholbarer Handlungen nicht erlernt.

Mit der Sprache nun als der einzigartigen Fähigkeit des Menschen wurde über in der Natur vorgezeichnete Handlungen wie Gehen, Essen, Zeugen hinaus eine künstliche Handlung ausgebildet, die einerseits als zeitlich ablaufendes, als flüchtiges aktuelles Sprechen — als „Rede" — ausgeführt wird, andererseits mühelos und beliebig oft wiederholt werden kann (eine künstliche Handlung ohne Verwendung von künstlichen Dingen, also Geräten). Und wie man den Schritt als „Element" auffassen kann, durch dessen wiederholte Zusammensetzung das Gehen entsteht, so entsteht auch die Rede durch Kombination bestimmter Elemente, z. B. der Wörter, die ihrerseits aus Lauten zusammengesetzt werden. Durch langjähriges Erlernen erworbene Handlungsgewohnheiten, in diesem Falle Sprechgewohnheiten verschiedener Art werden einerseits „beherrscht" als die „Sprache" (langue), die man „kann", und andererseits in wechselnder Kombination und Abwandlung aktuell wiederholt als „Rede" (parole).

Wir werfen hier einen Seitenblick auf die heutige Linguistik, die in der Analyse der „doppelten Gliederung" der Sprache beachtliche Erfolge errungen hat: Als die kleinsten, unteilbaren Einheiten einer Sprache (Elemente, basic units), die „Bedeutung tragen" und aus denen Rede jeweils kombiniert wird, gelten seit BLOOMFIELD die „Morpheme": einfache Wörter einerseits wie „hier", „Zeit", „über", andererseits Glieder zusammengesetzter Wörter („Kind-chen"), nämlich Wortwurzeln („Lexeme") und unselbständige Wortbestandteile wie Präfixe, Suffixe, Endungen usw., die insbesondere der Flexion dienen (und daher früher „Formantien" genannt wurden). Die Elemente ferner, in die sich die Morpheme gliedern, heißen „Phoneme", und das sind nicht beliebige Laute („Phone"), wie sie in unbegrenzter Variation von den menschlichen Sprechwerkzeugen hervorgebracht werden können oder in aktueller Rede faktisch hervorgebracht werden, sondern nur diejenigen unverwechselbar geprägten Laute, die in einer bestimmten Sprache als stets dieselben wiederholt und wiedererkannt werden, indem ihre Kombinierbarkeit angebbaren Regeln („Distributionsregeln") unterliegt, deren Entdeckung die bemerkenswerteste Leistung der modernen „Phonematik" ausmacht (man spricht von „phonematischen Strukturen" und von „Strukturalismus")[1].

Nun wird die Ausgestaltung von Wortwurzeln durch flektierende Morpheme in einer logisch normierten Sprache überflüssig. Z. B. die dreistellige Prädikation „Matthäus spricht von Judas als einem Verräter" („Matthäus spricht dem Judas den Prädikator ‚Verräter' zu") konnte logisch so normiert werden: „Matthäus, Judas, ‚Verräter' ε zusprechen" (wobei selbstverständlich die Flexionsform des Infinitivs so wenig eine Rolle spielt, wie die sprachgebräuchlich angepaßte Form „spricht" vonnöten ist). Des genaueren werden durch die Normierung einmal diejenigen Morpheme entbehrlich, die auch in der Analyse der natürlichen Sprache als „redundant" erscheinen, zum anderen werden „bedeutungsträchtige" Morpheme wie z.B. tempusdifferenzierende durch selbständige Zeichen ersetzt. Daher soll im folgenden von der Unterscheidung „Morphem" und „Wort" wieder abgesehen und zumeist einfachhin von „Wörtern" gesprochen werden. (Desgleichen sehen wir hier ab von der in der Linguistik üblichen Unterscheidung „Morph, Morphem, Allomorph", die in Analogie zu „Phon, Phonem, Allophon" gebildet wurde.) Den Prädikator „Laut" hingegen werden wir wie schon bisher im Sinne von „Phonem" verwenden. Ferner werden wir als Kombinationselemente von Rede neben den Wörtern die „Wendungen" (umgangssprachlich auch: „Redensarten", engl. idioms) nicht ganz unberücksichtigt lassen, obzwar sie ihrerseits bereits aus der Kombination von Wörtern hervorgehen (wie viele Wörter aus der Kombination von Morphemen). Der Prädikator „Wort" selbst dürfte für jedermann exemplarisch hinreichend eingeführt sein, wobei wir uns nicht dadurch beunruhigen lassen, daß wir, zumal im Deutschen, die Möglichkeit haben, auch aus mehreren Wörtern

---

[1] Aus zahllosen Titeln, die hier genannt werden könnten, sei herausgegriffen: H. A. GLEASON, An Introduction to Descriptive Linguistics. — Strukturalisten, die „exakt" sein wollen, orientieren sich gern am Vorbild der Physik und sprechen ungern von „Bedeutung" (meaning). Sie gehen aus von den Phonemen als den Atomen der Sprache und gehen dann über zu den Morphemen als den Molekülen, den kleinsten Phonemverbänden, deren Zusammenhalt und zugleich Beweglichkeit in wechselnden Kombinationen statistisch festgestellt werden kann.

(nicht allein aus mehreren Morphemen) neue Wörter zu bilden und dann oft frei entscheiden können, ob wir die Zusammensetzung als einheitliches Wort auffassen (und demgemäß schreiben) wollen oder nicht.

Bekanntlich wiederholen einfältige Menschen „immer nur dieselben Redensarten". Bei einem nahezu schwachsinnigen Mädchen fand man Liebesbriefe, die fast nur aus viel zitierten („abgedroschenen") Schlagertexten kombiniert waren. Anspruchsvollere und leistungsfähigere Sprecher schalten „freier" mit den Elementen der Sprache, kleben weniger an geprägten Wendungen, und moderne Dichter überraschen gern durch ganz ungewohnte Kombinationen bekannter Sprachelemente.

Das Können eingeübter menschlicher Handlungen ist stets ein individuelles Können, d. h. der eine kann etwas (Klavier spielen, tanzen, sprechen) „besser" als der andere. Zugleich aber können wir alle gehen, essen, d. h. bei gewissen Fähigkeiten treten die individuellen Unterschiede zurück, viele Handlungsgewohnheiten sind „allgemein menschlich", andere beschränken sich auf eine begrenzte Zahl von Menschen, aber doch so, daß jeder in gewisser Weise versteht, was ein anderer tut, der z. B. eine Symphonie dirigiert, obzwar nicht jeder dirigieren kann.

Das Sprechenkönnen nun ist eine allen Menschen eigene Fähigkeit, und daraufhin gebrauchen wir den Ausdruck „die Sprache", im Hinblick auf dieses Können „überhaupt". Jedoch können wir nur sprechen, indem wir jeweils eine bestimmte Muttersprache können, so daß es viele geschichtlich vorfindliche „Sprachen" gibt („natürliche Sprachen" im Plural).

Wenn wir nun eine bestimmte Sprache gemeinsam können, wenn wir daraufhin „verstehen", was vorgeht, wenn ein anderer spricht, so „verstehen" wir ihn doch in einer besonderen Weise, die verschieden ist vom Verständnis für das Handeln eines Dirigenten oder eines Mannes, den wir beim Rasenschneiden beobachten (oder den wir durch ein geschlossenes Fenster sprechen sehen). Und dieses besondere Verstehen beruht darauf, daß wir auch unsere Sprachelemente in einer besonderen Weise gemeinsam können.

Es gibt Handlungen, bei denen nicht allein einer dem anderen verständnisvoll „zuschauen" kann, sondern die darüber hinaus an das Verstehen des anderen appellieren. Das geschieht in gewisser Weise, wenn einer malt (in diesem Falle: gemalt hat, ein Bild als nun vorfindliches, bestandhaftes Ding), wenn einer musiziert (eine flüchtige Handlung wie das Sprechen, daher im Singen mit dem

Sprechen verbindbar). Und es geschieht in einzigartiger Weise, wenn einer spricht. Während ich dem Musizierenden im günstigen Falle verstehend zuhöre, verstehe ich den Redenden nur, indem ich den Appell seiner Rede noch unmittelbarer aufnehme, ihn einfachhin verstehe. Wollte ich ihm zugleich noch „zuhören" wie einem Sänger, so würde ich mich nicht ebenso unmittelbar, mit ungeteilter Aufmerksamkeit auf dasjenige richten können, „was er sagt". Nur die Rede also, anders als das Rasenschneiden und auch anders als das Musizieren, wird verstanden, indem sie unmittelbar, wie man mit Recht zu sagen pflegt, „der Verständigung dient". Wir unterscheiden daher das Verständnis für das Handeln anderer als „Handlungsverstehen" vom „Redeverstehen".

Als Handelnde, die Zwecke verfolgen und sich diese Zwecke selbständig setzen (sie nicht nur wie die sprachlosen Lebewesen durch die Natur vorgeschrieben erhalten), verstehen wir einander. Besondere Handlungen verfolgen den besonderen Zweck, verstanden zu werden, neben der Rede etwa noch Gebärden, die wir wie das Sprechen mit unseren eigenen Gliedern ausführen, oder Signale, die wir mit sichtbaren oder hörbaren Geräten ausführen. Wir können diese Handlungen „Verständigungshandlungen" nennen, und umgangssprachlich sagen wir, daß wir bei solchen Handlungen „Zeichen verwenden" oder daß wir „Zeichen geben". Man gibt anderen durch Zeichen etwas zu verstehen, wofür auch gesagt werden kann: Man zeigt anderen durch Zeichen etwas an. Daher wollen wir den etwas schwerfälligen Ausdruck „Verständigungshandlung" von jetzt an durch „Zeigehandlung" ersetzen und diesen Prädikator durch folgende Beispiele erläutern: 1. Eine Gebärde als Zeigehandlung: Ich winke mit der Hand einen Gepäckträger herbei. 2. Ein Signal: Eine rote Leuchtkugel wird abgeschossen, und damit wird das Zeichen zum Angriff gegeben. 3. Es wird durch Rede etwas zu verstehen gegeben, z. B. gesagt: „Wie spät ist es?" oder „das Klavier ist verstimmt" oder „still gestanden!". Sprachliche „Zeigehandlungen", wie wir sie jetzt verstehen, sind also keineswegs auf jene „deiktischen" Redewendungen beschränkt, die heute in Logik und Sprachtheorie besonderes Interesse finden, und „Zeigehandlungen" überhaupt sollen durchaus nicht beschränkt sein auf Handlungen im engeren Sinne des umgangssprachlichen Ausdrucks „jemandem etwas zeigen".

Ein weiteres Beispiel: Ein Autofahrer, der abbiegen will, gibt das zu verstehen, den anderen Verkehrsteilnehmern nämlich, indem er ein „Zeichen gibt". Dieses Zeichen kann eine Zeigegebärde mit dem

Arm sein. Oder er „verwendet", wie heute üblich, das Blinken mit einer Signalleuchte als Zeichen. Dabei „verwendet" er zugleich dieses Signalgerät, das aber mit dem gegebenen Zeichen (Signal) nicht zu verwechseln ist. (Zu dieser Verwechslung verleitet die umgangssprachliche Wendung „ein Zeichen verwenden".) Wie kommt es nun, daß die anderen den Appell dieser Zeigehandlung verstehen? Dieses Verstehen beruht auf einer Vereinbarung. Anfangs freilich mag die Gebärde des Armes unmittelbar verständlich gewesen sein. Später aber ist man dazu übergegangen, die Bedeutung der Blinkzeichen explizit zu vereinbaren, in Verordnungen festzulegen. Auf Grund dieser allgemein anerkannten Vereinbarung können und verstehen wir diese Zeigehandlung gemeinsam und richten unser Verhalten danach ein, wenn wir jemanden so handeln sehen. Einen Übergang zur expliziten Vereinbarung stellt die „stillschweigende Vereinbarung" dar, in der sich eine Gebärde wie das Ausstrecken des Armes zur allgemeinen Gebräuchlichkeit einspielt.

Ein Hammer als verfügbares Gerät korrespondiert einer wiederholbaren Handlung, bei der man ihn verwendet. Ein Signalgerät wie die Blinkleuchte korrespondiert ebenfalls einer wiederholbaren Handlung, einer Zeigehandlung. Ein Zeichen aber, obzwar als verfügbares von der Zeigehandlung unterscheidbar, ist doch diese vereinbarte Handlung selbst, z. B. das Ausstrecken des Armes. Was wir hier noch unterscheiden, ist die „aktuelle" Handlung (ich strecke jetzt den Arm aus) von der „potentiellen" Handlung oder, wie wir nun sagen wollen, vom Handlungs-Schema, und dies letztere nennen wir auch sprachgebräuchlich „Zeichen". Indem die Zeigehandlung auf ein vereinbartes Schema gebracht wurde, ist sie verfügbar wie ein verwendbares Gerät.

So können wir nun von der Rede sagen: Redend gebrauchen wir vereinbarte, für wiederholte Aktualisierung verfügbare Schemata von Zeigehandlungen oder kurz: Zeichen, z. B. Wörter.

Wenn wir sagen, die Rede sei eine Handlung zum Zwecke der Verständigung zwischen Gesprächspartnern, dann haben wir freilich das so genannte „innere Reden" („der Seele mit sich selbst", Platon, Soph. 263e) noch unberücksichtigt gelassen, das man auch „Denken" nennt und das nachher noch kurz besprochen werden soll.

Vorerst gehen wir dazu über, einen weiteren Unterschied zu beachten, dessen Vernachlässigung viel Verwirrung gestiftet hat. Es gibt Handlungen, durch die wir Dinge hervorbringen, herstellen und hinstellen, z. B. die Schriftzeichen, Dinge also, die umgangssprachlich sogar bevorzugt „Zeichen" heißen. Oder Bäume, die geschlagen werden sollen, werden mit „Zeichen", wie man umgangssprachlich sagt, versehen. Hier stoßen wir auf Handlungen, die als verfügbare Handlungsschemata Bestand haben wie Wörter — insofern sind insbesondere auch die Schriftzeichen Handlungsschemata —, die aber darüber hinaus bestandhafte Dinge schaffen, erstarrte Handlungen gleichsam, die „stehen bleiben", an der Tafel etwa oder als Wegzeichen: Der Mann, der an der Kreuzung durch Gebärde und Rede den Weg zeigt, geht nach Hause und läßt Pfahl und Schild an seiner Stelle weiter „zeigen". Wir wollen diese Dinge Marken nennen. Obwohl auch sie umgangssprachlich „Zeichen" heißen, sind sie ja im Sinne unserer soeben vorgeschlagenen Vereinbarung nicht Zeichen, nämlich nicht Schemata von Zeigehandlungen.

Die Marken ermöglichen gleichsam die Aufspaltung einer Zeigehandlung: Während eine Signalhandlung oder aktuell gesprochene Rede in der Situation der Zeigehandlung auch schon vom Partner aufgenommen und verstanden werden, aktualisiert sich das Verstehen von Marken als abgesonderte Handlung erst, wenn der Holzfäller den markierten Baum findet, wenn irgend jemand kommt und das Vorfahrtsschild sieht, wenn der Brief eintrifft und „gelesen" wird. „Lesen" ist ja der umgangssprachliche Ausdruck für diese abgesonderte und nunmehr selbständige Handlung.

Was nun wieder die Sprache betrifft, so sind in ihr bekanntlich noch nicht die Phoneme, sondern erst die Morpheme einfachste Zeichen (die etwas zu verstehen geben, sobald sie in geeigneter Weise verwendet werden). Die Phoneme dürfen ja nicht mit den Graphemen oder „Buchstaben" verwechselt werden, durch die in einer Lautschrift zu verstehen gegeben wird, daß der Lesende die ihnen durch Vereinbarung zugeordneten Phoneme aussprechen soll. (Wohlgemerkt und noch einmal: Solange die Buchstaben nicht als Gebilde, als Marken „dastehen", an der Tafel oder im Buch oder wo auch immer, sind auch sie Zeichen, nämlich vereinbarte Zeigehandlungsschemata. Aktualisiert werden sie durch denjenigen, der die Marken herstellt, indem er schreibt, und wieder durch denjenigen, der sie liest.)

Die „stehenbleibenden" Marken sind hergestellte und als solche vorfindliche Dinge. Als solche haben sie bis heute zu dem Irrtum verleitet, Zeichen überhaupt seien vorfindliche materielle Dinge, Haufen von Kreidepartikeln etwa, die in einer dann völlig rätselhaften Relation zu ihrer „Bedeutung" stehen, als sei auch diese ein vorfindliches Ding, eine dem Morphem oder dem Wort entsprechende Einheit „in the content system of language"[1].

Gegen die Auffassung sprachlicher Elemente als Zeichen könnte man einwenden, daß die Menschen nichtsprachliche Zeigehandlungen erst erfinden konnten, als sie bereits sprachen. Die Verständigung durch Signale, Wegzeichen und dergleichen setzt ja heutzutage voraus, daß man „verabredet", wie diese Zeichen zu verstehen sind, und unterscheidet sich dadurch von Signalen in der Tierwelt. So wahr das ist, so hindert es doch nicht, in einer Rekonstruktion der Sprache verallgemeinernd zu sagen, daß auch sprachliche Handlungsschemata Zeichen sind, mit denen wir einander etwas zu verstehen geben. Die „Verabredung" dieser Zeichen hat freilich nicht explizit, sondern in anderer Weise stattgefunden, während heute mancherlei Zeichen explizit vereinbart werden, insbesondere auch Zeichen der wissenschaftlichen Verständigung.

Indem die Rede als aktuelle Handlung den besonderen Zweck der Verständigung verfolgt, dürfen wir also, wie üblich, von der Sprache sagen, daß sie als ein Zeichensystem der Verständigung dient. Eben daher ist sie in einzigartiger Weise gemeinsames Können, Besitz einer „Sprachgemeinschaft". Zwar kann der eine besser sprechen als der andere, und jeder einzelne hat seinen für ihn „charakteristischen" Besitz von Redegewohnheiten, „seine" Sprache, die ihn „verrät" (wie ferner seine „Stimme", an der man ihn „erkennt"). Und doch besteht eine Sprache aus einem Vorrat sprachlicher Schemata, der für alle Glieder der Sprachgemeinschaft derselbe ist, als ob die Sprecher ein System von Zeichen explizit vereinbart hätten.

Da nun die Sprache unsere Welt erschließt, ist uns mit der Sprache auch „unsere Welt" gemeinsam als bekannte und vertraute Welt. Es dürfte jedoch an dieser Stelle angebracht sein, auf das folgende hinzuweisen: Wir Menschen haben, miteinander sprechend, unsere Welt erschlossen und durch unsere Geräte verwandelt. Gemeinsam handelnd und miteinander sprechend verständigen wir uns über den Rasen, der heute nachmittag geschnitten werden soll, über den Weltraum, der morgen erforscht werden soll. Wer aber allein und ohne Partner „darüber nachdenkt", daß er heute nachmittag seinen Rasen schneiden will, auch der wird sich

---

[1] GLEASON z. B. sagt (a. a. O. S. 54): „'Meaning' is intended to represent the relationship which exists between morphemes as part of the expression system of a language and comparable units in the content system of the same language."

solcher Wörter und Wendungen wie „Rasen", „heute nachmittag" bedienen, indem er ohne Partner „vor sich hin spricht" oder indem er „innerlich redet", indem er „denkt" (wobei er sich auch „innerlich hört" — aber für einen anderen würde sein inneres Reden nicht vernehmbar, würde es „lautlos" sein).

Die Problematik des „inneren Redens" ist viel zu weitreichend, als daß sie hier angemessen erörtert werden könnte. Sie soll lediglich am Rande erwähnt werden, erstens weil sich hier ein wichtiger neuer Aspekt eröffnet, der über den primären Aspekt „Rede als Verständigungshandlung" hinausführt, und zweitens weil nicht oft genug gegen das traditionelle Vorurteil Einspruch erhoben werden kann, demgemäß Denken als „primärer Bewußtseinsakt" vom Sprechen als der hernachfolgenden „sprachlichen Äußerung" zu unterscheiden sei.

Es sei nun wiederholt und festgehalten: Handeln heißt lateinisch „agere", „actus" ist die Handlung. „Potentia" wiederum ist Können, Fähigkeit. Daher sagen wir: Reden oder auch Denken im Sinne von innerem Reden ist stets aktuelle sprachliche Handlung. Sprechen wir aber über Wendungen, Wörter (ohne sie in diesem Augenblick aktuell zu gebrauchen), „denken" wir darüber „nach", so befassen wir uns mit sprachlichen Schemata als potentiellen sprachlichen Handlungen. Ihre „Verwendbarkeit" ist die Möglichkeit, sie in der Rede immer wieder zu aktualisieren.

Diese eingeübten Elemente unserer Muttersprache können wir, indem wir sie bewahren — wie man sagt — im „Gedächtnis". Neu erlernte Wörter einer fremden Sprache jedenfalls „behalten" wir nicht sogleich, wir müssen sie uns „einprägen". Im Rahmen von Logik und Sprachtheorie sind wir aber an dieser Stelle keineswegs genötigt, überzugehen zur Psychologie (des Gedächtnisses). Wir „besitzen" unsere Sprachgewohnheiten nicht „in der Psyche", sondern so, wie wir auch andere eingeübte Handlungen können. Wir besitzen also z. B. die Wörter ähnlich wie Tanzschritte — die wir wahrlich auch nicht fort und fort aktuell ausführen —, wie eingeübte Handgriffe des Essens, des Rasenschneidens, des Klavierspielens.

Nun werden wir über die Flüchtigkeit der Rede hinweggetäuscht, seit wir Rede durch Marken „fixieren", sie hinstellen, ihr die Dauer vorfindlicher Dinge verleihen. Ein Buch ist ein vorfindliches Ding wie der Schrank, in dem es sich befindet. Daher konnte man mit Hilfe der Schrift dazu übergehen, eine Sprache als Bestand ihrer Kombinationselemente, dazu ihrer Kombinationsregeln in Büchern zu bewahren, in Wörterbüchern und Grammatiken. Solche Bücher, in denen eine Sprache als bestandhaftes System vorfindlich wird, täuschen vollends über die genuine Flüchtigkeit der Rede hinweg. Genuin wie die Flüchtigkeit der Rede ist jedoch von jeher der Bestand der Sprache als Besitz einer Sprachgemeinschaft. Und zwar wird dieser gemeinsame Besitz bewahrt und überliefert als Tradition von einer Generation zur anderen. Sprachen haben geschichtlichen Bestand als Traditionen, als welche sie wiederum Abwandlungen eigener Art unterliegen.

Wir wollen unsere Aufmerksamkeit nun noch einmal dem Ausdruck „Handlungsschema" zuwenden. Wenn wir hier von „Schemata" sprechen, so meinen wir nicht etwa skizzenhafte Umrisse, die man für gewisse Zwecke zu zeichnen pflegt und sprachgebräuchlich gern „Schemata" nennt. Man kann z. B. einen Tanzschritt „schematisch" aufzeichnen, um durch solche besonderen Marken festzuhalten, was wir hier das Schema eines Tanzschritts nennen (das man ja auch ohne Zeichnungen lernen und festhalten und im Tanzen immer wieder aktualisieren kann). Was wir umgangssprachlich „Schemata" und „schematisieren" nennen, erklärt aber, wie wir dazu gekommen sind, in der hier vorgeschlagenen Weise von „Schemata" zu sprechen.

Wir haben den Ausdruck „Handlungsschema" unter einigen Schwierigkeiten, die in der Sache selbst liegen, exemplarisch eingeführt und tun nun gut daran, ihn noch durch einige weitere Unterscheidungen zu sichern und zu verdeutlichen. In diesem Augenblick richtet sich unser Interesse auf die Zeichen, somit auf Zeigehandlungsschemata. Als einen Spezialfall dieser Schemata haben wir sprachliche Handlungsschemata betrachtet, insbesondere die Wörter und Wendungen. Ferner haben wir beachtet, daß Buchstaben Zeichen sind, dagegen nicht die von ihnen bezeichneten Phoneme. Jedoch sind auch Phoneme Handlungsschemata. Die Zeigehandlungsschemata stellen nämlich ihrerseits einen Spezialfall von Handlungsschemata dar, für die wir als andersartige Beispiele herangezogen haben: den Spaziergang, den ich „immer wieder mache", Handgriffe und -bewegungen des Klavierspiels, die ich immer wieder ausführe. Zeichen sind vereinbarte Handlungsschemata, doch wir kennen weitere vereinbarte Schemata, die nicht Zeichen sind, wie eben wiederum die Phoneme oder Tanzschritte oder durch die Sitte festgelegte Handlungen des Grüßens, „Tischmanieren" und so fort. Andere Handlungsschemata haben sich zu ihrer geprägten Gestalt nicht durch Vereinbarung, sondern durch ihre optimale Zweckmäßigkeit eingespielt wie z. B. wieder Bewegungsschemata des Instrumentalspiels oder des Skifahrens (wobei es freilich auch die besprochene „Technik", also so etwas wie Vereinbarungen gibt).

Schließlich aber gibt es auch sprachliche Schemata, die nicht vereinbart sind, sondern frei entworfen. Anders gesagt: Neben den Wörtern und Wendungen als Redegewohnheiten und neben den vereinbarten Sprechweisen der Wissenschaft können wir jederzeit Schemata konstruieren wie z. B. ein Gedicht, allgemein: einen Text. Ähnlich ist auch eine musikalische Komposition ein Handlungsschema, das für die aktuelle Ausführung (oder „Aufführung") bereit steht. Ein Lied zwar kann auch zur Handlungsgewohnheit werden (Volkslied, Schlager), ist aber auch dann schon ein Schema, wenn es gerade erst geschaffen wurde.

Wir sind an dieser Stelle nicht darauf angewiesen, der Frage nachzugehen, wie weit wir den Verwendungsbereich des Wortes „Handlungsschema" ausdehnen wollen, ob wir etwa auch menschliche Handlungen einbeziehen wollen, die nicht vom Menschen selbst, sondern „von der Natur" ihre geprägte Ablaufsgestalt erhalten haben. Mit folgendem System können wir uns hier begnügen:

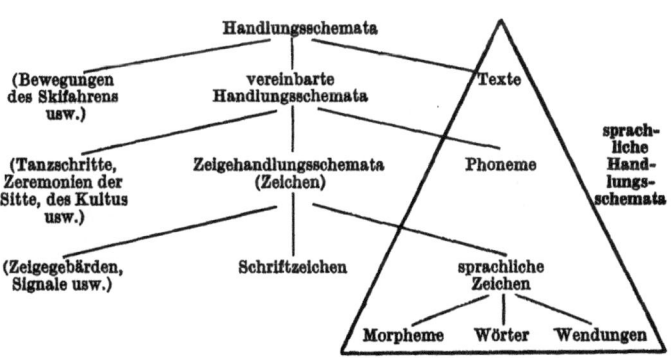

Die Marken, z. B. die hingeschriebenen oder gedruckten Schriftzeichen, kommen in diesem System nicht vor, da sie nicht Handlungsschemata sind.

Angemerkt sei noch dies: In der angelsächsischen Linguistik ist es heute vielfach üblich, die Unterscheidung „Sprache — Rede" (umgangssprachlich: „language — speech") durch die Wörter "code — message" anzugeben (in Anlehnung an die Nachrichtentechnik und die Informationstheorie). Statt von „Aktualisierung" der Sprache durch Rede spricht man dort meist von „Realisierung" („realization"), und diese Sprechweise ist oft mit dem physikalistischen Vorurteil verbunden, das „Reale" an der Sprache sei der sinnlich faßbare Sprechakt (man spricht von „the phonic and physical reality of language")[1]. Hat man in dieser Weise die Realität allein der Rede vorbehalten, also den Redenden (mit seinen Zwecken) schon vergessen und die Rede obendrein als ein physikalisches Phänomen aufgefaßt, dann wird der Bestand der Sprache, ihrer Laute, Zeichen und Regeln zum schwierigen Problem, und besonders der Problematik von „meaning" sucht man so lange wie möglich auszuweichen, indem man eine semantikfreie Morphematik aufbaut und dabei vorgibt, man verstehe gar nicht, was die analysierten Zeichen bedeuten — eine mühselige Arbeit gemäß der Devise: je näher der Physik, um so „exakter" und um so wissenschaftlicher.

Was hier vorliegt, ist wieder eine Variante von schlechtem Fundamentalismus. Der fundamentale Aufbau einer allgemeinen Theorie der Sprache hat im Zusammenhang mit einer fundamentalen Logik auf dem Boden der Sprache zu geschehen, die wir „immer schon sprechen und verstehen", nicht aber auf dem Boden der Physik, die ja ihrerseits auf Logik als Vorschule des vernünftigen Redens angewiesen ist.

§ 3. *Kontextabhängigkeit von Gebrauchsprädikatoren*

Verstanden wird Rede immer nur als „zusammenhängende Rede", als Kontext. „Aus dem Zusammenhang gerissene Wörter" sind gar nicht oder nur ungefähr verständlich. Im alltäglichen Gespräch wird das Verstehen ferner getragen und ermöglicht durch den Kontext der Redesituation (um unmißverständlich zu sein, sagen wir lieber: durch den „Zusammenhang" der Redesituation).

Im Kontext der Rede zeichnet sich der Satz durch eine gewisse Selbständigkeit aus. Will ich etwas Verständliches sagen, so muß ich Wendungen und Wörter in der Regel zu Sätzen kombinieren. Ein Satz stellt jedenfalls dann die kleinste Redeeinheit dar, zu der Wörter kombiniert werden müssen, wenn eine verständliche Aus-

---
[1] L. ANTAL, Content, Meaning and Understanding (1964), S. 34.

sage gemacht werden, eine Prädikation als abgeschlossene Handlung vollzogen werden soll. Freilich ist ein „aus dem Zusammenhang gerissener" Satz im Regelfall auch nur ungefähr verständlich (indem man den Zusammenhang „erraten" muß). Im Grenzfall aber ist ein isolierter Satz, z. B. ein Spruch wie „Hochmut kommt vor dem Fall", als selbständiger Kontext ohne Einschränkung verstehbar.

Ähnliches gilt für das einzelne Wort nur im Ausnahmefall. Z. B. kann ein isolierter Eigenname in verständlicher Rede als Ruf auftreten, während ein Prädikator stets — wie wir schon sahen — „ergänzungsbedürftig" bleibt. Das Wort „Baum" als Schema stellt die bloße Möglichkeit dar, Gegenständen diesen Prädikator zuzusprechen, also die Aussageform „x ist ein Baum" in eine Aussage zu überführen.

Nun haben aber die Wörter der Umgangssprache zumeist noch die besondere Eigentümlichkeit, daß sie als isolierte Sprachelemente gleichsam plastisch sind und erst in einem Kontext und durch den Kontext geprägt werden. Diese Plastizität der Gebrauchsausdrücke darf nicht als „Vagheit" von oben herab gesehen werden, wie es unter Logikern lange üblich war, sofern sie im Rahmen der außerwissenschaftlichen Rede eher einen Vorzug ausmacht.

„Plastizität" ist hier vorerst eine bloße Metapher, wir gehen zu Exempeln über: Wenn jemand sagt „dieses Haus ist dreistöckig", so verwendet er einen anderen Prädikator als derjenige, der von einer Firma sagt „dieses Haus ist leistungsfähig". Oder in der Wendung „unter Qualen" wird „unter" anders verwendet als in „unter dem Teppich". Man vergleiche ferner „Jude, Christ und Heide" mit „die Lüneburger Heide", aber auch „die Leute" mit „ich läute".

Lautschemata, die aus denselben Phonemen in derselben Anordnung kombiniert sind, können also im Kontext der Rede verschieden verwendet werden, so daß es sich nunmehr um verschiedene Wörter handelt, und zwar nicht allein in einem Falle wie /loite/, sondern auch in einem Fall wie /haus/. Hier interessiert uns insbesondere die mögliche Verschiedenheit von Prädikatoren derselben Lautgestalt (wir bezeichnen von jetzt an dasjenige als „Lautgestalt", was wir soeben „lautliches Schema" nannten). Traditionell nennt man solche Prädikatoren „äquivok" oder „homonym" (im Gegensatz zu „synonym"). Von „Homonymität" spricht man insbesondere dann, wenn „derselbe Name" oder „dasselbe Wort" verschieden verwendet werden (Beispiele „Haus", „Miete", „Star", „Strauß", besonders beliebtes Paradebeispiel „Schloß" — hier besteht über die Lautgleichheit hinaus ein sprachgeschichtlicher Zusammenhang). Da man aber gut daran tut, von der bloßen Lautgleichheit auszugehen, spricht man heute besser von „Homophonie".

Als Lautgestalten sind die Wörter einer Sprache streng normiert, d. h. die aktuelle phonische Abwandlung, in der sie ausgesprochen werden, ist einer durch das Schema angegebenen Begrenzung unterworfen. Die Wörter „Haus" und „unter" sind hinsichtlich der lautlichen Kombination in jedem Kontext dieselben, nicht hingegen hinsichtlich ihrer Verwendung als Elemente des Kontextes. Während der einzelne Sprecher an der Lautgestalt eines Wortes sozusagen nicht rütteln kann, hat er in der Kombination von Wörtern Spielraum, und je nachdem, was er gerade zu verstehen geben will, verwendet er Wörter einmal so und einmal anders (freilich im Rahmen des traditionellen Sprachgebrauchs).

Wir sprechen hier wieder mit einiger Vorsicht von demjenigen, was einer zu verstehen geben will, ferner von demjenigen, was sprachliche Zeichen auf Grund von traditioneller Vereinbarung zu verstehen geben, weil wir nicht unbedacht das an dieser Stelle übliche Wort „Bedeutung" verwenden wollen, als handle es sich um einen unmittelbar verständlichen Gebrauchsprädikator. Jedoch werden wir vorgreifend weiterhin auch von „Bedeutung" sprechen, da man diesen Ausdruck nur mit Künstlichkeit vermeiden kann, sobald man auf die Lautgestalt von Wörtern zu achten begonnen hat.

Wir stießen bereits auf Prädikatoren für wohlumgrenzte vorfindliche Dinge wie Lebewesen oder Geräte, Prädikatoren, derer man in jeder Sprache bedarf, so daß sie gleichsam in verschiedenem Gewande wiederkehren, wie z. B. „Fahrrad, frz. bicyclette, engl. bicycle" oder „Pferd, cheval, horse". Auch innerhalb ein und derselben Sprache ist zuweilen ein Prädikator durch einen anderen ersetzbar, ohne daß sich an der Prädikation etwas ändert („Harke", „Rechen"; „gebrauchen", „verwenden"). Wie es also gleichlautende Prädikatoren verschiedener Bedeutung gibt (homophone Prädikatoren), so gibt es auch gleichbedeutende Prädikatoren verschiedener Lautgestalt, die wir traditionell „synonym" nennen — freilich läßt sich die Bedeutungsgleichheit von Prädikatoren nicht wie die Lautgleichheit an den Wörtern einfach „ablesen" oder abhören, sondern stellt ein Problem dar, auf das wir alsbald zurückkommen müssen.

Die traditionelle Sprachwissenschaft ist seit langem und mit Recht an der Frage interessiert, wie es zugeht, daß „ein und dasselbe Wort" in „verschiedenen Bedeutungen" auftreten kann (eine engere Fragestellung als die Frage nach der verschiedenen Verwendung desselben Lautschemas). Sie untersucht sprachgeschichtlich den Bedeutungswandel von Wörtern oder den Übergang von einer sinnfälligen zu einer metaphorischen Bedeutung. Für unseren Zusammenhang kommt es vorerst lediglich darauf an, daß Synonymität und Homophonie überhaupt vorkommen. Wir sprechen also auch dann von Gleichlautung verschiedener Prädikatoren, wenn gar nicht jener an „Schloß" oder an „Heide" demonstrierbare grobe Fall von Homophonie vorliegt, sondern geringfügige Bedeutungsverschiedenheiten wie z. B. der Unterschied des „Schätzens", mit dem eine Person einer anderen einen Wert zuspricht, vom „Schätzen" eines Experten, der den Wert einer Sache allererst feststellt. Man würde ja auch diese beiden Prädikatoren nicht an Hand derselben Beispiele und Gegenbeispiele einführen können.

Ein Lexikon versucht, für ein solches Wort wie „schätzen" alle Verwendungsmöglichkeiten anzugeben, alle „Bedeutungen", in denen es auftreten kann, und zwar dadurch, daß es jedesmal einen synonymen Ausdruck einer anderen Sprache angibt. Dadurch erfährt der Benutzer des Lexikons freilich keineswegs, in welchen Bedeutungen dieser anderssprachliche Ausdruck sonst noch auftreten (und nicht auftreten) kann, so daß es ganz unmöglich ist, ohne die Einübung in den Sprachgebrauch eine fremde Sprache zu erlernen. Ein Wort hat je in seiner Sprache gleichsam einen Bedeutungsfächer, der sich mit den Fächern anderssprachlicher Wörter gewöhnlich nicht deckt, und dies wiederum nicht auf Grund der Verschiedenheit nationaler „Sprachgeister", sondern indem solche Deckung bei geschichtlich verschiedenen Sprachen ja von vornherein gar nicht zu erwarten ist. Die Schwierigkeit der Übersetzung steigert sich aber in jenem früher erwähnten Fall, daß sich ein synonymer Ausdruck in der anderen Sprache überhaupt nicht auftreiben läßt, weil die unterscheidende Gliederung der Welt für einen bestimmten Bereich von Gegenständen in beiden Sprachen verschieden ausgefallen ist[1].

---

[1] Die Verschiedenheit der Weltgliederung von einer Sprache zur andern betrifft sogar die vorfindlichen Dinge, wofür auch WHORF gute Beispiele gibt: „Sie mögen vielleicht annehmen, ‚Baum' bedeute überall und für jedermann dasselbe. Das ist durchaus nicht der Fall. Das polnische Wort für ‚Baum' schließt auch die Bedeutung ‚Holz' ein. Der Kontext oder Zusammenhang der Sätze bestimmt, welche Art Gegenstand das polnische Wort (oder irgendein Wort in irgendeiner Sprache) bezeichnet. Im Hopi, einer amerikanischen Indianersprache in Arizona, schließt das Wort für ‚Hund', pohko, zahme Tiere oder Haustiere aller Art ein. ‚Zahmer Adler' heißt also im Hopi buchstäblich ‚Adler-Hund', und nachdem ein Hopiindianer den Zusammenhang so festgelegt hat, kann er sich dann im weiteren Gespräch auf denselben Adler als den pohko von dem und dem beziehen" (zitiert nach B. L. Whorf, Sprache, Denken, Wirklichkeit, hg. und übersetzt von P. Krausser, 1963, S. 61 f).

Natürliche Sprachen treiben mit ihrem Zeichenvorrat eine beträchtliche Verschwendung, indem sie oft mehrere Lautgestalten für die gleiche Verwendung im Satz anzubieten haben. Umgekehrt sparen sie, indem sie dasselbe Lautschema mit mehreren Bedeutungen einsetzen können. Genau genommen hat das isolierte Lautschema einer natürlichen Sprache eben überhaupt keine Bedeutung, sondern nimmt im Kontext der Rede eine Bedeutung erst an, die dann im Lexikon als mögliche Bedeutung neben anderen aufgeführt wird[1]. Nur in diesem Sinne sind Gebrauchsausdrücke „mehrdeutig".

Die Prädikatoren einer wissenschaftlichen Sprache unterscheiden sich von den Wörtern natürlicher Sprachen nun dadurch, daß sie nicht erst im Kontext der Rede eine bestimmte Bedeutung annehmen, sondern bereits als Elemente der Sprache einer Wissenschaft (einer „Terminologie") für stets dieselbe Verwendung vorgesehen sind. (Metaphorisch sprechen wir statt von „Elementen" auch von „Bausteinen" einer Sprache.) In der Terminologie der Logik z. B. ist der Prädikator „Prädikator" nicht allein hinsichtlich seiner Lautgestalt normiert (wie alle Wörter der Umgangssprache), sondern auch hinsichtlich seiner Bedeutung — was jedoch einer sorgfältigen Untersuchung bedarf, zu der wir im folgenden Kapitel übergehen.

Was wir zunächst metaphorisch die „Plastizität" von Gebrauchsausdrücken nannten, hat sich als die der Sprachwissenschaft längst bekannte „Kontextabhängigkeit" dieser Ausdrücke erwiesen und könnte schließlich auch „Kontextoffenheit" genannt werden. Sie möge über die schon gegebenen Exempel hinaus noch am Beispiel eines beliebigen literarischen Kontextes illustriert werden. In einem Roman von Heimito von Doderer (Die Wasserfälle von Slunj, S. 194) findet sich folgender Text: „Im Wagen bemerkte sie beiläufig, daß sie nicht daran denke, hier in Wien dauernd bei ihren Eltern zu leben. Sie sei das nicht mehr gewohnt. Diese Gegend hier wäre ihr recht (sie fuhren eben durch die Hietzinger Hauptstraße)."

Der Kontext zeigt, daß „bemerken" hier so viel heißt wie: etwas sagen, eine Bemerkung machen — im Unterschied z. B. von: „Sie bemerkte in der Menge einen alten Herrn."

---
[1] Frege sagte: „Gewiß sollte in einem vollkommenen Ganzen von Zeichen jedem Ausdrucke ein bestimmter Sinn entsprechen; aber die Volkssprachen erfüllen diese Forderung vielfach nicht, und man muß zufrieden sein, wenn nur in demselben Zusammenhange dasselbe Wort immer denselben Sinn hat" (Sinn und Bedeutung S. 27/28, Patzig S. 40).

„Daran denken" heißt hier so viel wie: etwas beabsichtigen, im Unterschied von: sich in Gedanken mit etwas beschäftigen.

„Leben" hier im Sinne von: wohnen, sich aufhalten, während „leben" auch in der Unterscheidung von „tot sein" gebraucht werden kann.

„Gegend" hier so viel wie Stadtteil, frz. quartier, im Unterschied z. B. von: „in der Frankfurter Gegend" (région).

Ferner kommen Lautschemata vor, die auch anders verwendet werden können: wa:gen, das, me:r usw.

So weit sich die wissenschaftliche Rede der Umgangssprache bedient — und das tut sie in erheblichem Umfang —, bestimmen sich auch in ihr die Wörter zumeist erst im Kontext zu ihrer jeweiligen Bedeutung, die Prädikatoren nicht ausgenommen. Den Unterschied wissenschaftlicher von alltäglicher Rede machen aber diejenigen Sätze aus, in denen Wörter normierter Verwendungsweise vorkommen.

Es gehört zu der Kunst wissenschaftlichen Sprechens, dort zu normieren, wo es notwendig ist, ohne in den spanischen Stiefeln der Pedanterie einherzugehen, ohne also auf den Vorzug der Kontextoffenheit von Wörtern rigoros zu verzichten. In diesem Text wird z. B. das Wort „Wort" mit Bedacht als Gebrauchsprädikator verwendet, so daß es möglich bleibt, einmal von der Verwendung der Wörter in der Rede zu sprechen, ein andermal etwa „Wort" zu sagen, wo strenggenommen von der Lautgestalt eines Wortes zu sprechen wäre.

III. KAPITEL: ERSTE BAUSTEINE DER WISSENSCHAFTLICHEN AUSSAGE

§ 1. *Termini als normierte Prädikatoren (die Prädikatorenregel)*

In diesem Kapitel wollen wir uns mit der wissenschaftlichen und der philosophischen Prädikation befassen — auf den Unterschied „wissenschaftlich — philosophisch" kommt es uns vorerst nicht an. Dabei werden wir nach Maßgabe der Zweckmäßigkeit dies und jenes heranziehen, was wie z. B. die Indikatoren gerade nicht für die wissenschaftliche, sondern für die alltägliche Rede kennzeichnend ist, dadurch aber die Eigenart der wissenschaftlichen Rede zu profilieren erlaubt.

Wir erinnern uns daran, daß wir eine wissenschaftliche Sprache hatten, der gegenüber wir uns zur Sprachkritik herausgefordert fanden. Inzwischen haben wir diese traditionelle Sprache gleichsam ausgelöscht und den Neubeginn versucht. Insbesondere erinnern wir uns an die „Terminologie" wissenschaftlicher Sprachen und stehen nunmehr vor der Aufgabe, diese wiederaufzubauen. Der Rückblick als Vorblick schließt hier das Vorverständnis ein, ein „Terminus" sei ein Ausdruck der wissenschaftlichen Sprache. Dieses Vorverständnis haben wir inzwischen schon dahin verdeutlicht, daß wir sagen und festhalten: Ein Terminus ist ein **Prädikator** einer wissenschaftlichen Sprache. Wir mußten somit, um wieder zu einer Terminologie zu gelangen, ab ovo aufbauend zunächst klären, was überhaupt Prädikatoren sind im Zusammenhang der Prädikation. Denn Vorblick und Vorverständnis geben uns nur die Richtung an, in der wir vorangehen wollen, ohne uns die Mühe abzunehmen, in dieser Richtung a primis fundamentis einen Schritt nach dem anderen zu tun, d. h. „methodisch" vorzugehen.

An den Terminus als Prädikator einer wissenschaftlichen Sprache stellen wir folgende Anforderung: Die Verständigung zwischen den Gesprächspartnern soll nicht dadurch beeinträchtigt werden, daß der Redende den Prädikator anders verwendet als der Hörende (umgangssprachlich ausgedrückt: daß sich der Hörende „etwas anderes dabei denkt" als der Redende). Um dieses Ziel zu erreichen, werden die Gesprächspartner vor der Verwendung eines Terminus gut daran tun, sich hinsichtlich eben dieser Verwendung **ausdrücklich** zu verständigen. Sie werden also hinsichtlich dieser Verwendung eine explizite Vereinbarung treffen, ähnlich wie nichtsprachliche Zeichen oder wie Regeln für ein Spiel verabredet werden. Wie hat eine solche Vereinbarung stattzufinden?

Um diese Frage zu beantworten, können wir jetzt bereits zurückgreifen — nicht auf traditionelle Terminologien, sondern auf diejenigen Termini der Logik selbst, die wir bereits „explizit eingeführt" haben. Im Regelfalle hat eine solche Einführung den Charakter eines Vorschlags, den ein Gesprächspartner macht und der dann von den anderen Gesprächspartnern angenommen, abgelehnt oder durch andere Vorschläge ersetzt wird so lange, bis man sich geeinigt hat. Im Falle eines Buches besteht die schon von PLATON beklagte mißliche Situation, daß „keiner antwortet", daß der Schreibende also verpflichtet ist, in der Hoffnung auf die Zustimmung des Lesenden seine Vorschläge so umsichtig wie möglich vorzubringen.

In dieser Hoffnung auf die Zustimmung des Lesers wurden hier folgende Prädikatoren der logischen Propädeutik bereits explizit eingeführt: „Prädikator", „Eigenname", „Kennzeichnung", „Elementaraussage" usw., neben sprachtheoretischen Prädikatoren wie „Rede", „Sprache", „Zeigehandlung" usw. Alle diese Prädikatoren wurden explizit eingeführt mit Hilfe von Beispielen und Gegenbeispielen, in der Weise also, in der auch Gebrauchsprädikatoren eingeführt werden, jedoch mit dem Unterschied des ausdrücklichen, des bewußten Vollzuges dieser gemeinsamen Handlung.

Mißverständnisse zwischen den Gesprächspartnern entstehen, so lange wir unsere Umgangssprache sprechen, häufig durch jene „Mehrdeutigkeit" von Gebrauchsprädikatoren, die durch den Kontext nicht immer in hinreichende Eindeutigkeit verwandelt wird — die Gesprächspartner „reden aneinander vorbei". Diese Mehrdeutigkeit wird, wie wir schon sahen, durch die ausdrückliche Vereinbarung von Termini von vornherein vermieden, und dies auch dann, wenn diese Normierung zunächst nichts anderes ist als die explizite exemplarische Einführung der Termini. Wir sagen daher von Termini im Unterschied zu Gebrauchsprädikatoren: Sie sind kontextunabhängige oder kontextinvariante Elemente einer wissenschaftlichen oder philosophischen Sprache.

Nun werden wissenschaftliche Prädikatoren, wenngleich sie zu ihrer Verständlichkeit auf den Kontext aktueller Rede nicht angewiesen sind, in keinem Falle außerhalb jedes Kontextes eingeführt. Die hier bereits eingeführten logischen Termini z.B. stehen untereinander in dem ganz engen Zusammenhang einer Theorie der Prädikation und damit in einem, wie wir sagen, „systematischen"

Zusammenhang. Eben dies gilt aber für wissenschaftliche Termini in jedem Falle: Sie stützen und halten sich gleichsam gegenseitig im Gefüge eines Systems, und eine Terminologie ist nichts anderes als eben ein solches System.

Der systematische Zusammenhang unserer Termini (einer Theorie der Prädikation) läßt sich jederzeit durch Sätze vergegenwärtigen, die nun auch einen Kontext von Rede herstellen, z. B. durch den Satz: „In einer Elementaraussage wird einem Gegenstand ein Prädikator zugesprochen oder abgesprochen", oder: „In einer Elementaraussage wird ein Eigenname durch die Kopula mit einem Prädikator verbunden", so daß wir sogleich sehen: Es bedürfte nur einiger weniger Sätze dieser Art zum systematischen Aufbau unserer ganzen Theorie. Wir können daher die Verwendung von Termini auch dadurch vereinbaren, daß wir einen neuen Terminus einbauen in das Gefüge einer schon vereinbarten Terminologie.

Doch wir sind in der Lage, die Art und Weise, in der sich Termini gegenseitig stützen, genauer zu klären. Als Beispiel nehmen wir den Terminus „Prädikator". Wir haben ihn so eingeführt, daß wir jedenfalls sagen dürfen: „Ein Prädikator ist ein Wort." Ferner dürfen wir sagen: „Ein Prädikator ist kein Eigenname" (und umgekehrt). In solchen Sätzen werden wiederum Prädikatoren zu- oder abgesprochen, freilich nicht einzelnen Gegenständen, sondern so, daß an der Stelle, die in der Elementaraussage durch Eigennamen besetzt wird, hier nun gleichfalls Prädikatoren stehen — fassen wir diese Sätze so auf, dann kommen wir zu Allaussagen (generellen Aussagen): „Alle Prädikatoren sind Wörter." Die Rekonstruktion genereller Sätze aus Elementarsätzen wird uns später noch beschäftigen, ein Aufschub, der uns an dieser Stelle umso weniger behindert, als wir jene Sätze auch anders auffassen können, nämlich im Sinne von: „Wer etwas als ‚Prädikator‘ bezeichnet, darf es auch als ‚Wort‘ bezeichnen"; „Wer ‚Spaten‘ sagt, darf auch ‚Gerät‘ sagen"; „Wer ‚Hase‘ sagt, darf für denselben Gegenstand nicht ‚Reh‘ sagen"; „Wer etwas ‚Prädikator‘ genannt hat, darf es nicht mehr ‚Eigenname‘ nennen".

Erlaubnis und Verbot verbinden sich hier also in eigentümlicher Weise. Im ersten Falle gilt ja: Wer einem Gegenstand (mit Recht) den Prädikator $\mathfrak{P}$ zugesprochen hat, darf demselben Gegenstand auch den Prädikator $\mathfrak{Q}$ zusprechen — aber nicht absprechen! Und im anderen Falle gilt: Wer einem Gegenstand (mit Recht) den Prädikator $\mathfrak{P}$ zugesprochen hat, darf demselben Gegenstand den Prädikator $\mathfrak{Q}$ absprechen — aber nicht zusprechen! Das wird einfacher und deutlicher, wenn wir dasselbe dialogisch ausdrücken[1], uns also nicht einen Sprecher, sondern zwei Gesprächspartner denken und sagen: Wer $x \, \varepsilon \, \mathfrak{P}$ behauptet hat, darf $x \, \varepsilon \, \mathfrak{Q}$ nicht bestreiten, bzw. wer $x \, \varepsilon \, \mathfrak{P}$ behauptet hat, darf $x \, \varepsilon' \, \mathfrak{Q}$ nicht bestreiten. Stellen wir graphisch den hier zur Rede stehenden Übergang durch das Zeichen ⇒ dar, dann erhalten wir für die besprochenen beiden Möglichkeiten folgende normierte Schreibung:

$$x \, \varepsilon \, \mathfrak{P} \Rightarrow x \, \varepsilon \, \mathfrak{Q}, \qquad x \, \varepsilon \, \mathfrak{P} \Rightarrow x \, \varepsilon' \, \mathfrak{Q}.$$

In diesen Ausdrücken ist x eine Variable, und z. B. $x \, \varepsilon \, \mathfrak{P} \Rightarrow x \, \varepsilon \, \mathfrak{Q}$ besagt, daß man von einer Aussage $\mathfrak{x} \, \varepsilon \, \mathfrak{P}$, die aus $x \, \varepsilon \, \mathfrak{P}$ durch Einsetzen des Eigennamens $\mathfrak{x}$ für x entstanden ist, stets zu $\mathfrak{x} \, \varepsilon \, \mathfrak{Q}$ übergehen darf. (Die deutschen Buchstaben $\mathfrak{x}$ und $\mathfrak{P}, \mathfrak{Q} \ldots$ sind nicht Variablen, sondern Zeichen, die zur Einsetzung geeigneter Beispiele auffordern.)

Jetzt haben wir nicht mehr Allsätze, sondern Formeln vor uns, die den Übergang von einer Elementaraussage zu einer anderen „regeln". Wir sprechen daher von **Prädikatorenregeln** und können nun im Blick auf unser schon konstruiertes System einer logischen Sprache sagen: Der Zusammenhalt der Termini eines Systems wird durch Prädikatorenregeln bewirkt.

Die Normierung oder explizite Vereinbarung der ersten Termini dieser logischen Propädeutik hat also stattgefunden als explizite exemplarische Einführung unter gleichzeitiger Festlegung von Prädikatorenregeln.

Die Einführung von Prädikatorenregeln ermöglicht uns, die Termini „Gattung" (genus) und „Art" (species) nicht allein, wie bisher, der Tradition zu entnehmen, sondern gleichfalls explizit einzuführen: Haben wir die Prädikatorenregel $x \, \varepsilon \, \mathfrak{P} \Rightarrow x \, \varepsilon \, \mathfrak{Q}$ vereinbart, so können wir diese Regel auch ausdrücken durch die zweistellige Metaprädikation: '$\mathfrak{Q}$' ist **genereller** als '$\mathfrak{P}$', der die Konverse entspricht: '$\mathfrak{P}$' ist **spezieller** als '$\mathfrak{Q}$'.

Lautet die Regel $x \, \varepsilon \, \mathfrak{P} \Rightarrow x \, \varepsilon' \, \mathfrak{Q}$, so sagen wir im Anschluß an die traditionelle Logik ferner: Die Prädikatoren $\mathfrak{P}$ und $\mathfrak{Q}$ sind miteinander **unverträglich** (engl./frz. incompatible) oder sie stehen zueinander im **konträren Gegensatz**. Gilt die Regel $x \, \varepsilon \, \mathfrak{P} \Rightarrow x \, \varepsilon' \, \mathfrak{Q}$, dann gilt stets auch die Regel $x \, \varepsilon \, \mathfrak{Q} \Rightarrow x \, \varepsilon' \, \mathfrak{P}$.

---

[1] P. LORENZEN, Semantisch normierte Orthosprachen, in: Die wissenschaftliche Redaktion (des BI), H. 7 (1972), S. 117ff.

Gilt neben der Regel $x \, \varepsilon \, \mathfrak{P} \Rightarrow x \, \varepsilon' \, \mathfrak{Q}$ auch die Regel $x \, \varepsilon' \, \mathfrak{Q} \Rightarrow x \, \varepsilon \, \mathfrak{P}$, so haben wir einen Spezialfall („spezielleren" Fall) des konträren Gegensatzes vor uns: den **kontradiktorischen Gegensatz**. Beispiel: „wahr" und „falsch".

Einen weiteren Spezialfall des konträren Gegensatzes stellt der **polar-konträre Gegensatz** dar: Die beiden Prädikatoren befinden sich je am Ende einer Skala derart, daß es einen kontinuierlichen Übergang von einem Ende zum anderen gibt. Beispiele: klein — groß, kurz — lang, hell — dunkel, heiß — kalt, jung — alt, gut — schlecht. Umgangssprachlich sagen wir: „Klein" ist etwas immer nur im Vergleich mit etwas anderem, „relativ" auf ein anderes. Hier sagen wir genauer: Ersichtlich können polar-konträre Prädikatoren immer nur so exemplarisch eingeführt werden, daß ein zweistelliger Prädikator eingeführt wird und zugleich mit ihm, anhand derselben Beispiele, seine Konverse. Zum Beispiel wählen wir zwei Gegenstände, deren einer „größer als" der andere ist, so daß zugleich der zweite „kleiner als" der erste ist.

Es dürfte übrigens einiges für sich haben, in einer deutschsprachigen Schule der Logik statt des traditionellen, dem Lateinischen entnommenen Ausdrucks „konträr" das deutsche Wort „unverträglich" zu verwenden (oder doch auch zu verwenden). Denn diesem Wort hört man sogleich an (wie auch dem Wort incompatible), daß es seinerseits einen Prädikator darstellt, der sich im Verhältnis der Unverträglichkeit, ja des kontradiktorischen Gegensatzes zu dem Prädikator „verträglich" befindet. Zugleich wird man also daran erinnert, daß selbstverständlich nicht alle voneinander **verschiedenen** Prädikatoren miteinander unverträglich sind, daß sich z.B. die Prädikatoren „Reh" und „groß" sehr wohl miteinander vertragen, desgleichen die Prädikatoren „jung" und „klug" und so fort. In solchen Fällen entscheidet die exemplarische Einführung der Prädikatoren darüber, ob wir einem Gegenstand beide Prädikatoren zugleich zusprechen dürfen oder nicht, während die Prädikatorenregel ja erlaubt, sozusagen „ohne noch einmal hinzusehen" einem Gegenstand, dem ein Prädikator zukommt, einen weiteren Prädikator zu- oder abzusprechen.

Schon bisher haben wir, in unserer Erläuterungssprache, zuweilen den Ausdruck „Spezialfall" verwendet, dessen Verwendung wir soeben explizit geklärt haben: „Spezialfall" heißt soviel wie species, Art einer Gattung. Zum Beispiel ist der kontradiktorische Gegensatz ein Spezialfall des konträren Gegensatzes, d. h. wenn zwei Gegenständen (Prädikatoren) der zweistellige Prädikator „kontradiktorisch" zukommt, dann dürfen wir ihnen stets auch den zweistelligen Prädikator „konträr" („miteinander unverträglich") zusprechen.

In der altgriechischen Kosmologie haben polare Gegensätze (heiß — kalt, trocken — feucht) eine bedeutende Rolle gespielt. In Analogie dazu wurde der kontradiktorische Gegensatz „seiend — nicht seiend", den PARMENIDES aufgestellt hatte, von PLATON (Symposion, Politeia) in einen polar-konträren umgebildet, der noch die Metaphysik des christlichen Platonismus von AUGUSTIN bis zu LEIBNIZ bestimmte (Stufenbau des Seienden, Gott das höchste Seiende), ein denkwürdiges Beispiel dafür, wie sprachliche Möglichkeiten Mißgeschicke des Denkens herbeiführen können.

Auf einem anderen Wege führten, wie schon gesagt, die Beziehungen von Prädikatoren untereinander in der antiken Philosophie zur Unterscheidung von „Gattung", „Arten", „Unterarten". Daß auch die Gebrauchsprädikatoren der natürlichen Sprache stets Gefüge oder Gewebe bilden, die man mit Hilfe dieser traditionellen Termini beschreiben kann, haben wir bereits im II. Kapitel gesehen. Ein solches Gewebe ist jedoch immer begrenzt auf einen bestimmten Gegenstandsbereich und stellt nicht etwa einen Ausschnitt aus einem universalen System dar, in dem das „All des Seienden" gegliedert wäre (Beispiel: die Musikinstrumente, oben S. 50). Auch die Wissenschaft legt nur begrenzte terminologische Systeme an, freilich oft sehr umfassende (ein frühes klassisches Beispiel: die Systematik der Botanik und der Zoologie; das wohl älteste Beispiel: die Aufreihung der Tugenden bei Sokrates und den Sophisten; Beispiele aus der Sprachtheorie oben S. 63). Die wissenschaftlichen Systeme von Prädikatorenregeln gelten interlingual und explizit. Die Prädikatorensysteme der natürlichen Sprache dagegen decken sich von einer Sprache zur anderen nicht oder doch nicht notwendig. Ferner ist es stets eine nachträgliche Unternehmung, wenn wir uns die sozusagen „impliziten" Prädikatorenregeln der natürlichen Sprache explizieren (sie rekonstruieren), indem wir etwa schreiben: $x \varepsilon$ Eiche $\Rightarrow x \varepsilon$ Baum; $x \varepsilon$ Wiese $\Rightarrow x \varepsilon'$ Acker; $x \varepsilon$ klein $\Rightarrow x \varepsilon'$ groß; $x \varepsilon$ Geige $\Rightarrow x \varepsilon$ Streichinstrument; $x \varepsilon$ Streichinstrument $\Rightarrow x \varepsilon$ Musikinstrument. Erforderlich sind solche Explikationen erst, wenn wir von der Umgangssprache zur Sprache einer Wissenschaft übergehen, z. B. zur Sprache der Botanik oder der Musikwissenschaft. Jedoch gilt auch schon für die natürliche Sprache, daß wir Unterscheidungen nur dann ausdrücklich machen, wenn die Gefahr von Verwechslungen und Mißverständnissen besteht. Wir unterscheiden Fichte und Tanne (was wir schreiben könnten: $x\,\varepsilon$ Fichte $\Rightarrow x\,\varepsilon'$ Tanne) oder Geige und Bratsche und Cello, dagegen nicht Papagei und Lokomotive, nicht also Dinge, die einander in keiner Weise benachbart sind, d. h. die erst durch Ketten von Prädikatorenregeln überhaupt miteinander in Beziehung gesetzt werden könnten (Papagei $\Rightarrow$ Vogel $\Rightarrow$ Lebewesen $\Rightarrow$ nicht Gerät; Lokomotive $\Rightarrow$ Gerät $\Rightarrow$ nicht Lebewesen).

In diesem Falle ist es sogar so, daß man auch am Ende der beiden Ketten auf nichts Gemeinsames kommt, nicht zu einem verbindenden Glied, sondern eben auf den konträren Gegensatz von Gerät und Lebewesen. Denn es wäre wieder ein (ontologischer) Selbstbetrug, wollte man sagen: Beides, nämlich Papagei und Lokomotive, sind doch immerhin „Dinge" oder „Gegenstände" oder „Seiendes". „Gegenstand" ist ja kein Prädikator, woran sich auch nichts ändert, wenn man das Wort „Gegenstand" durch „Ding" oder durch „Seiendes" ersetzt.

Die Prädikatoren „Lokomotive" und „Papagei" bieten also ein Beispiel dafür, daß — so können wir nun sagen — Prädikatoren schlechthin konträr oder schlechthin unverträglich sind (wie zum ferneren Beispiel „Abgeordneter" und „Spiralnebel" — die Beispiele ließen sich verhundertfachen). Im Unterschied dazu haben wir dann andere Beziehungen von Prädikatoren — z. B. „Hammer" und „Lokomotive" —, die wir „konkonträr" nennen können, und ersichtlich werden erst in solchen Fällen ausdrückliche Unterscheidungen wichtig. Konkonträr sind auch die Prädikatoren „Geige" und „Fagott", und weiterhin können wir dann sagen: Da Geige und Bratsche und Cello Streichinstrumente sind, also, traditionell ausgedrückt, das „genus proximum" gemeinsam haben, ähnlich wie Oboe und Fagott als Holzblasinstrumente, handelt es sich hier um „proximal konkonträre" Prädikatoren. Auf diese Weise drücken wir durch Termini jene Beziehungen aus, die in einem Prädikatorensystem vorkommen und die wir am Beispiel der Musikinstrumente oben durch die Zeichnung eines „Stammbaums" dargestellt haben (vgl. auch den Stammbaum der Handlungsschemata auf Seite 63). Solche Zeichnungen dürfen ja in der Logik der Veranschaulichung dienen, nicht aber so, daß man nicht auch sagen, d. h. terminologisch ausdrücken könnte, was sie veranschaulichen.

Indem es vorkommt, daß Prädikatorenregeln explizit formuliert werden, nach denen wir uns auch sprachgebräuchlich schon immer gerichtet haben, kann es andererseits geschehen, daß implizite

Regeln der natürlichen Sprache durch eine explizite Terminologie abgeändert werden. Zum Beispiel gilt in der Zoologie die Prädikatorenregel: $x \,\varepsilon\, \text{Wal} \Rightarrow x \,\varepsilon\, \text{Säugetier}$, während die natürliche Sprache die Wale zu den Fischen rechnet („Walfisch"). Eine solche Abänderung von Regeln ist nicht logisch zu begründen, sondern „empirisch" in folgendem Sinne: Wie schon die Unterscheidungen, die wir durch Prädikatoren machen, der zu erschließenden Welt mehr oder weniger angemessen sind, so auch die Regeln, mit denen wir Prädikatoren zueinander in Beziehung setzen.

Durch die Anführung von Prädikatorenregeln können Mißverständnisse behoben oder vermieden werden, wie sie häufig in alltäglicher oder in wissenschaftlicher Rede durch unzureichende sprachliche Vereinbarungen entstehen. Zum Beispiel sind wir schon zu Anfang dem Mißverständnis, „Prädikatoren" seien so etwas wie die „Prädikate" der Grammatik, dadurch entgegengetreten, daß wir sagten, der Ausdruck „Prädikator" bezeichne eine Wortart, nicht einen Satzteil, was wir neuerdings so geschrieben haben: $x \,\varepsilon\, \text{Prädikator} \Rightarrow x \,\varepsilon\, \text{Wort}$. Prädikatorenregeln dienen also dazu, die **Mehrdeutigkeit** von Prädikatoren auszuschließen, sie durch jene kontextinvariante Eindeutigkeit zu ersetzen, die überhaupt das Ziel der expliziten Vereinbarung von Termini ist.

Kann nun auch die **Unschärfe** von Prädikatoren durch Prädikatorenregeln wenn nicht beseitigt, so doch etwa eingeschränkt werden? Wir haben diese Unschärfe früher am Beispiel „Stuhl" illustriert. In unserem außerwissenschaftlichen Alltag sprechen wir in einer Weise, die sich z. B. durch folgende Regeln explizieren ließe: $x \,\varepsilon\, \text{Stuhl} \Rightarrow x \,\varepsilon\, \text{Sitzgerät}$; $x \,\varepsilon\, \text{Sessel} \Rightarrow x \,\varepsilon\, \text{Sitzgerät}$; $x \,\varepsilon\, \text{Stuhl} \Rightarrow x \,\varepsilon'\, \text{Sessel}$ ($x \,\varepsilon\, \text{Sessel} \Rightarrow x \,\varepsilon'\, \text{Stuhl}$). Diese Regeln lassen keineswegs erkennen, in **welcher Weise** (an welcher Stelle) wir Stuhl und Sessel unterscheiden, auch nicht dadurch, daß wir sie explizit angeben. Um die Unterscheidung zu präzisieren, müssen wir also zusätzliche Prädikatorenregeln angeben wie z. B.: $x \,\varepsilon\, \text{Stuhl} \Rightarrow x \,\varepsilon'\, \text{gepolstert}$, also Regeln, wie sie in diesem praktischen Bereich gerade unzweckmäßig wären. Ein besseres Beispiel bietet die Abgrenzung der Wale von den Fischen durch jene zusätzliche Regel, die durch den Ausdruck „Säugetier" angedeutet wird: damit ein Lebewesen ein Fisch ist, soll nun nicht mehr genügen, daß es im Wasser herumschwimmt, eine gewisse Größe hat usw., sondern es soll noch hinzukommen (als weiteres „Merkmal"), daß es sich in einer bestimmten Weise (anders als die Säugetiere) fortpflanzt.

Prädikatorenregeln können also sehr wohl die Unterscheidung von Gegenständen verändern oder verschärfen.

§ 2. Die Definition

Haben wir auf dem Wege expliziter exemplarischer Einführung unter gleichzeitiger Einführung expliziter Prädikatorenregeln die ersten Termini einer wissenschaftlichen Sprache vereinbart, so können wir nun weitere Termini einführen durch die Definition. Was ist eine Definition?

Auf Grund unserer bisherigen Erörterung der Termini können wir als Beispiel die Definition des Terminus „Terminus" angeben:

Ein Terminus ist ein Prädikator, der als Element einer wissenschaftlichen Sprache explizit vereinbart wurde.

Diese Definition setzt voraus, daß wir bereits die Termini „Prädikator", „Sprache", „Sprachelement", „Wissenschaft" und „explizite Vereinbarung" explizit vereinbart haben, was abgesehen von „Wissenschaft" in der Tat geschehen ist, in allen Fällen durch exemplarische Einführung plus Prädikatorenregeln. Anders ausgedrückt: Die Definition ist für denjenigen verständlich, der den bisherigen terminologischen Aufbau mitvollzogen hat, der also z. B. weiß: Einen Prädikator „vereinbaren" heißt seine Verwendung normieren, nicht etwa nur seine Lautgestalt normieren, und „seine Verwendung normieren" heißt die Unterscheidung angeben, die durch den Prädikator gemacht werden soll. Vorausgesetzt ist ferner ein Vorverständnis des Wortes „Wissenschaft".

Lassen wir den Zusatz „als Element einer wissenschaftlichen Sprache" einmal beiseite (der eine weitere Prädikatorenregel ergäbe), dann setzt sich unsere Definition aus zwei Prädikatorenregeln zusammen, nämlich aus:

$x \varepsilon$ Terminus $\Rightarrow x \varepsilon$ Prädikator,

$x \varepsilon$ Terminus $\Rightarrow x \varepsilon$ explizit vereinbart.

Offensichtlich würde keine dieser Regeln für sich allein genügen, um unmißverständlich den Terminus „Terminus" zu bestimmen. Allgemein normieren Prädikatorenregeln erst dann Termini, wenn sie mit deren exemplarischer Einführung zusammenwirken — diesen Fall hatten wir bisher — oder wenn sie mit anderen Regeln zu einer Definition zusammentreten — mit diesem Fall befassen wir uns jetzt.

Wir haben also in der Definition selbst eine zweite „Art" der expliziten Vereinbarung von Termini. Die angegebene Definition von „Terminus" läßt offen, ob es noch weitere Arten solcher Vereinbarung gibt.

Das „Zusammentreten" von zwei oder mehr Prädikatorenregeln können wir ausdrücken durch das Wörtchen „und". „Und" (∧) ist ein Junktor, der zu den logischen Partikeln gehört, auf deren Einführung wir hier also vorgreifen.

Zunächst können wir sagen: Aus den angegebenen beiden Regeln folgt als zulässige weitere Regel:

x ε Terminus ⇒ x ε Prädikator ∧ x ε explizit vereinbart.

Nun könnte es sein, daß wir, um zu einer Definition zu gelangen, noch weitere Regeln hinzufügen müssen (wie es, genau genommen, zur Definition von „Terminus" nötig wäre, noch die Regel hinzutreten zu lassen, die besagt, daß ein Terminus ein wissenschaftlicher Ausdruck ist). Eine Definition entsteht jedenfalls erst, wenn wir die Zusammensetzung von Regeln abschließen. Im Unterschied zu einer Prädikatorenregel, die den Übergang von einem Prädikator zu einem oder mehreren anderen in nur einer Richtung erlaubt (⇒), haben wir jetzt eine Regel, die vorwärts und rückwärts (⇔) gelesen werden kann: x ε Terminus ⇔ x ε Prädikator ∧ x ε explizit vereinbart. Schreiben wir diese Regel in der üblichen Weise als Definition, so verwenden wir das Zeichen ⇋:

Terminus ⇋ explizit vereinbarter Prädikator.

Man pflegt mit Recht zu sagen, eine derartige Definition stelle eine bloße Abkürzung dar. In der Tat erlaubt sie, den zusammengesetzten Ausdruck auf der rechten Seite, das „definiens", durch den einfachen Ausdruck auf der linken Seite, das „definiendum", zu ersetzen. In Wissenschaften wie der Logik, die ihre Terminologie Schritt für Schritt konstruieren, sind solche Abkürzungen freilich notwendig, dienen sie einer unentbehrlichen Vereinfachung der Schreib- oder der Redeweise.

In der Sprache der traditionellen Logik wäre hinsichtlich unserer exemplarischen Definition zu sagen: „Terminus" ist die Art, „Prädikator" die Gattung, „explizit vereinbart" ist das unterscheidende Merkmal, die differentia specifica. Diesen Fall des Zusammentretens von zwei Prädikatorenregeln zu einer Definition beschreibt der traditionelle Spruch: „definitio fit per genus proximum et differentiam specificam." Es ist üblich, das an Paradebeispielen wie „Schimmel" zu demonstrieren:

x ε Schimmel ⇔ x ε Pferd ∧ x ε weiß.

Solche Beispiele sind jedoch insofern nicht eben glücklich, als alle drei hier verwendeten Prädikatoren der Umgangssprache angehören, in der sie alle drei exemplarisch eingeübt sind. Man mag sich aber, der logischen Übung halber, die Annahme gestatten, nur die

Prädikatoren „Pferd" und „weiß" seien exemplarisch eingeführt und „Schimmel" werde mit ihrer Hilfe als ein neuer Prädikator definiert.

Interpretiert man die zitierten Definitionen von „Schimmel" und „Terminus" im Sinne jener klassischen Regel, so entsteht der Eindruck, es werde jeweils ein Ausschnitt aus der „Seinsordnung" beschrieben derart, daß ein „Schimmel" zunächst einmal ein Pferd ist, während das Merkmal „weiß" sekundär hinzutritt. Formal besteht jedoch ein solcher Rangunterschied der Prädikatorenregeln nicht. Wir könnten auch „explizit vereinbart" als Gattung auffassen, als deren Arten neben Termini etwa nichtsprachliche Zeichen, Gesetze, Höchstpreise, wodurch „Prädikator" zur differentia specifica würde. Diese formale Gleichrangigkeit der zusammengesetzten Regeln ändert freilich daran nichts, daß in unserer Lebenswelt Schimmel zunächst einmal „Pferde" sind und erst dann „etwas Weißes", daß wir also in unserer Umgangssprache, die unserer Lebenswelt angepaßt ist, „Grundprädikatoren" von „Zusatzprädikatoren" unterscheiden können und damit den grammatischen Unterschied von „Substantiv" und „Adjektiv", von „Verb" und „Adverb" verstehend zu rekonstruieren vermögen.

Übrigens können implizite Prädikatorenregeln der Umgangssprache nicht immer als Bestandteile von Definitionen aufgefaßt werden, z. B. nicht: $x \, \varepsilon \, \text{rot} \Rightarrow x \, \varepsilon \, \text{farbig}$. Die Unterschiede der Farben voneinander werden zunächst durch Beispiele bestimmt (Grasgrün, Blutrot), alsdann ergeben sich weitere implizite Prädikatorenregeln wie: $x \, \varepsilon \, \text{rot} \Rightarrow x \, \varepsilon' \, \text{grün}$ — ersichtlich gelangt man aber durch Kombination derartiger Regeln nicht zur Definition einer Farbe nach dem Muster von „Schimmel ist ein weißes Pferd" (vgl. oben: Stuhl, Sessel) — es fehlt die differentia specifica, solange man den Rahmen der Umgangssprache nicht verläßt.

Definitionen, in denen Prädikatorenregeln auf die hier gezeigte Weise zusammengesetzt werden, Definitionen also von der Form

$$P \leftrightharpoons P_1 \wedge P_2 \wedge \ldots \wedge P_n$$

stellen nur einen Spezialfall der Definition dar — es gibt komplizierte Definitionen, die von anderen logischen Partikeln Gebrauch machen (vgl. die erweiterte Definition von „Terminus", unten S.102).

Wenngleich das Definieren dem Aufbau von Terminologien dient, so ist doch im Gebrauch der natürlichen Sprache etwas dem Definieren Verwandtes durchaus üblich, nämlich die **Worterklärung**. Ich begegne einem mir noch unbekannten Wort, z. B. „Schimmel", und man erklärt mir nun, indem man das unbekannte Wort auf bekannte Wörter zurückführt, ein Schimmel sei ein weißes Pferd. Wirklich stattzufinden pflegen solche Erklärungen, wenn im fremdsprachlichen Unterricht neue Prädikatoren eingeführt werden oder wenn eine technische **Fachsprache** gelehrt wird. „Fachausdrücke", „termini technici" gibt es ja nicht allein in den Wissenschaften (was uns nicht hindert, das Wort „Terminus" in der hier geübten Weise für die Wissenschaftssprache zu reservieren). Ein Konversationslexikon stellt eine Sammlung von Worterklärungen dar, die häufig der Wissenschaft entnommene Definitionen sind.

In der Regel und vernünftigerweise werden Worterklärungen freilich vom Hinweis auf Beispiele begleitet und ferner gegebenenfalls von der praktischen Einübung in die jeweilige Technik. Wer selbst Geige spielt, lernt besser, was ein „Flageolett-Ton" ist, als derjenige, der nur (durch das Konversationslexikon) erfährt, es handle sich um einen „flötenartigen Oberton bei Streichinstrumenten". Oder was „Schneiden" in der Tennissprache ist, was „Fersenschub" in der Skisprache, das kann man erst recht ohne die zugehörige praktische Einübung schwerlich lernen.

Wir können also das Wort „Schimmel" immerhin auffassen als abkürzenden Ersatz für die Zusammensetzung „weißes Pferd", und ähnlich ersetzen wir im Deutschen die Zusammensetzungen „Bruder des Ehepartners" und „Ehepartner der Schwester" vereinfachend durch das Wort „Schwager", so daß man sagen darf: Die Umgangssprache enthält hier und da im Ansatz Sprachvereinfachungen, die den in den Wissenschaften methodisch gepflegten Definitionen ähneln. Was dann von einer Sprache zur andern verschieden ausfällt: einen abkürzenden Ausdruck wie „übermorgen" für „am Tag nach morgen" enthält z. B. das Englische nicht ("the day after tomorrow").

Die Forderung, man müsse in der wissenschaftlichen Diskussion die verwendeten Termini „erst einmal definieren", ist heute durchaus noch üblich. Sie wird aber nur selten ernstlich befolgt — an die Klärung der Termini durch Beispiele denkt man noch seltener —, und wenn man sie beherzigt, dann begnügt man sich meist mit der Klärung **isolierter** Termini, die im Zusammenhang einer ungeklärten Bildungssprache daherschwimmen, und begnügt sich ferner mit einer **improvisierten** Definition, die teils von der Umgangssprache, teils von ihrerseits ungeklärten anderen Termini Gebrauch macht. Oder man will Ausdrücke wie „die Reformation" „definieren", verkennt also den fundamentalen Unterschied von Prädikatoren und Eigennamen.

Man lernt an Beispielen, „wie man es machen soll", aber auch, wie man es nicht machen soll. Hier möge ein Beispiel dafür stehen, wie heute im Zusammenhang einer ungeklärten und neuerdings weiter verunklarten Bildungssprache zuweilen definiert wird. Das Wort „Geheimnis" ist ein unmittelbar verständlicher Gebrauchsausdruck der deutschen Sprache. Außerdem dient es als Übersetzung des traditionellen theologischen Terminus „Mysterium" — in der Scholastik spricht man etwa von „mysteria fidei" — und bedarf in dieser Rolle in der Tat der expliziten Normierung. In einem theologisch-kirchlichen Lexikon nun schreibt ein renommierter Autor das Folgende: Man könnte „das Geheimnis zunächst einfach definieren als das, woraufhin der Mensch in der Einheit seiner erkennenden und frei liebenden Transzendenz immer schon sich selbst übersteigt. Geheimnis ist ein wesentlicher und bleibender Uraspekt der totalen Wirklichkeit, insofern sie als ganze (und so unendliche) für den kreatürlichen (und so endlichen) Geist in dessen Transzendenz anwest" usw. Jeder Kundige weiß, daß diesem Beispiel leicht hundert ähnliche angereiht werden könnten und daß es nicht das „Geheimnis" ist, was den hier geschriebenen Stil herausgefordert hat.

§ 3. *Exemplarischer Aufbau einer Terminologie*

Wir halten fest: Der Aufbau einer wissenschaftlichen Sprache sollte nicht mit Definitionen beginnen, deren Baumaterial dann der gebräuchlichen Umgangs- oder Bildungssprache entnommen werden müßte, sondern mit der exemplarischen Einführung und der Regelung von Prädikatoren, die hernach als Baumaterial für Definitionen zur Verfügung stehen.

In solcher Weise wird hier die Terminologie einer Wissenschaft aufgebaut, die wir „logische Propädeutik" nennen (und auch anders, etwa „allgemeine Logik", nennen könnten, solange kenntlich bleibt, daß es sich nicht um formale Logik handelt).

Wir rekapitulieren den bisherigen Aufbau unter Beschränkung auf die Termini: „Prädikator", „Eigenname", „zu-" und „absprechen", „Elementaraussage", „Aussage", „Terminus".

Alle diese Termini außer „Terminus" sind exemplarisch eingeführt worden. Dabei kam uns der Umstand zu Hilfe, daß die Gegenstände, denen sie zugesprochen werden, ihrerseits sprachliche Handlungen sind. Prädikatoren wie „Fagott" oder „Luft" können wir nicht in einem Buch, durch bloßes Reden also einführen, denn solche Prädikatoren der primären Sprache („Objektsprache") sind exemplarisch nur greifbar im praktischen Weltbezug, den man in der Rede allenfalls fingieren kann. Anders verhält es sich wie in unserem Falle mit den Prädikatoren einer sekundären Sprache („Metasprache"), in der über die Objektsprache gesprochen wird oder gar über die Metasprache (z. B. der Prädikator „Prädikatorenregel" gehört der dritten Sprachstufe an). Wir können hier die nötigen Beispiele für die explizite exemplarische Einführung durch Rede vorführen und sagen: „Zum Beispiel ‚Fagott' ist ein Prädikator." Freilich meinen wir dann nicht das z. B. in einer Vorlesung ausgesprochene Wort als aktuelle Handlung — von dem vielleicht gesagt werden könnte, es sei in den hinteren Bänken des Hörsaals kaum zu verstehen gewesen —, sondern das Wort „Fagott" als Schema, über das wir aber sprechen können, indem wir es aktuell aussprechen, genauer indem wir die Kennzeichnung aussprechen „das Wort ‚Fagott' ".

Gleichzeitig mit der exemplarischen Einführung der ersten logischen Termini wurden unter anderen folgende **Prädikatorenregeln** eingeführt:

1) $x \, \varepsilon$ Eigenname $\Rightarrow x \, \varepsilon'$ Prädikator

1a) $x \, \varepsilon$ Prädikator $\Rightarrow x \, \varepsilon'$ Eigenname

(1a) folgt logisch aus 1) und umgekehrt)

2) $x, P \, \varepsilon$ zugesprochen $\Rightarrow x, P \, \varepsilon'$ abgesprochen

2a) $x, P \, \varepsilon$ abgesprochen $\Rightarrow x, P \, \varepsilon'$ zugesprochen

(2) und 2a) folgen wieder auseinander)

3) $x \, \varepsilon$ Eigenname $\wedge y \, \varepsilon$ Prädikator $\Rightarrow$ ‚$x \, \varepsilon \, y$' ε Elementaraussage

3a) $x \, \varepsilon$ Eigenname $\wedge y \, \varepsilon$ Prädikator $\Rightarrow$ ‚$x \, \varepsilon' \, y$' ε Elementaraussage

(3) und 3a) sind die in I, 4 erörterten Konstruktionsregeln für Elementaraussagen)

4) $x \, \varepsilon$ Elementaraussage $\Rightarrow x \, \varepsilon$ Aussage

Weiterhin wurde **definiert**:

Terminus $\leftrightharpoons$ explizit vereinbarter Prädikator

Der Überblick über diese Terminologie gibt uns die Möglichkeit, die schon anfangs erörterte Frage noch einmal zu durchdenken (vgl. oben S. 25f.): Wie verhalten sich diese Termini zu unserer natürlichen Sprache? Ist es etwa so, daß wir nur expliziert haben, was wir auch sprachgebräuchlich schon immer tun und sagen?

Daß wir umgangssprachlich sogar von „Begriffen" sprechen (deren Einführung uns noch bevorsteht), ferner von „Definitionen", „Terminologie", „Gattung", „Art" und so fort, ist eine Folge davon, daß seit den Griechen wissenschaftliche Ausdrücke in alle europäischen Umgangssprachen eingegangen sind. Es kann aber keine Rede davon sein, daß wir unsere logischen Termini der gebräuchlichen Umgangs- oder Bildungssprache entnommen hätten. Wir haben sie vielmehr ab ovo neu eingeführt, zuweilen in kritischer Erinnerung an den traditionellen Sprachgebrauch. Die Absicht dieser Übungen ist, daß der Mitmachende die eingeführten Termini künftighin im Sinne dieses Aufbaus, nicht aber „gedankenlos" traditionell verwendet — und dasselbe gilt für die späterhin noch einzuführenden, dem Sprachgebrauch zum Teil längst vertrauten Ausdrücke wie „Begriff", „Bedeutung" usw., die ebenfalls der traditionellen Bildungssprache angehören (sofern das der Fall ist, sofern wir hier also nicht ungewohnte Wörter wie „Prädikator", „Zeigehandlung" neu eingeführt haben).

Dies alles gilt auch dann, wenn wir zuweilen „auf dasselbe herausgekommen sind", was uns schon geläufig war. Z. B. verwenden wir den Terminus „Aussage" ja nicht anders, als er auch sprachgebräuchlich verwendet wird, wenn etwa von Aussagen vor Gericht die Rede ist. Wir haben gleichwohl bei der Einführung des Terminus den Sprachgebrauch nicht zugrunde gelegt und haben uns dadurch der Mühe von vornherein entzogen, uns auf den feuilletonistischen Jargon einzulassen, der zu sagen gestattet, der Pianist habe Beethovens Appassionata zu letztgültiger Aussage gebracht.

Und doch ist es kein bloßer Zufall, daß uns auch die Umgangssprache schon längst die Möglichkeit anbietet, über die Sprache vernünftig zu sprechen. Insbesondere die Prädikation als sprachliche Handlung ist ja keine späte Erfindung des menschlichen Geistes wie in gewisser Weise die Arithmetik und die Geometrie, sondern eine sprachliche Grundoperation. Wenngleich wir bildungssprachlich über diese Operation mancherlei Richtiges und mancherlei Falsches traditionell zu sagen gewöhnt sind, so sind wir doch zugleich umgangssprachlich daran gewöhnt, die Prädikation selbst richtig auszuführen, und haben insofern das Recht und die Möglichkeit, in einer bloßen Rekonstruktion an die natürliche Sprache als sicher funktionierende Umgangssprache anzuknüpfen.

Die Frage also, ob wir „nur expliziert haben, was wir auch sprachgebräuchlich schon immer tun und sagen", ist aufzuteilen und aufgeteilt so zu beantworten: Wir haben rekonstruiert, was wir umgangssprachlich schon immer tun, aber nicht, was wir bildungssprachlich schon immer darüber sagen. Dabei konnten wir an einige wenige metasprachliche Prädikatoren der Umgangssprache wie „sprechen", „Wort", „sprachlicher Ausdruck", „unterscheiden", „behaupten", „Satz" anknüpfen, nicht um sie unmittelbar als erste Konstruktionselemente zu verwenden, sondern um mit ihrer Hilfe unser Vorgehen zu erläutern.

Im Sinne dieser Unterscheidung ist dann wieder zu sagen, daß wir, „schon immer" sprechend, von der Umgangssprache „ausgehen", indem wir sie erstens als Rekonstruktionsfeld und zweitens als Erläuterungssprache verwenden, daß wir ferner in der Erläuterungssprache die Gebrauchsprädikatoren mehr und mehr durch normierte Prädikatoren ersetzen.

Indem wir die Prädikation als eine sprachliche Handlung rekonstruieren, gehen wir sogleich insofern entschieden konstruierend vor, als wir nicht etwa deskriptiv beliebige Möglichkeiten der Aussage analysieren, sondern uns auf die Elementaraussage beschränken und ihre Form normieren, um hernach handliche Elemente zur Konstruktion komplizierterer Aussagen zur Verfügung zu haben. Über die bloße Rekonstruktion dessen, was auch der Umgangssprache vertraut ist, gehen wir dann hinaus, indem wir jene Forderung aufstellen, die wir in der Definition des Terminus „Terminus" fixiert haben.

So notwendig also zu Anfang die explizite exemplarische Einführung von Termini ist, so unnötig und zugleich unmöglich wird sie bei der Definition des Terminus „Terminus" selbst. Zwar hat es in der Sprache der Gelehrten schon immer „Termini" „gegeben", so daß wir versucht sein könnten zu sagen: „Zum Beispiel ,Gravitation' ist ein Terminus (der Physik)." Doch an dieser Stelle ist es uns nicht mehr erlaubt, uns auf vorgefundene Exempel zu berufen. Wir verwenden ja die traditionelle Wissenschaftssprache ausdrücklich nicht als Rekonstruktionsbasis und richten gegen ihre Ausdrücke den Verdacht, sie könnten irreführend sein.

Es darf freilich nicht außer acht gelassen werden, daß wir auch in der Wissenschaft und in der Philosophie Gebrauchsprädikatoren verwenden und zu Recht verwenden. Z. B. den Prädikator „Mensch" haben wir alle in früher Jugend durch exemplarische Einführung zu gebrauchen gelernt. Wir können nun, wie in der Tradition seit den Griechen üblich, Prädikatorenregeln explizieren, denen gemäß Menschen „Lebewesen" sind neben Pflanzen und Tieren. Es wäre aber eine Selbsttäuschung, wollten wir meinen, der Prädikator „Mensch" lasse sich durch Definition einführen, indem wir mit der antiken und scholastischen Tradition formulieren: Mensch ⇋ Lebewesen ∧ vernünftig. Hätten wir nicht schon als Kinder gelernt, Menschen von anderen Gegenständen zu unterscheiden, so würde uns der Prädikator „animal" unter zusätzlicher Verwendung des Prädikators „rationale" als differentia specifica niemals dazu verhelfen, neuerdings den Prädikator „Mensch" richtig unterscheidend zu gebrauchen.

§ 4. *Lautgestalt, Bedeutung, Begriff (die Abstraktion)*

Hat man die Verwendung eines Terminus auf eine der hier beschriebenen Weisen explizit vereinbart, so wird man von der Lautgestalt des Terminus unabhängig und kann sie durch ein anderes Zeichen ersetzen. Besonders gut sichtbar wird das an der Definition, die ja selbst bereits die Ersetzung eines sprachlichen Ausdrucks durch einen anderen angibt: Wurde z. B. „Terminus" in der angegebenen Weise definiert, so kann man nicht allein „explizit vereinbarter Prädikator" durch „Terminus" ersetzen, sondern man kann dieses Wort weiterhin ersetzen, z. B. durch ein anderssprachliches Wort.

Sind lautliche oder schriftliche Zeichen in solcher Weise auswechselbar, so heißen sie „gleichbedeutend" oder synonym. Genauer und allgemeiner sagen wir, indem wir definieren: Ergibt sich auf Grund des Systems R der vereinbarten Prädikatorenregeln oder Definitionen, daß man von $x \varepsilon \mathfrak{P}$ stets zu $x \varepsilon \mathfrak{Q}$ übergehen kann und von $x \varepsilon \mathfrak{Q}$ zu $x \varepsilon \mathfrak{P}$, so sind die Prädikatoren $\mathfrak{P}$ und $\mathfrak{Q}$ synonym (oder intensional gleich) bezüglich R. „Synonym" ist also ein zweistelliger Prädikator, der Prädikatoren zugesprochen wird. Synonym sind z. B. auf Grund unserer soeben vorgeschlagenen Vereinbarung auch die Prädikatoren „synonym" und „intensional gleich".

Sehen wir nun von der Lautgestalt eines Terminus ab und achten nur auf seine normierte Verwendung (auch dann, wenn der Terminus durch Exempel und Prädikatorenregeln bestimmt wurde), so sprechen wir von einem Begriff.

Ein Begriff ist also nicht ein „gedankliches Gebilde", das der Verlautbarung im Wort vorausginge, sondern zunächst nichts anderes als ein Terminus; jedoch abstrahieren wir von der beliebigen Lautgestalt eines Terminus, wenn wir ihn „Begriff" nennen.

Diese Abstraktion erzeugt somit nicht einen Gegenstand, der unabhängig („abgesondert") neben dem Terminus stünde — so daß man sich über seine „Seinsweise" den Kopf zerbrechen müßte —, sondern wir vollziehen diese Abstraktion, indem wir über einen Terminus Aussagen machen, die invariant sind bezüglich Synonymität. Sagen wir z. B.: „Der Begriff ‚Revolution' ist nur auf die Neuzeit anwendbar", so machen wir eine Aussage über den Terminus „Revolution", die unverändert gilt (invariant bleibt), wenn wir das Wort „Revolution" durch ein synonymes anderes Wort ersetzen. In derselben Weise sagen wir etwa: „Die Begriffe ‚Eigenname' und ‚Prädikator' sind unverträglich"; ,,‚Wort' ist der Oberbegriff zu ‚Eigenname' und ‚Prädikator'." Dadurch, daß wir solchen Aussagen den Prädikator „begrifflich" zusprechen, können wir in vertretbarer Weise die traditionelle Rede von „Begriffen" interpretieren.

Man pflegt auch zu sagen: Synonyme Termini „stellen denselben Begriff dar". Und schließlich sagen wir: Ein „Begriff" ist die „Bedeutung eines Terminus". Damit geben wir aber nicht eine Definition von „Begriff", sondern ersetzen den schon erläuterten Ausdruck „Begriff" durch einen synonymen Ausdruck (durch die Erörterung der Abstraktion führen wir die Ausdrücke „Bedeutung eines Terminus" und „Begriff" gleichzeitig ein).

Auf das Wort „Bedeutung" hatten wir schon mehrfach vorgegriffen, indem wir allgemeiner sagten: Die Bedeutung eines Wortes ist dasjenige, was das Wort auf Grund von (expliziter oder impliziter) Vereinbarung zu verstehen gibt. Jetzt beschränken wir uns auf den Begriff als die Bedeutung eines Terminus und können nunmehr auch sagen: Die Bedeutung eines Terminus ist dasjenige, was der Terminus auf Grund seiner expliziten Vereinbarung zu verstehen gibt, was aber auch durch andere Zeichen zu verstehen gegeben werden kann.

Den Übergang von einem Terminus zu einem anderslautenden, aber gleichbedeutenden Wort oder Zeichen nennen wir „Übersetzung". Z. B. übersetzen wir den deutschen Terminus „Eigenname" durch den englischen Terminus „proper name". Oft kommt uns bei solcher Übersetzungsarbeit unsere graeco-lateinische Sprachtradition zu Hilfe.

Wir dürfen nun nicht übersehen, daß wir uns mit einer zweifachen Abstraktion befassen, wenn wir an einem „Wort" seine „Lautgestalt" von seiner „Bedeutung" unterscheiden. Zwar pflegt uns vor allem der Übergang zur Bedeutung zu interessieren, teils weil wir durch unsere gelehrte Tradition an die „Begriffe" gewöhnt sind, teils weil die Interpretation von Texten deren Bedeutung herausbekommen will. Jedoch, wie wir erst durch Abblenden der Lautgestalt auf die Bedeutung kommen, so auch umgekehrt erst durch Absehen von der Bedeutung auf die Lautgestalt. Und auch hier kommt eine Gleichheit ins Spiel: Wie Wörter verschiedener Lautgestalt die gleiche Bedeutung haben können, so können Wörter verschiedener Bedeutung die gleiche Lautgestalt haben (im Falle der Homophonie oder Äquivokation). Machen wir Aussagen über ein Wort, die invariant sind gegenüber der etwa wechselnden Bedeutung dieses Wortes, dann sprechen wir von seiner Lautgestalt. So z. B. wenn wir sagen: „Das Wort ‚Tor' ist einsilbig."

Zunächst und zumeist, in naiver Rede, sprechen wir nicht von Wörtern, sondern gebrauchen wir Wörter im Sprechen von anderen Gegenständen unserer Welt. In Reflexion auf die Sprache und ihre Elemente können wir dann auch metasprachlich von Wörtern sprechen. (In der angelsächsischen Logikliteratur: „use" einerseits, „mention" andererseits.) Jedoch zur Entdeckung der Lautgestalt von Wörtern bedarf es genauso der Abstraktion als eines dritten Schritts wie zur Reflexion auf die Bedeutungen.

Diese Schrittfolge zu klären, ist insbesondere deshalb nicht überflüssig, weil wir durch unsere Gewöhnung an Naturwissenschaft dazu verleitet werden, den sprechenden und den hörenden Menschen als „Sender" und „Empfänger" anzusehen. Wir haben schon davon gesprochen, daß es heute szientistisch gesonnene Linguisten gibt, die glauben, es sei besonders „wissenschaftlich", das Sprechen als Hervorbringung von Schallwellen aufzufassen und erst später zu der unangenehmen Frage überzugehen, mit welchen Bedeutungen diese materiellen Gebilde aufgeladen werden. Der sachgemäße Anfang unserer Analyse der Sprache kann aber nicht der Physik zugeschoben werden, sondern hat, wie immer wieder zu erinnern ist, als Anfang einer logischen Analyse jeder Einzelwissenschaft vorauszugehen. Verfährt man so, dann sieht man leicht, daß die Abstraktion, die auf Bedeutung und Lautgestalt führt, nicht an der aktuellen Rede, geschweige denn an physikalischen Phänomenen, sondern an den Wörtern als sprachlichen Handlungsschemata durchgeführt wird.

Wie wir auf „die Sprache" und ihre Elemente nicht mit dem Finger hinzeigen können, so können wir vollends niemals sagen: „Dies ist ein Begriff." Zwar kann man im Kontext der Rede rückverweisend sprechen von „diesem Begriff" und dann einem Begriff als Gegenstand Prädikatoren zusprechen. Doch muß man sich hinsichtlich einer solchen Kennzeichnung die hier erörterten Einschränkungen gegenwärtig halten.

Desgleichen auf die Lautgestalt eines Wortes kann ich nicht unmittelbar hinzeigen wie auf ein Fagott, sondern stets nur auf die Aktualisierung einer Lautgestalt. Es war ein Irrtum schon des extremen Nominalismus, wenn er behauptete, ein Wort sei „flatus vocis", sofern das eben noch nicht einmal für die Lautgestalt von Wörtern gilt. Das aktuell gedruckte und hier lesbare Wort „Revolution" repräsentiert entweder „das Wort ‚Revolution'" („den Prädikator..., den Terminus ‚Revolution'") oder „die Lautgestalt des Wortes ‚Revolution'" oder auch „den Begriff ‚Revolution'" — je nach der Absicht des Redenden und dem daraus hervorgehenden Kontext der Rede. Man kann das in Anführungszeichen gesetzte Wort „Revolution" als Eigennamen für je einen dieser Gegenstände auffassen. Besser aber hält man fest: zusammengesetzte Ausdrücke wie „der Terminus ‚Revolution'", „die Lautgestalt des Terminus ‚Revolution'", „der Begriff ‚Revolution'" sind Kennzeichnungen. Die Kompliziertheit der Kennzeichnungen „die Lautgestalt des Terminus ‚Revolution'", „die Bedeutung des Terminus ‚Revolution'" spiegelt korrekt die Schrittfolge, mit der wir zur Abstraktion gelangen.

Wir verdeutlichen uns das Gesagte an einigen Beispielsätzen: „Der Terminus ‚Revolution' gehört der Sprache der Geschichtswissenschaft an"; „der Gebrauchsausdruck ‚Revolution' ist kontextabhängig"; „das Wort ‚Revolution' ist viersilbig" (re:vo:lu:tsjo:n, vier Vokale als Silbenträger — dieser Satz könnte also auch heißen: „die Lautgestalt des Wortes ‚Revolution' ist viersilbig"); „der Begriff ‚Revolution' ist nur auf die Neuzeit anwendbar".

Der zuletzt zitierte Satz setzt eine Normierung des Terminus „Revolution" voraus, die der Historiker etwa folgendermaßen formulieren könnte: „Eine Revolution ist die gewaltsame Übernahme der politischen Herrschaft durch eine neue soziale Schicht auf Grund eines theoretischen Gesellschaftsprogramms." In dieser Definition sind wiederum Termini enthalten, deren Verwendung zuvor zu normieren wäre. Ob die Definition angemessen ist, darüber hat freilich nicht der Logiker, sondern der Historiker zu urteilen.

Die Lautgestalt des Terminus „Revolution" wird unmittelbar repräsentiert durch das ausgesprochene Wort „Revolution", und dasselbe gilt für das Wort oder den Terminus „Revolution". Von dem Begriff „Revolution" hingegen könnte man sagen: er wird zunächst einmal durch den Terminus „Revolution" dargestellt oder repräsentiert (oder durch einen anderslautenden, aber synonymen Terminus) und dann erst, also mittelbar, durch das ausgesprochene Wort „Revolution".

Der Begriff als die Bedeutung eines Terminus ist das Modell, an dem sich präzisieren läßt, was überhaupt die Bedeutung eines Wortes ist. Später werden wir uns mit der normierten Bedeutung unscheinbarer, aber für die Logik wichtiger anderer Wörter befassen: der logischen Partikeln. Ein ähnliches unscheinbares Wort, das kein Prädikator ist, begegnete uns bereits in der Analyse der Prädikation: das Wörtchen „ist", die Kopula. Die normierte Bedeutung der Kopula ist diese: sie gibt zu verstehen, daß der ihr folgende Prädikator dem Gegenstand zugesprochen werden soll, der durch den ihr vorausgehenden Ausdruck (Eigenname oder Kennzeichnung) benannt wird. Sie „benennt" also ihrerseits keinerlei Gegenstand, sondern dient als Zeichen für eine auszuführende Handlung, ähnlich wie das Pluszeichen in der Arithmetik oder ähnlich wie das umgangssprachliche Wörtchen „denn", das wir zumeist verstehen als die Ankündigung einer Begründung für das vorher Gesagte — ein kontextunabhängig normiertes Zeichen ist „denn" freilich nicht, „denn" man sagt ja auch: „Wie spät ist es denn?"

Weil die Umgangssprache nicht eine streng normierte, sondern eine teilnormierte Sprache ist, kann die Übersetzung umgangssprachlicher Texte von einer Sprache in eine andere nicht „Wort für Wort" erfolgen. Auf einem nächtlichen Bummel durch die Stadt wird etwa gefragt: „Wollen wir mal etwas trinken?" Franzosen würden in der gleichen Lage vielleicht sagen: „On va boire quelque chose?" Ob aber der eine Satz die „richtige Übersetzung" für den anderen ist, kann streng methodisch überhaupt nicht, dagegen näherungsweise von demjenigen entschieden werden, der in beide Sprachen hinreichend eingeübt ist. Er wird nicht „die richtige Übersetzung" herausfinden, wohl jedoch eine „gute Übersetzung" von einer schlechteren unterscheiden können.

Wir machen uns hier nicht die Mühe, die große Fülle der logischen Termini kritisch wiederaufzugreifen, derer sich die traditionelle Lehre vom Begriff zu bedienen pflegte und die sich noch heute in den philosophischen Lexika herumtreiben, sondern beschränken uns auf Beispiele bei Gelegenheit. An dieser Stelle bietet sich die Gelegenheit, auf das traditionelle Begriffspaar „Real- und Nominaldefinition" kritisch zurückzugehen. Man verstand unter

„Nominaldefinition" die „willkürliche" Festsetzung der Verwendung eines Wortes, unter „Realdefinition" dagegen die Ausgrenzung der gemeinten „Sache selbst". Wir haben nun gesehen, daß jede explizite Vereinbarung der Verwendung eines Wortes insofern willkürlich ist, als man sich hinsichtlich dieser Verwendung und hinsichtlich der Lautgestalt des Wortes auch anders verabreden könnte. Insofern ist jede Definition eine Nominaldefinition. Es gibt jedoch den besonderen Fall der vorfindlichen Dinge, die sich schon selbst von ihrer Umgebung abheben und daher der Sprache eine Ausgrenzung gleichsam vorschreiben. In der Umgangssprache ergibt sich die Verwendung von Prädikatoren wie „Baum", „Haus", „reiten" wie von selbst, desgleichen eine sprachliche Beziehung wie $x \varepsilon$ Eiche $\Rightarrow x \varepsilon$ Baum. In wissenschaftlichen Terminologien werden solche Beziehungen explizit geregelt. Niemals aber entsteht eine unmittelbare Beziehung von „signum" und „res" unter Umgehung der sprachlichen Vereinbarung, auch dann nicht, wenn diese Vereinbarung nicht explizit vollzogen wurde.

Auch die neue Logik hat schon ihre Tradition gebildet, und die neue Sprachtradition hinsichtlich des Ausdrucks „Bedeutung" geht vor allem auf Gottlob FREGES grundlegende Arbeiten zurück. Frege sprach von der „Bedeutung" auch der Eigennamen, während wir hier einen anderen Sprachgebrauch vereinbart haben, demgemäß wir sagen: ein Eigenname benennt genau einen Gegenstand. In seiner berühmten Abhandlung über „Sinn und Bedeutung" kam Frege aber dadurch, daß er mit einer Untersuchung der Bedeutung von Eigennamen eingesetzt hatte, zu der Forderung, die Aussage müsse neben einem „Sinn" (den Frege „Gedanken" nannte und den wir später „Sachverhalt" nennen werden) auch noch eine „Bedeutung" haben, und fand diese ihre Bedeutung in ihrem jeweiligen „Wahrheitswert". Gerade dieser absonderliche Gebrauch von „Bedeutung" hat sich seit Frege so eingebürgert, daß er hier wenigstens erwähnt werden muß, obwohl wir auch ihm nicht folgen werden. (Verständlich wird der hier angedeutete Zusammenhang nur demjenigen, der Freges eigenen Text studiert[1].) Eine weitere mißliche Folge dieser Entwicklung ist diese, daß in der Logik heute von „Semantik" gesprochen wird, wenn man sich mit den „Wahrheitswerten" von Aussagen befaßt, während die Sprachwissenschaftler in näher liegender Weise dann von „Semantik"

---

[1] Vgl. CH. THIEL, Sinn und Bedeutung in der Logik Gottlob Freges (1965).

sprechen, wenn sie von der Phonematik zur Morphematik und damit zur Frage nach der Bedeutung von Wörtern übergehen.

Die Unterscheidung von „Lautgestalt" und „Bedeutung" der Termini und anderer Wörter ist für die Logik wie für die Sprachwissenschaft unerläßlich. Dagegen dürfte die hier vorgeschlagene Interpretation des traditionellen Ausdrucks „Begriff" gezeigt haben, daß wir auf ihn auch verzichten könnten.

Wollen wir nicht auf ihn verzichten, dann sollten wir ihn doch nicht uferlos verwenden, sondern nur dort, wo Termini vorliegen, also explizit vereinbarte Prädikatoren, nicht aber Gebrauchsprädikatoren. Wir sollten also nicht vom Begriff „rot" oder vom Begriff „Pferd" sprechen, solange wir die Umgangssprache nicht verlassen haben.

In diesem Zusammenhang können wir auch den traditionellen Ausdruck Eigenschaft in folgender Weise wiederaufgreifen: Wird z. B. der Prädikator „rot" einem Gegenstand mit Recht zugesprochen, kommt er also diesem Gegenstand zu, berücksichtigen wir ferner, daß „rot" durch einen anderslautenden Ausdruck (z. B. durch „rouge") ersetzt werden könnte, dann sagen wir: „rot zu sein" oder „Röte" ist eine Eigenschaft dieses Gegenstandes.

Eine weitere Disziplinierung sollten wir uns hinsichtlich des Ausdrucks „Kategorie" auferlegen. Von Kategorien wurde in der philosophischen Tradition gesprochen, wo man Grundsteine einer Ontologie oder einer Epistemologie zu legen trachtete. Hat man nun eingesehen, daß diese traditionellen Versuche von Fundamentalismus gescheitert sind, dann wird man nicht durch das gedankenlose Fortverwenden des Wortes „Kategorie" den Eindruck erwecken wollen, als habe man es nicht eingesehen. In unserer Bildungssprache wird ja übrigens längst auf durchaus laxe Weise von „Kategorien" geredet — man sagt, jemand „denke in ganz anderen Kategorien" als man selbst, und denkt sich gar nichts mehr dabei. Dagegen wird man von „Grundbegriffen" oder „Grundtermini" der Logik oder bestimmter Einzelwissenschaften sprechen dürfen, wenn man die ersten Bausteine einer Terminologie herbeizuschaffen „im Begriffe ist" (eine harmlose umgangssprachliche Wendung).

Philosophiegeschichtlich berühmt geworden sind vor allem die Kategorien des ARISTOTELES und KANTS. Die Kategorientafel Kants setzt die traditionelle Logik voraus. Kant war durchaus im Recht, wenn er neben der formalen Logik noch eine andere Logik aufbauen wollte, die er „transzendentale" Logik nannte. Doch konnte diese Logik die Begründung der Erkenntnis a primis fundamentis, die sie leisten sollte, schon eben deshalb nicht leisten, weil sie die traditionelle Logik voraussetzte, ohne sie zu überprüfen und zu begründen.

§ 5. *Die Klasse*

Wir haben mit der hier vorgetragenen Lehre vom Begriff, an den Gewohnheiten der heutigen Diskussion gemessen, nur eine Möglichkeit der Reflexion auf die Bedeutung von Prädikatoren berücksichtigt. Man pflegt nämlich neben die „intensionale" noch die „extensionale" Bedeutung zu stellen, neben den „Begriff" die „Klasse", indem man sagt: Ein Prädikator bedeutet intensional einen Klassenbegriff, wenn er einstellig ist, einen Relationsbegriff, wenn er mehrstellig ist, und er bedeutet extensional im ersten Falle eine Klasse, im zweiten eine Relation.

Der Übergang vom Prädikator zur Klasse (oder, was dasselbe heißt, zur „Menge") erfolgt wiederum durch eine Abstraktion. Haben wir z. B. den Gebrauch der Prädikatoren „Wiederkäuer" und „Paarzeher" erlernt, dann können wir folgendes empirisch feststellen: Jedesmal wenn der Satz „dies ist ein Wiederkäuer" wahr ist, dann ist auch der Satz „dies ist ein Paarzeher" wahr, und jedesmal, wenn der eine Satz falsch ist, dann ist auch der andere Satz falsch. Daraufhin sagen wir: Diese beiden Prädikatoren sind extensional gleich oder sie bedeuten dieselbe Klasse von Gegenständen.

Sowohl die intensionale wie die extensionale Gleichheit von Prädikatoren sind Relationen, genauer: Äquivalenzrelationen. Es gibt in der Mathematik weitere Äquivalenzen, daraufhin weitere Abstraktionen, und dem Verständnis des Terminus „Abstraktion" kann es dienlich sein, wenn man an einer Mehrzahl von Beispielen sieht, welchen Handlungen des methodischen Denkens er zukommt.

Solange wir uns mit endlichen Mengen befassen, können wir zwar den Terminus „Menge" nicht einfachhin exemplarisch einführen (im Sinne von: „Was ist eine Menge?" „Zum Beispiel dies hier"), wohl aber zwecks seiner Einführung etwa in folgender Weise von Beispielen ausgehen: Wir haben vor uns eine Liste von Eigennamen (Schüler einer Klasse, Telefonanschlüsse einer Stadt). Wir legen weitere Listen an mit denselben Namen, indem wir deren Reihenfolge ändern oder auch manche Namen mehrfach aufführen. Diese Listen sind dann „Systeme", von denen „dieselbe Menge dargestellt wird" (die dargestellten Gegenstände sind „Elemente" derselben Menge). Dafür sagen wir auch: Die darstellenden

Systeme sind äquivalent abgesehen von Reihenfolge und Wiederholung. Bezüglich dieser Äquivalenz sind wir somit in der Lage, invariante Aussagen über die Systeme zu machen, und indem wir das tun, sprechen wir von „Mengen".

Eine Menge ist also wiederum nicht ein „konkreter Gegenstand" (so wenig wie ein Begriff), sondern Ergebnis einer Abstraktion. Wie soll ich denn auch die „Menge der Fernsprechteilnehmer einer Stadt", die ich mit Hilfe eines Verzeichnisses sehr wohl „erfassen" kann, „konkret" erfassen?

Was nun noch einmal die Menge oder die Klasse derjenigen Gegenstände betrifft, denen in empirisch feststellbarer Weise sowohl der Prädikator „Wiederkäuer" wie der Prädikator „Paarzeher" zukommt, so handelt es sich hier nicht um Prädikatoren, deren Äquivalenz aus sprachlichen Vereinbarungen hervorgeht. Sondern wir haben uns vorzustellen, daß wir auch in diesem Falle Listen einerseits aller Paarzeher, andererseits aller Wiederkäuer angelegt haben und nun sehen, daß diese Listen dieselben Eigennamen enthalten.

In der gleichen Weise können wir die Äquivalenz verschiedensprachiger Prädikatoren auffassen, die denselben Gegenständen zukommen (z. B. „Fahrrad", „bicyclette"; „rot", „rouge"). Solche extensionalen Übereinstimmungen müßten wir freilich streng genommen auf endliche Mengen beschränken — und „alle Fahrräder", die wir in einer Liste bestenfalls erfassen können, sind ja gewiß „noch nicht alle", die es jemals gegeben hat und geben wird.

Der Einfluß der Mengenlehre (die sich mit „unendlichen" Mengen befaßt) auf die moderne Logik hat bewirkt, daß die extensionale Gleichheit von Prädikatoren heute der intensionalen Gleichheit (mit der allein die Tradition sich befaßte) den Vorrang streitig macht. Für die Präzisierung des philosophischen und wissenschaftlichen Sprechens dürfte jedoch die Klärung der intensionalen Gleichheit von Termini vordringlich sein.

Weitere „abstracta" neben Begriff und Menge sind z. B. Zahl und Funktion. Aktuell hingeschriebene Ziffern können dieselbe Ziffer (als vereinbartes Zeichen) repräsentieren, und darüber hinaus können der Schriftgestalt nach verschiedene Ziffern (z. B. 2 und II) dieselbe Zahl darstellen. Sagen wir nun „2 ist gerade", so machen wir eine Aussage über die Zahl 2, nicht nur über die Ziffer 2. Obwohl die Ziffern sich von den Prädikatoren dadurch unterscheiden, daß sie erst konstruiert werden müssen, ist also die Handlung der Abstraktion, aus der die Zahlen hervorgehen, derjenigen ähnlich, aus der Begriffe entstehen.

Für die Disziplinierung des vernünftigen Redens ist schließlich die Abstraktion von höchster Wichtigkeit, mit der wir von Aussagen übergehen zu den von ihnen dargestellten Sachverhalten — doch diesen Fall wollen wir später in einem eigenen Paragraphen besprechen (IV, 2).

§ 6. *Zeichen und Bedeutung; Handlungsschemata*

Ehe wir weitergehen, wollen wir das soeben über die Termini und ihre Bedeutung Gesagte rekapitulierend zusammenfassen mit dem in Kap. II § 2 über die Zeichen Gesagten. Denn es muß uns daran gelegen sein, die Fehler der traditionellen Bedeutungstheorien klar zu sehen, um sie künftig zu vermeiden.

Mit Recht haben die traditionellen Theorien allgemein das Verhältnis von Zeichen und Bedeutung dargestellt und das Verhältnis der Wörter zu ihren Bedeutungen als einen Spezialfall dieses allgemeinen Verhältnisses aufgefaßt. Zwar geht die Sprache den expliziten „Verabredungen" nichtsprachlicher Zeichen immer schon voraus. Gleichwohl ist die Relation von Zeichen und Bedeutung den sprachlichen und den nichtsprachlichen Zeichen gemeinsam.

Desgleichen mit Recht waren die traditionellen Theorien darum bemüht, nun diese allgemeine Relation von Zeichen und Bedeutung zu klären. „Bedeuten" wurde verstanden als zweistelliger Prädikator: Ein Zeichen bedeutet „etwas". Und da es immer Gegenstände sind, die in Relation zueinander stehen, fragte man und fragt man vielfach noch heute: Was für Gegenstände werden einander zugeordnet, wenn man sagt, das Zeichen ϱ bedeute ŋ. Was für ein Gegenstand ist insbesondere diese „etwas", dieses ŋ, „das" ein Zeichen bedeutet? „Wofür stehen" die Zeichen?

Mit den Zeichen selbst befand man sich nicht gar so sehr in Verlegenheit. Man orientierte sich am scheinbar nächstliegenden Beispiel: an den Buchstaben, also an Marken. Hier schien man obendrein „konkrete", also sinnlich greifbare Gegenstände vor sich zu haben, und noch heute kann man bei physikalistisch eingestellten Sprachtheoretikern lesen, ein Buchstabe „bestehe" aus den Kreidepartikeln, aus denen er sich zusammensetzt, wenn er an der Tafel „steht". (In Wahrheit ist, wie wir sahen, ein Graphem ein Handlungsschema, das in der „allographischen" Aktualisierung einmal so, einmal anders ausfällt, jedoch zu dem Zweck erfunden wurde, eine Marke herzustellen als ein Ding, das die wiederholte Handlung des Lesens ermöglicht.)

Nachdem man also zu wissen vermeinte, was für Gegenstände die Zeichen sind, fragte man nun weiter nach ihren „Bedeutungen" als jenen anderen Gegenständen, für die sie stehen. Und schon in der Aristotelischen Schrift „De interpretatione" (16 a 3ff.) findet sich die verhängnisvolle Analogie: Wie die Buchstaben Zeichen für Laute sind, so sind die Verlautungen Zeichen für Seelisches. Später und bis heute sagte man meist: Wörter sind Zeichen für seelische „Vorstellungen" oder für „geistige" Gebilde, „Gedanken" etwa oder „Begriffe".

Vorschub erhielt diese Lehre durch die Nachwirkung der Platonischen Ideenlehre. Entweder hielt man unmittelbar an dieser Ideenlehre fest: Dann hatte man die Relation von Zeichen und Idee. Oder man verwandelte die Idee in etwas „bloß Gedankliches" und erhielt dann die Relation von Zeichen und Begriff oder von Zeichen und Vorstellung.

Vom Zeichen als angeblich „konkretem" Gegenstand ausgehend gelangte man also auf diesem oder jenem Wege zur Relation zwischen einem konkreten und einem im traditionellen Sinne „abstrakten Gegenstand".

Der Kardinalfehler aller dieser Versuche seit PLATON liegt darin, daß man die Bedeutungen auffaßt als selbständige Gegenstände, die es zunächst einmal unabhängig von den Zeichen gibt, sei es als „ewige Ideen", sei es als gedankliche Gebilde in der Seele eines Menschen oder im Verstande Gottes. Diese mysteriösen Gegenstände sieht man alsdann durch Vereinbarung mit materiellen Marken in Beziehung gesetzt.

Den gleichen Kardinalfehler beging man überall dort, wo man die Bedeutung der Zeichen nicht in Ideen oder Vorstellungen, sondern in gleichfalls konkreten Gegenständen sah. Man sprach von der Relation zwischen signum und res, etwa so: Das Zeichen „Baum" steht für den Gegenstand Baum. Nun ist aber ein Baum als konkreter Gegenstand ein Individuum, ein einmaliges Einzelding, so daß die Prädikatoren, die ja gerade vielen Gegenständen zugesprochen werden können, durch diese Auffassung in Eigennamen verwandelt werden. Jedoch zumindest an den Eigennamen, die ja in der Tat sprachliche Zeichen sind wie andere sprachliche Zeichen, schien diese Auffassung bewährbar: Der Eigenname „Sokrates" als Zeichen steht für den mit diesem Namen benannten Gegenstand, also für „Sokrates selbst" (so auch FREGE).

Indessen ist auch ein Eigenname ein Handlungsschema, das die Möglichkeit zu beliebig oft wiederholter Aktualisierung bietet. Ein Eigenname ist also so wenig ein konkretes Ding wie andere sprachliche und nichtsprachliche Zeichen, und das aktuelle Aussprechen des Namens „Sokrates" gibt dem Gesprächspartner zu verstehen, daß er sich Sokrates vergegenwärtigen soll als einen Gegenstand, dem etwa im weiter Folgenden ein Prädikator zugesprochen wird. (Diese Aufforderung an den Gesprächspartner darf also wieder nicht dahin mißverstanden werden, als käme jetzt eine Relation zwischen dem Eigennamen „Sokrates" und der „Vorstellung" „Sokrates" ins Spiel — derartige psychische Gebilde interessieren hier nicht.)

Freilich ist die Rede von „abstrakten Gegenständen" im Zusammenhang solcher Theorien nicht schlechthin unsinnig. Verfehlt ist aber die Ansicht, solche Gegenstände gebe es schon, bevor Zeichen gebildet und mit diesen Gegenständen in Beziehung gesetzt werden.

Auszugehen ist vielmehr stets von der aktuellen Zeigehandlung, mit der eine Person (ein Sprecher etwa) einer oder mehreren anderen Personen etwas zu verstehen gibt, etwas „anzeigt". Und dieses „etwas" ist nun nicht mehr rätselhaft, wie man am besten im Falle ganzer Aussagen anstelle von Prädikatoren oder Eigennamen sieht, z. B.: Ein Autofahrer gibt den anderen Verkehrsteilnehmern zu verstehen, „daß er an der nächsten Ecke links abbiegen will".

Daß Autofahrer an einer Ecke abbiegen, geschieht immer wieder, ist eine wiederholbare und unabsehbar oft wiederholte Handlung. Ferner ist es ein Gebot der Verkehrssicherheit, daß sich die Verkehrsteilnehmer über solche Handlungen rechtzeitig verständigen und sich dazu einer gleichfalls wiederholbaren Zeigehandlung als „Verständigungsmittel" bedienen. Man hat also zweckdienliche Zeigehandlungsschemata vereinbart und eingeübt, jedoch verschiedene Schemata, verschiedene „Zeichen", die noch heute untereinander austauschbar sind, ohne daß sich an ihrer „Bedeutung" etwas ändert:

1. Der Autofahrer zeigt durch Ausstrecken eines Armes die Richtung an, in der er abbiegen will.

2. Er tut dasselbe durch Ausklappen eines Winkers, der als Signalgerät den Arm ersetzt. (Diesen Winker hat Martin HEIDEGGER in „Sein und Zeit" (§ 17) als Exempel für „Zeug" — wir sagen hier: „Gerät" — besprochen, ohne freilich den wichtigen Unterschied von Zeichen und Zeichengerät zu berücksichtigen.)

3. Der Autofahrer tut dasselbe durch Bedienung eines neuen Signalgerätes, nämlich der seitlich am Wagen angebrachten Blinkleuchte.

Wir haben hier also drei verschiedene Zeichen (Zeigehandlungsschemata), die gegeneinander austauschbar sind, die somit „dasselbe bedeuten". Über diese Zeichen können wir daher Aussagen machen, die invariant sind hinsichtlich der Besonderheiten dieser Handlungsschemata. Niemals aber gelangen wir zu einer Bedeutung, die unabhängig wäre von überhaupt jedem Zeichen.

Dasselbe Verhältnis von Bedeutung und Zeigehandlungsschema besteht in jedem Falle, in dem wir von der Bedeutung eines Zeichens sprechen, indem wir also überhaupt „Zeichen" und „Bedeutung" unterscheiden.

Ersetzen wir ein Zeichen durch ein anderes, das „dasselbe bedeutet", „übersetzen" wir z. B. „cheval" durch „Pferd", dann sagen wir sprachgebräuchlich auch abkürzend: „‚cheval' bedeutet ‚Pferd'" (oder „‚cheval' heißt ‚Pferd'"), dann verwenden wir „bedeuten" also als jenen uns schon bekannten zweistelligen Prädikator, der synonym ist mit dem Prädikator „synonym" oder „gleichbedeutend".

Wenn wir sagen, die Bedeutung eines Zeichens gehe nicht als abstrakter Gegenstand dem Zeichen schon voraus, so heißt das freilich nicht, der Vereinbarung eines Zeichens ginge überhaupt nichts voraus. Der Mensch handelt, weil er ein bedürftiges Lebewesen ist, und der Vereinbarung eines Zeichens geht jeweils das Bedürfnis oder die Notwendigkeit voraus, sich über etwas zu verständigen. Z. B. hat der Autoverkehr das zwingende Bedürfnis hervorgebracht, sich durch vereinbarte, früher ungebräuchliche Zeichen über das Abbiegen, über das Anhalten an Kreuzungen usw. zu verständigen. Oder einem Neugeborenen wird ein Eigenname gegeben, mit dem man künftig diesen Menschen ansprechen oder über ihn sprechen kann, oder ein neuer Stern wird entdeckt und benannt. Findet man aber, wie es ja zuweilen noch geschieht, in der tiefsten Tiefsee bisher unbekannte Lebewesen, so bedarf man eines neuen Terminus, ähnlich wie man vor langer Zeit der Verständigung über „Bäume" oder „Hasen" bedurfte und deshalb diese Prädikatoren einführte. Wir sagten früher, im Falle der Lebewesen und der Geräte biete sich die Welt der sprachlichen Gliederung besonders griffig an, was eben heißt: Das Bedürfnis drängt sich auf, solche wiederholt vorkommenden Gegenstände durch wiederholbare Wörter einerseits zusammenzufassen, andererseits von anderen abzutrennen. Oder wir haben den Terminus „Terminus" eingeführt, weil wissenschaftliche Verständigung der expliziten Vereinbarung von Prädikatoren bedarf, die in jedem Kontext dasselbe bedeuten, und weil es zu umständlich ist, immer wieder den komplizierten Ausdruck „explizit vereinbarter wissenschaftlicher Prädikator" auszusprechen. Späterhin werden wir Verknüpfungen von Aussagen bilden und dann vor der Notwendigkeit stehen, uns über diese Verknüpfungen auch wieder durch sprachliche und graphische Zeichen zu verständigen. Das jeder Vereinbarung von Zeichen vorausgehende Bedürfnis, sich über etwas zu verständigen, darf aber nicht dazu verleiten, jenen nunmehr hinreichend besprochenen Kardinalfehler der traditionellen Bedeutungslehren zu begehen.

Ludwig WITTGENSTEIN hat mit unermüdlicher Zähigkeit dagegen angekämpft, daß die Bedeutung eines Zeichens ein konkreter Gegenstand sei oder „etwas Geistiges". Mit Recht hat er in der Richtung des praktischen Vollzuges von Handlungen nach einer besseren Problemlösung gesucht, wäre aber einem Kurzschluß erlegen, wenn er gemeint haben sollte, die Bedeutung eines Zeichens bestehe in seinem (korrekten) Gebrauch[1]. Ein Zeichen wird zwar immer wieder aktuell verwendet, „gebraucht", seine Bedeutung ist aber nicht mit diesem Gebrauch identisch (so auch Wittgenstein selbst: Philosophische Untersuchungen I, 138, 561). Hingegen: Wer ein Zeichen richtig zu gebrauchen gelernt hat, der kennt auch seine Bedeutung, d. h. der ist in der Lage, es gegen andere, gleichbedeutende Zeichen auszutauschen.

Übrigens haben wir hier, schon in II, 2, den Ausdruck „Zeichen" als Terminus eingeführt. Und zwar haben wir zunächst an jedermann bekannte Exempel von Zeigehandlungen erinnert, sind dann übergegangen zum Zeigehandlungsschema und haben diesen Ausdruck in ein terminologisches System eingebaut (Handlungsschemata überhaupt, vereinbarte Handlungsschemata usw.). Den Ausdruck „Zeigehandlungsschema" haben wir schließlich abkürzend ersetzt durch „Zeichen" und damit eine mögliche Bedeutung des Gebrauchsausdrucks „Zeichen" rekonstruiert.

Nun könnten wir weitere mögliche Bedeutungen umgangssprachlicher Wörter wie „Zeichen", „Anzeichen" untersuchen oder bildungssprachliche Ausdrücke wie „Symbol" heranziehen, die in den

---

[1] Vgl. W. STEGMÜLLER, Hauptströmungen der Gegenwartsphilosophie, 3. Aufl. (1965), S. 579, aber auch S. 583 f.

alltäglichen Sprachgebrauch eingegangen sind. Wir müßten dann etwa klären, in welcher Weise man von „Anzeichen" für heraufziehendes Unwetter, für Krankheiten spricht, von der Waage als „Symbol" der Gerechtigkeit und so fort. Doch wir sehen von dergleichen Bedeutungsanalysen — die in verschiedenen Sprachen verschiedenartige Bedeutungsfelder von Lautschemata aufdecken würden — hier ab, da wir jetzt an sprachtheoretischen und logischen Termini interessiert sind.

Dagegen dürfte es an der Zeit sein, die bisher beiseite gehaltene Frage ausdrücklich zu stellen, auf welche Weise wir eigentlich von den aktuellen Zeigehandlungen zu den Zeigehandlungsschemata „übergegangen" sind. Offenbar ist dieser Übergang keineswegs auf die Zeigehandlungen beschränkt, sondern wiederholt sich als Übergang von beliebigen Handlungen zu deren Schemata. Z. B. „der Purzelbaum", den man immer wieder „machen" kann, ist ein anderes Handlungsschema, desgleichen „der Handkuß", „der Fersenschub", Tanzschritte und so fort. Es handelt sich hier stets um „geprägte Gestalten" von Handlungsabläufen, wie metaphorisch gesagt wurde, die in der variierenden Aktualisierung einerseits wiederholt, andererseits wiedererkannt werden. In Grenzfällen wird man zweifelnd fragen, ob „dies noch ein richtiger Purzelbaum war", und eine aktuelle Handlung, die ein bestimmter Tanzschritt „sein sollte", wird vielleicht als solcher nicht wiederzuerkennen sein.

Einer aktuellen Handlung, die in einer konkreten Situation ausgeführt wurde, möge der Prädikator „Tango" zukommen. Zugleich möge diese Handlung „linkisch "ausgefallen sein. Wir unterscheiden nämlich individuelle Eigenschaften einer Handlung als „zufällige" von anderen Eigenschaften, die der Handlung „als solcher" eigentümlich sind. Wenn wir z. B. sagen „der Tango ist schwer" (im Sinne von „schwieriger auszuführen als andere Tänze"), dann sprechen wir über „den Tango als Tango", d. h. über den Tango als Handlungsschema. Das läßt sich folgendermaßen verallgemeinern: Machen wir Aussagen über Handlungen, die invariant sind hinsichtlich zufälliger Eigenschaften dieser Handlungen, dann sprechen wir über die Handlungen als Handlungsschemata. Der „Übergang" von einer aktuellen Handlung zu ihrem Schema ist also auch wieder eine Abstraktion, und das gilt auch für den Übergang von der aktuellen Zeigehandlung zum Zeigehandlungsschema.

Sprechen wir z. B. nicht über das in aktueller Rede ausgesprochene Wort „Revolution", sondern — wie in der Sprachwissenschaft üblich — über das Wort „Revolution" „als solches", dann vollziehen wir eine Abstraktion: „Das Wort ‚Revolution' ist lateinischen Ursprungs." Desgleichen abstrahieren wir, wenn wir sagen „das Wort ‚Revolution' ist viersilbig", wenn wir also über das Wort „Revolution" eine Aussage machen, die invariant ist bezüglich Homophonie. Eine weitere Abstraktion vollziehen wir, wenn wir sagen „der Begriff ‚Revolution' ist nur auf die Neuzeit anwendbar", wenn wir also über den geschichtswissenschaftlichen Terminus „Revolution" eine Aussage machen, die invariant ist bezüglich Synonymität.

In der Sprache der philosophischen Tradition werden seit ARISTOTELES „zufällige" von „wesentlichen" Eigenschaften unterschieden. Diese Sprechweise wiederaufgreifend können wir z. B. fragen, welche Eigenschaften eine musikalische Komposition wesentlich haben muß, damit wir von einer „Fuge" sprechen können, damit wir in einer bestimmten Komposition eine Fuge wiedererkennen können (wobei es sich übrigens um das Schema von Schemata handelt, da ja auch eine bestimmte Fuge ein Schema ist, das erst in der Reproduktion aktualisiert wird).

Sagen wir vom Tango „als Tango", er sei ein „schwieriger" Tanz, so machen wir eine empirische Aussage. Sagen wir nur, er sei „ein Tanz", so rufen wir lediglich eine Prädikatorenregel in Erinnerung, die implizit in unserer Umgangssprache enthalten ist.

Denselben Unterschied von Aussagen über ein Wort als Schema können wir durch folgende Beispiele demonstrieren: „Das Wort ‚Haus' ist einsilbig", „das Wort ‚Haus' ist ein Prädikator".

Damit ergibt sich für das Verhältnis von Rede und Sprache überhaupt: Die wissenschaftliche Thematisierung der Sprache als eines Systems von Zeichen und von Regeln über die Kombination dieser Zeichen beruht auf Abstraktionen. Konkret ist immer nur die aktuelle Rede.

§ 7. *Abstraktoren*

Nachdem wir die Handlung, die wir „Abstraktion" nennen, an mehreren Beispielen eingeübt haben, können wir sagen (indem wir die Beispiele von Kap. IV gleich einbeziehen), daß wir damit folgende „Abstraktoren" explizit vereinbart haben: „Begriff", „Klasse", „Sachverhalt", „Tatsache", ferner „Lautgestalt" (eines Wortes), „Wortverlauf" (eines Satzes).

Abstraktoren sind also **Wörter**. Als solche sind sie zu unterscheiden von abstracta. Z. B. der Begriff „Revolution" ist ein abstractum, dagegen das Wort „Begriff" ist ein Abstraktor. Oder die Tatsache, daß England auf einer Insel liegt, ist ein abstractum, desgleichen die Zahl 7. Dagegen die Wörter „Tatsache" und „Zahl" sind Abstraktoren – und das Wort „Abstraktor" ist ein Prädikator, den wir jenen Wörtern zusprechen, z. B. in dem singularen Satz: Das Wort „Begriff" ist ein Abstraktor.

Nachdem wir einige Abstraktoren explizit normiert haben, wollen wir unsere Definition des Terminus „Terminus" jetzt **erweitern**: Terminus ⇋ explizit bestimmter Prädikator ∨ explizit bestimmter Abstraktor (∨ bedeutet „oder")[1].

Die explizite Normierung eines Abstraktors erfolgt — wie genugsam dargelegt — synsemantisch, z. B. so: Wir machen über den Terminus „Revolution" die invariante Aussage: „Der Terminus ‚Revolution' ist nur auf die Neuzeit anwendbar." In dieser Aussage dürfen wir das Wort „Terminus" durch das Wort „Begriff" ersetzen: „Der Begriff ‚Revolution' ist nur auf die Neuzeit anwendbar." Das Wort „Begriff" gibt also zu verstehen, daß invariant bezüglich Synonymität geredet wird.

Somit ist zu beachten: Abstraktoren sind nicht Prädikatoren, die wir Gegenständen zusprechen könnten, sondern lediglich Zeichen, die anzeigen, daß Aussagen in einer bestimmten Weise verstanden werden sollen. Dagegen in diesen Aussagen selbst werden „abstrakten Gegenständen" (z. B. Zahlen, Begriffen) Prädikatoren zu- oder abgesprochen. Freilich, Sätze wie „der Begriff ‚Revolution' ist ein abstractum (ein abstrakter Gegenstand)" sind keine solchen Prädikationen, sondern wieder nur Anweisungen für den Gebrauch des Wortes „Begriff" — während die Aussage „der Begriff ‚Revolution' ist nur auf die Neuzeit anwendbar" ein Beispiel derjenigen Prädikationen darstellt, auf deren Ermöglichung es uns bei der Abstraktion ankommt. Weitere Beispiele: „Die bisher bekanntgewordenen Tatsachen beweisen noch nicht die Schuld des Angeklagten"; „manche Begriffe der Logik wurden bereits in der Antike geklärt".

Nicht ohne guten Grund haben wir **zuerst** die Abstraktion eingeübt, die zu Begriffen führt, und uns **dann erst** darauf besonnen, daß auch Termini bereits abstracta, nämlich **Handlungsschemata** sind. Wir unterscheiden also Abstraktionen der ersten

---

[1] Vgl. unten S. 156.

und der zweiten Stufe. Auf der ersten Stufe gehen wir vom konkreten, aktuell gesprochenen Wort oder Satz zum Wort als Schema oder zum Satzschema über. Ist das Wort ein Terminus oder ist der Satz eine Aussage, so können wir auf der zweiten Stufe abstrahierend zum Begriff oder zum Sachverhalt weitergehen, gegebenenfalls zur Tatsache als wirklichem Sachverhalt. Gleichsam in anderer Richtung abstrahieren wir auf der zweiten Stufe, wenn wir vom Wort zur Lautgestalt, vom Satz zum Wortverlauf übergehen.

Eine besondere Schwierigkeit entsteht auf der ersten Stufe der Abstraktion, und diese Schwierigkeit können wir uns vor Augen führen, wenn wir noch einmal die auf Seite 63 angegebene Gliederung der Handlungsschemata betrachten. Hier finden wir an der Spitze den Abstraktor ,,Handlungsschema". Folgen wir aber den dargestellten Verzweigungen, dann stoßen wir auf Ausdrücke wie ,,Gebärde", ,,Tanzschritt", ,,Phonem", ,,Wort", d. h. auf Ausdrücke, die wir als Prädikatoren aktuellen Handlungen zuzusprechen gelernt haben. ,,Wort" ist zunächst einmal ein (einfacher) Prädikator. Wird freilich einem Wort als Schema der Prädikator ,,Wort" zugesprochen, dann ist er ein Metaprädikator, wie wir bisher gesagt haben, und wäre ein Abstraktor, wenn wir die jetzt vorgeschlagene Terminologie konsequent durchführen wollten. Da wir aber solchermaßen zu Ausdrücken kämen, die einmal Prädikatoren und ein andermal Abstraktoren wären, verzichten wir auf diese verwirrende Konsequenz und bezeichnen auf der ersten Stufe lediglich den hier wichtigsten Terminus ,,Handlungsschema" als Abstraktor (desgleichen selbstverständlich den Terminus ,,Zeigehandlungsschema"). Eine Gebärde kann ich ausführen als konkrete Gebärde, als aktuelle Handlung, und kann sagen: ,,dies ist eine Gebärde." Dagegen kann ich nicht ebenso unmittelbar sagen: ,,dies ist ein Handlungsschema", sowenig wie ich sagen kann: ,,dies hier ist ein Begriff" oder ,,dies hier ist ein Sachverhalt."

Im Aufbau der logischen Propädeutik interessieren als Termini, die nicht Prädikatoren, sondern Abstraktoren sind, vor allem: ,,Handlungsschema", ,,Begriff", ,,Klasse", ,,Sachverhalt".

Wir können auf diese abschließende Klärung der Möglichkeiten expliziter Normierung von Termini um so weniger verzichten, als wir dem Mißverständnis vorzubeugen haben, wir hätten mit den Handlungsschemata, den Begriffen und Sachverhalten abstrakte ,,Entitäten" neben den konkreten Handlungen, sprachlichen oder nichtsprachlichen, eingeführt. Hat man darüber Rechenschaft gegeben, wie man die angegebenen Termini zu verwenden gedenkt, dann verwirrt man sich in Scheinprobleme, wenn man nun noch fragt: Sind etwa die abstrakten Handlungsschemata neben den konkreten Handlungen „Seiendes eigener Art"? Sind sie gar Seiendes höherer oder höchster Art (wie die Platonischen Ideen)?

Was hier verwirrend nachwirkt, ist die jahrhundertelange Diskussion des „Universalienproblems", und es ist nun freilich unsere Aufgabe, uns nicht allein durch Abwehr gegen traditionelle Scheinprobleme zu schützen, sondern darüber hinaus auch an dieser Stelle die Tradition zu verstehen, d.h. ihre Aussagen kritisch zu interpretieren. Auf diese Aufgabe soll — wenigstens im Ansatz — der letzte Paragraph des fünften Kapitels eingehen (V, 5: Hinweis auf das „Universalienproblem")[1].

§ 8. *Eigennamen und Kennzeichnungen*

Nicht allein der Termini bedarf die Wissenschaft (in einer von der Umgangssprache abweichenden Weise), sie bedarf auch der Eigennamen, kann sich mit dem Vorrat an solchen Namen, den die Umgangssprache anbietet, nicht begnügen, und sie bedarf ferner besonderer Kennzeichnungen. Denn sie entdeckt Gegenstände, die in der Welt der alltäglichen Rede nicht vorkommen.

Neue Entdeckungen der empirischen Wissenschaften geschehen vielfach so, daß ein vorfindlicher Gegenstand entdeckt wird (ein Lebewesen, ein chemischer Prozeß, ein Elementarteilchen), der nicht als „dieses" Einzelding interessiert, sondern nur als Exemplar, als Fall von. Die sprachliche Neubildung, derer es hier bedarf, ist daher der Terminus, der wissenschaftliche Prädikator. Wird dagegen ein bisher unbekannter Spiralnebel oder Gebirgszug oder Mondkrater entdeckt, so bedarf es neuer Eigennamen. In den Naturwissenschaften sind die Eigennamen neben den Prädikatoren freilich von geringer Bedeutung — anders dagegen in den historischen Wissenschaften.

Während man einem neu entdeckten Naturgebilde unbekümmert einen Namen erst gibt, entdeckt der Historiker Gegenstände, die in ihrer eigenen geschichtlichen Welt einen Namen schon hatten, den es also mit ihnen zugleich nur wiederzufinden gilt. Doch auch der Historiker tritt als Namengeber auf, dann nämlich, wenn histori-

---

[1] Ausführlichere „Historische und systematische Untersuchungen zur Abstraktion" hat neuerdings H. J. SCHNEIDER vorgelegt (Erlanger Diss. 1970).

sche Gegenstände erst durch die historische Forschung zutage treten wie z. B. „der Hellenismus".

Unsere gegenwärtige geschichtliche Welt ist von jeder geschichtlich vergangenen Welt verschieden, und zugleich ist sie in dieser Verschiedenheit als geschichtliche Welt jeder vergangenen doch auch gleichartig (wir verwenden hier „geschichtliche Welt" als Prädikator, vgl. oben S. 52). Darüber hinaus aber ist sie dadurch von allen vergangenen geschichtlichen Welten verschieden, daß sie sich diese Welten kraft der vergegenwärtigenden Historie gleichsam einverleibt und in der Vergangenheit geschichtliche Gestalten findet, die es in den vergangenen Welten selbst als umgrenzte Gegenstände noch gar nicht gegeben hat. Auf diese Weise kann der Historiker mehr wissen, als ein Methusalem wüßte, der Zeitgenosse vieler geschichtlicher Welten gewesen wäre.

Individuelle geschichtliche Gegenstände solcher Art, die erst der Historiker ausgegrenzt und benannt hat, sind weiterhin etwa: die südosteuropäische Bandkeramik, der Ursprung der Vernunft bei den Griechen, das Urchristentum, das Mittelalter, die Reformation, der Frühkapitalismus und so fort. Kein Zeitgenosse des Mittelalters kannte „das Mittelalter". Was LUTHER bewirken wollte, war etwas anderes als die heute historisch bekannte Reformation.

Der Historiker führt hier also historische Eigennamen ein wie „die Gotik", „das Mittelalter" (man sollte stets darauf achten, daß diese Ausdrücke nicht Termini oder Begriffe sind!), oder aber er führt historische Kennzeichnungen ein wie „der Ursprung der Vernunft bei den Griechen", „das Ende des Mittelalters", „die altmexikanische Hochkultur".

Wenn wir uns jetzt mit der Kennzeichnung als Baustein der wissenschaftlichen Aussage befassen, so holen wir bei dieser Gelegenheit einiges nach, was auch die umgangssprachliche Kennzeichnung betrifft (vgl. oben S. 33f.).

Die Kennzeichnung hat mit dem Eigennamen gemeinsam, daß beide genau einen Gegenstand benennen bzw. kennzeichnen. Sie unterscheidet sich vom Eigennamen erstens dadurch, daß sie eine Wortgruppe ist, in der einem Zeigewort oder dem bestimmten Artikel ein Prädikator folgt, und zweitens dadurch, daß nicht immer von vornherein feststeht, ob eine solche Gruppe von Wörtern „wirklich" einen Gegenstand kennzeichnet oder ob sie einen Gegenstand nur „fingiert".

Der dem Zeigewort in der Kennzeichnung folgende Prädikator pflegt im Deutschen und verwandten Sprachen ein Substantiv zu sein („dieses Fenster", „diese Hochkultur") — durch diese größere Eignung für die Verwendung in Kennzeichnungen unterscheidet sich das Substantiv von den anderen Prädikatorenarten.

Zuweilen läßt sich nicht einfach an Zahl und Art der Wörter ablesen, ob die eine oder die andere Bezeichnungsweise vorliegt (Eigenname oder Kennzeichnung). Dafür ein Beispiel von RUSSELL: „Homer" scheint ein Eigenname zu sein, und dabei bliebe es auch, wäre eindeutig nachgewiesen, daß ein einziger „Verfasser der Ilias und der Odyssee" gelebt hat und „Homer" hieß. Solange das aber nicht unzweifelhaft feststeht, haben wir es mit einer Kennzeichnung zu tun: „Der Verfasser der Ilias und der Odyssee, von dem seit jeher gesagt wurde, er habe ‚Homer' geheißen". „Homer" ist dann eine Abkürzung für diese Kennzeichnung.

Nicht selten wird die Entdeckung gemacht, daß ein Gegenstand, den man unter seinem Eigennamen bereits kennt, identisch ist mit einem Gegenstand, für den man eine Kennzeichnung hat, oder umgekehrt. Z. B. erschien im Jahre 1890 anonym ein Buch mit dem Titel „Rembrandt als Erzieher", dessen Verfasser man zunächst als „den Rembrandt-Deutschen" kennzeichnete, bis man erfuhr, er sei identisch mit Julius Langbehn. Für diejenigen aber, die Langbehn nicht kannten, war auch der Ausdruck „der Schriftsteller namens Langbehn" eine Kennzeichnung, so daß sich für sie die Identität von zwei gekennzeichneten Gegenständen ergab. Oder ein Beispiel der Alltagsrede: „Der Herr, den wir vorhin in den Bus steigen sahen, ist Dr. Marhenke."

Es dürfte zweckmäßig sein, hier beiläufig darauf hinzuweisen, daß in solchen Sätzen „ist" nicht als Kopula verwendet wird, sondern als Identitätszeichen. So etwa auch in den (von FREGE herangezogenen) Sätzen: „Der Morgenstern ist die Venus" oder „der Morgenstern ist der Abendstern". Es handelt sich hier ja einmal um die Entdeckung, daß „der Stern, der abends zuerst im Westen erscheint" und „der Stern, der morgens als letzter im Osten erlischt", daß diese Kennzeichnungen ein und denselben Gegenstand kennzeichnen und daß ferner dieser Stern identisch ist mit dem unter dem Namen ‚Venus' bekannten Planeten — auch „der unter dem Namen ‚Venus' bekannte Planet" ist eine Kennzeichnung, was nicht hindert, daß „die Venus" für den Astronomen ein Eigenname ist nicht anders als „die Sonne".

Identität ist eine symmetrische Relation. (Oft werden die Termini „Gleichheit" und „Identität" synonym verwendet.) Die herangezogenen Beispielsätze entstehen aus der Elementarsatzform

„$x, y \varepsilon$ identisch" dadurch, daß für die Variablen x und y nicht nur Eigennamen, sondern auch Kennzeichnungen eingesetzt werden. Übrigens tritt das Wörtchen „ist" in einem Satz wie „der Morgenstern ist identisch mit der Venus" wieder als Kopula auf (diese verschiedenartige Verwendung von „ist" liefert also ein neues Beispiel von Homophonie).

Schließlich noch ein ehrwürdiges Beispiel für solche Identitätsaussagen: In der traditionellen christlichen Theologie werden Kennzeichnungen verwendet wie „das höchste Seiende (summum ens)", „der tiefste Seinsgrund", „der Schöpfer der Welt (creator mundi)", und ferner wird gesagt, daß diese Kennzeichnungen dasselbe wie der Eigenname „Gott" bezeichnen (genauer: „das höchste Seiende" und „dasjenige, das ‚Gott' genannt zu werden pflegt" sind identisch). In der gegenwärtigen Theologie ist die Neigung verbreitet, den überlieferten Namen „Gott" durch immer neue Kennzeichnungen zu ersetzen (z. B. „die letzte Wirklichkeit", „das mich beanspruchende Unbedingte"), wodurch freilich die Frage, ob hier nur fingierende Kennzeichnungen vorliegen, noch nicht beantwortet ist[1].

Wir greifen nun die schon mehrfach erörterte einfache Kennzeichnung wieder auf, die sich aus einem Zeigewort und einem Prädikator zusammensetzt („dieses Fenster"), um sie ein wenig genauer zu untersuchen.

Wenn wir sagen „dieses Haus ist geräumig", und wenn wir das in einer Redesituation sagen, in der wir mit dem Gesprächspartner ein Haus betreten haben, so meinen wir mit „dieses Haus" offenbar: „das Haus, das wir soeben betreten haben". Eine solche einfache Kennzeichnung („dieses Haus") wird unmißverständlich mitbestimmt durch Umstände der Redesituation, die sich durch einen „umständlicheren" Ausdruck, wie wir ja sagen, eigens hervorheben lassen — aber beide Ausdrücke, der knappere so gut wie der umständlichere, sind Kennzeichnungen. Ferner zeigt das Beispiel, daß die Umgangssprache Relativsätze in Kennzeichnungen verwenden kann („das Haus, das wir soeben...", „der Herr, den wir vorhin in den Bus steigen sahen").

Häufig verweist die Kennzeichnung zurück auf schon Gesagtes. Denken wir uns den Fortgang des Gesprächs etwa so, daß der Partner sagt: „Das Haus ist aber für euch nicht zu groß." Für

---

[1] Vgl. R. BULTMANN, Glauben und Verstehen IV (1965), S. 107 — 112, S. 126 (hier wird die bisher wohl sonderbarste Gotteskennzeichnung zitiert: „das Woher meines Umgetriebenseins").

diesen Ausdruck könnte auch stehen: „Dieses Haus ist für euch nicht zu groß", oder umständlicher: „Das Haus, von dem wir sprechen...", oder ganz knapp: „Es ist für euch nicht zu groß." Auch alle diese Ausdrücke außer „es" sind Kennzeichnungen, und zwar jetzt **rückverweisende Kennzeichnungen**. Sie sind also zu ihrer Verständlichkeit an den Kontext des Gesprächs gebunden.

Was uns hier interessiert, ist wieder der Übergang von situationsgebundenen zu situationsunabhängigen, ja zu **kontextinvarianten Kennzeichnungen** wie „der Stern, der als erster am Abendhimmel erscheint" oder „der Höhepunkt der Koreakrise" oder „der Mörder des Präsidenten Kennedy" oder „die kleinste gerade Zahl". Wir waren ja schon anfangs von einfachsten deiktischen Ausdrücken zu den Eigennamen übergegangen, um zu situationsunabhängigen Aussagen zu gelangen, derer die wissenschaftliche Rede bedarf. Die Kennzeichnung hatte uns zunächst in die Gesprächssituation zurückversetzt, von der wir uns jetzt, innerhalb des Gebrauchs von Kennzeichnungen, wieder befreien.

Bisher haben wir uns mit der Kennzeichnung als einer Wortgruppe befaßt, als welche sie sich vom Eigennamen unterscheidet, und müssen nun noch auf jene zweite Besonderheit der Kennzeichnung achten: Nicht immer steht von vornherein fest, ob sie „wirklich" einen Gegenstand kennzeichnet oder ob sie einen Gegenstand nur „fingiert".

Angesichts dieser Unsicherheit übernimmt derjenige, der eine Kennzeichnung von der Form „der P" gebraucht, jedenfalls in wissenschaftlicher Rede die Verpflichtung, erstens nachzuweisen, daß es Gegenstände gibt, denen der verwendete Prädikator zukommt (einige x sind $\mathfrak{P}$), und zweitens nachzuweisen, daß es nicht mehrere, sondern nur einen solchen Gegenstand gibt.

Wie kommt es denn, daß die Kennzeichnung „der Mörder Kennedys" diese doppelte Forderung erfüllen kann? „Mörder" ist nicht ein einstelliger Prädikator wie „Fagott", sondern ein Relator, wie man mehrstellige Prädikatoren auch zu nennen pflegt. Mit zwei Eigennamen können wir den Elementarsatz bilden: „Oswald ist der Mörder Kennedys", und gewinnen aus dieser Relation durch Weglassen eines Eigennamens die zitierte Kennzeichnung „der Mörder Kennedys". Nachzuweisen ist nun erstens, daß Kennedy ermordet wurde, und zweitens, daß er nicht von mehreren ermordet wurde.

In ähnlicher Weise sind auch folgende Kennzeichnungen durch Relatoren gebildet: „der Vater Bismarcks", „der Verfasser der Göttlichen Komödie", „der Mond der Erde" — hier gebrauchen wir „Mond" als Prädikator; solange wir aber nicht wissen oder davon absehen, daß auch andere Planeten Monde haben, ist „der Mond" ein Eigenname. Sagen wir dagegen „Herrn Wolfs Fagott", so verwenden wir stillschweigend den Relator „gehören": „das Fagott, das Herrn Wolf gehört", und entsprechend verhält es sich, wenn Frau Wolf einfach sagt „das Fagott" im Sinne von „dein Fagott". (Das so genannte „Possessivpronomen" — das keineswegs nur den „Besitz anzeigt" — tritt stets mit einem Prädikator zu einer Kennzeichnung zusammen: „unser Haus", „sein Examen", d. h. das Examen, das er machen muß.)

Durch solche Relationen wird der gekennzeichnete Gegenstand gleichsam fixiert, z. B. an einem anderen Gegenstand, den wir durch einen Eigennamen benennen, und nötigenfalls durch weitere Relationen. „Der Stern, der als erster am Abendhimmel erscheint", dieser Ausdruck enthält als Relationen eine Ortsbezeichnung (am Westhimmel befindlich), eine Zeitangabe und schließlich die Reihenfolge, in der die Sterne sichtbar werden. Ähnlich verhält es sich mit der Kennzeichnung „die fünfte Symphonie von Beethoven": zu dem einstelligen Prädikator „Symphonie" tritt der Relator „komponiert von", ein Eigenname und schließlich eine Ordnungszahl.

Selbstverständlich ist auch an die Prädikatoren, die in wissenschaftlichen Kennzeichnungen auftreten, eine Forderung zu stellen: Sie müssen auf Grund von expliziter Vereinbarung unmißverständlich sein. Wer z. B. von „Rilkes seinsoffenbarender Sprachmächtigkeit" redet, hat zuvor zu explizieren, was er unter „Sein", „Offenbarung" usw. verstanden wissen will, da er sich ja auf eine einhellig geregelte Bildungssprache nicht stützen kann, oder da er nicht vorgeben sollte, er könne es.

Wissenschaftliche Kennzeichnungen sollen also kontextinvariant, nicht fiktiv und eindeutig sein. Die menschliche Sprache hat die Fähigkeit, zu vergegenwärtigen über das uns unmittelbar Gegenwärtige weit hinaus. Diese Leistung kommt vor allem der Aussage zu, in gewisser Weise jedoch auch der Kennzeichnung. Mit der Fähigkeit des Vergegenwärtigens ist der Sprache aber die Fähigkeit des Fingierens mitgegeben. Wir können genauso leicht von Bismarck als „dem Gründer des zweiten deutschen Kaiserreichs" sprechen wie von Achill als „dem strahlendsten Helden der Ilias" oder von „der zehnten Symphonie von Beethoven". Und diese Beispiele zeigen auch schon, daß es hinsichtlich der Zulässigkeit von Fiktionen Unterschiede gibt. Achill wäre zwar als historische

Person vielleicht fiktiv. Verstehen wir ihn aber als Gestalt des griechischen Epos, dann haben wir es mit einer als solcher bekannten und zugelassenen Fiktion zu tun, und sofern wir nur diese von vornherein meinen, überhaupt nicht mit einer Fiktion. Nach dem Vorbild der einst mythischen Epik sind wir längst daran gewöhnt, dem Dichter allgemein das Recht einzuräumen, Personen und Ereignisse zu fingieren. Oder wenn Jesus zu seinen Jüngern sagt: „Wer unter euch ohne Sünde ist, der werfe den ersten Stein auf sie" (Joh. 8,7), dann behauptet er gerade nicht, unter seinen Gesprächspartnern oder sonst irgendwo befinde sich „derjenige, der ohne Sünde ist", sondern fingiert einen solchen Menschen nur. Auch in der Wissenschaft hat die zugelassene Fiktion in der Form der Hypothese ihre gewichtige Bedeutung. Man kann also nicht allgemein die fiktive Kennzeichnung verbieten. Wir lassen aber die zugelassene Fiktion jetzt außer acht und befassen uns mit Pseudokennzeichnungen wie „die zehnte Symphonie von Beethoven".

Wer eine solche Kennzeichnung gebraucht, kann jener Forderung nicht nachkommen: zu zeigen, daß es Gegenstände gibt, denen der verwendete Prädikator zukommt, und daß es deren nicht mehrere gibt. Fassen wir jetzt den ganzen Ausdruck hinter dem bestimmten Artikel als Prädikator auf, so würde im Falle von „die zehnte Symphonie von Beethoven" (wie auch in ähnlichen Fällen) der geforderte Nachweis freilich nicht in zwei Handlungen zu zerlegen sein.

Die Auffassung eines zusammengesetzten Ausdrucks hinter dem bestimmten Artikel als Prädikator ist auch der Umgangssprache geläufig, in der man ja gern sagt: „einen Schriftsteller namens Langbehn (kenne ich nicht)", „eine zehnte Symphonie von Beethoven (hat es doch nie gegeben)".

Durch eine Pseudokennzeichnung wird die „Existenz" eines Gegenstandes vorgetäuscht (wir sehen jetzt davon ab, ob die Täuschung beabsichtigt ist als Lüge oder unbeabsichtigt als Irrtum). Dabei ist aber zu beachten: Eine Kennzeichnung ist keine Aussage, und wer von der zehnten Symphonie von Beethoven spricht, behauptet nicht, sondern setzt voraus, daß es diese Symphonie gibt. Die Wahrheit der vorausgesetzten Existenzaussage ist also eine Bedingung dafür, daß die Kennzeichnung berechtigt und nicht fingierend ist, wofür wir auch sagen: daß eine echte Kennzeichnung vorliegt (mit „Existenzaussagen" der Form „einige x sind P" werden wir uns in V, 3 befassen).

Die Möglichkeit, durch Kennzeichnungen Gegenstände zu fingieren, führt auf die Frage, ob man „fingierten Gegenständen" etwa „wirkliche Gegenstände" gegenüberstellen, ob man also Gegenständen den Prädikator „wirklich" zu- und auch absprechen kann. Wir wollen aber die Erörterung dieser viel diskutierten Frage vertagen, da wir zuvor zu klären haben, wie überhaupt der Prädikator „wirklich" zu verwenden ist. Aus dem gleichen Grunde vertagen wir die von und seit RUSSELL in Gang gesetzte Erörterung der Frage, ob Aussagen über fingierte Gegenstände als falsch oder als was sonst (etwa als sinnlos) zu beurteilen sind. An dieser Stelle erinnern wir uns lediglich daran, daß unsere bisherige Theorie nur Gegenstände kennt, von deren „Wirklichkeit" zu reden eine bloße Tautologie wäre.

§ 9. *Indikatoren*

Wenn wir die Indikatoren erst in einem Kapitel besprechen, das Bausteine und Regeln der wissenschaftlichen Aussage bereitstellen soll, könnte das irreführen, und dieser Irreführung soll sogleich entgegengetreten werden: Prädikatoren und Eigennamen besitzen wir als Bausteine sowohl der Umgangssprache wie auch der wissenschaftlichen Sprache und nennen die besonderen Prädikatoren der Wissenschaftssprache Termini. Auch Zeichen für das Zu- und Absprechen von Prädikatoren brauchen wir hier wie dort, desgleichen, wie wir noch sehen werden, Junktoren und Quantoren. Dagegen eigens für die Sprache der Wissenschaft hergerichtete Indikatoren haben wir nicht und brauchen wir nicht. Diese Ausdrücke überlassen wir vielmehr der Umgangssprache und verwenden sie in wissenschaftlicher Rede nur, sofern wir ja, wissenschaftlich sprechend, stets auch von der Umgangssprache mehr oder weniger Gebrauch machen.

Wir müssen also jetzt nicht konstruktiv und, auf die Umgangssprache zurückblickend, rekonstruktiv verfahren, sondern können uns damit begnügen, aus der Umgangssprache Wörter und Morpheme als Beispiele und Gegenbeispiele herauszugreifen, um zu bestimmen, was wir mit dem Wort „Indikator" bezeichnen wollen — dieses Wort ist ja selbstverständlich kein Indikator, sondern ein Prädikator und soll darüber hinaus als Terminus normiert werden.

Beispiele wären etwa: „dort", „dies", „übermorgen", „du". Gegenbeispiele: „Auto", „und", „obgleich", „ein".

Eine so wirre Darbietung von Beispielen und Gegenbeispielen zeigt, daß wir in diesem besonderen Falle gut daran tun, entgegen der Strenge unserer sonst befolgten Methode die Terminologie der traditionellen Grammatik zu Hilfe zu rufen, um unsere Beispiele ein wenig zu ordnen (vorläufig wenigstens), d. h. um Termini zu finden, bezüglich welcher „Indikator" als Oberbegriff aufzufassen ist (um also die exemplarische Einführung durch Prädikatorenregeln zu ergänzen).

Die Grammatik unterscheidet z. B. Ortsadverbien wie „hier", „dort", „hinten", „oben", „links" von Zeitadverbien wie „heute", „nachher", „morgen", „gleich", „soeben", „gestern". Sie unterscheidet ferner Personalpronomina wie „du", „er", „ich", „wir", „ihr" von Demonstrativpronomina wie „dieser", „jener" — solche „demonstrativen" Ausdrücke haben wir ja schon früher als „deiktische" Wörter kennengelernt. Schließlich kennt die Grammatik tempusdifferenzierende Endungen und Umlautungen: „er sucht", „er suchte", „wir singen", „wir sangen" (zeitunterscheidende Morpheme), die in manchen Sprachen durch „Hilfsverben" ergänzt werden: „wir haben gesungen", „wir werden singen".

Diese Ausdrücke haben unter anderem folgendes gemeinsam: Aussagen, in denen sie vorkommen, sind situationsabhängig und zwar dadurch situationsabhängig, daß solche Ausdrücke in ihnen vorkommen. Eine Aussage wie „ihr wart doch vorgestern noch gar nicht hier" (sie enthält vier Indikatoren) kann niemand verstehen, der die Redesituation nicht teilt, in der sie gemacht wird.

Es wurde schon mehrfach hervorgehoben: Die wissenschaftliche und auch die philosophische Aussage sollen situationsunabhängig sein. Sie werden situationsunabhängig zum Beispiel durch die Verwendung von Eigennamen an Stelle von Indikatoren. Zeitadverbien werden durch Daten ersetzt, d. h. durch Ausdrücke einer öffentlich geltenden Chronologie. Der Historiker findet in einem Brief Bismarcks den Hinweis auf ein Ereignis, das „vorgestern" stattgefunden hat, und ersetzt in seiner eigenen Darstellung diesen Indikator durch das Datum „am 6. April 1870".

Freilich wird wissenschaftliche Rede niemals ganz und gar frei von Indikatoren sein, sofern sie z. B. die im Text selbst rückverweisenden („anaphorischen") Ausdrücke nicht entbehren kann: Indikatoren („dies ist stets der Fall, wenn...") oder Kennzeichnungen („dieses Problem..."). Auch Indikatoren wie „heutzutage", "in Zukunft", "wir (haben schon gesehen, daß...)", die eine dem Autor und dem Leser gemeinsame Redesituation voraussetzen, wird niemand aus wissenschaftlicher Rede verbannen wollen.

Wir werden noch sehen, daß es zwischen Indikatoren und Kennzeichnungen keine scharfe Grenze gibt. Gleichwohl unterscheiden wir die Indikatoren von den Kennzeichnungen, in denen außer Zeigewörtern — dies wäre ja die deutsche Übersetzung des lateinischen „indicator" — noch Prädikatoren und evtl. Eigennamen vorkommen: „dieses Fenster", „der gestrige Abend", „diejenigen, die eben erst angekommen sind", „der Mörder Kennedys", „Goethes Sohn".

Die Verwendung anaphorischer Indikatoren ist selbstverständlich nicht auf die wissenschaftliche Rede beschränkt. Ja, die Umgangsrede verwendet Indikatoren, die überhaupt nur anaphorisch, d. h. die immer nur kontextabhängig, doch nicht darüber hinaus situationsabhängig sind: zum Beispiel in der „dritten Person" der Personalpronomina können wir nur rückverweisend sprechen. „Er ist verreist" — im Kontext der Rede oder des Gesprächs muß schon von einer Person gesprochen worden sein, auf die der Indikator „er" zurückzeigt. (Vgl. oben S. 108: „Es ist für euch nicht zu groß.") Oder die Zeitindikatoren „danach", „dann", „vorher", die Ortsindikatoren „rechts davon", „weiter vorn" beziehen sich auf Angaben, die in der Rede selbst schon gemacht wurden. Andere Indikatoren wiederum sind vielseitiger verwendbar, situationsbezogen oder auch anaphorisch: „dies", „früher" usw.

Die stilistisch vielleicht nicht gerade bestechende Gewohnheit, durch ein farbloses „wir" Autor und Leser zu verbinden, als teilten diese eine Redesituation (während doch die Situationen des schreibenden Autors und des jeweiligen Lesers zweifellos zeitlich und räumlich von einander getrennt sind), rechtfertigt sich dann, wenn zum Beispiel im Philosophieren die Gemeinsamkeit vernünftigen Redens gerade angestrebt wird, und dadurch, daß „wir" unsere geschichtliche Situation jedenfalls teilen und als unsere gemeinsame Redesituation auffassen können. Das gilt auf besondere Weise für historische Aussagen, deren „wir" sich stufenweise ausweitet vom Horizont der „Lokalgeschichte", der „Landesgeschichte" zur Geschichte „unseres Volkes", Europas, zur „Weltgeschichte". Aber auch in naturwissenschaftlicher Rede kann das „wir" der geschichtlichen Situation bedeutsam sein, und in jeder Wissenschaft und Philosophie bleibt „die Welt" als „unsere Welt" uns allen gemeinsam und damit la condition humaine, die Redesituation, die „wir" als sprechende und bedürftige Menschen alle miteinander teilen, sogar mit PLATON und mit dem Propheten JESAJA.

Die angegebene Unterscheidung von Indikatoren und Kennzeichnungen (Kennzeichnungen enthalten außer Zeigewörtern noch Prädikatoren und vielleicht Eigennamen) darf nicht dazu verleiten, die Verwandtschaft beider Ausdrucksarten zu unterschätzen — darüber soll jetzt noch einiges gesagt werden, was übrigens rechtfertigen wird, warum wir die Indikatoren erst nach den Kennzeichnungen behandeln.

Indikatoren können als latente Kennzeichnungen aufgefaßt werden, zum Beispiel Zeitindikatoren wie das im Bajuwarischen übliche „heuer" („in diesem Jahr") oder das im gesamten deutschen Sprachraum gebräuchliche „heute" („an diesem Tage", „an dem Tage, an dem ich spreche (an dem wir miteinander sprechen)"). In der Tat setzt das Verständnis von „heute", „gestern", „morgen" die Einübung der Prädikatoren „Tag" und „Nacht" voraus. „Heute" kann auch ersetzt werden durch „am heutigen Tage", und „gestern" heißt soviel wie die Kennzeichnung „an dem Tage, der dem heutigen Tage vorausgegangen ist" (entsprechend „morgen", „vorgestern" usw.). Durch „gestern" werden also zwei Gegenstände, nämlich zwei Tage, in eine Relation gesetzt ähnlich wie in anderen relationalen Kennzeichnungen („Herrn Wolfs Fagott", „sein Examen", „der Abendstern"), und diese Relation ist so eindeutig, daß diese Tagesindikatoren ohne Schwierigkeiten von einer Sprache in eine andere übersetzt werden können, darin den Termini oder den Prädikatoren für gewisse vorfindliche Dinge vergleichbar.

Relativ auf „jetzt" sind Indikatoren wie „vorhin", „nachher", „kürzlich" usw. Das Wort „jetzt" selbst bezeichnet die Gegenwart des Sprechenden, aber nicht als „Zeitpunkt" (als punktuelles Jetzt), sondern in beliebiger, dem Gesagten gemäßer Ausdehnung. Man vergleiche zum Beispiel den Satz „jetzt kann ich meine Arbeit nicht unterbrechen" mit „solche Hüte trägt man jetzt nicht mehr". Die philosophische Untersuchung der Zeit hat sich seit der Antike dadurch Scheinprobleme aufgeladen, daß sie das Wort „jetzt" als Bezeichnung eines Punktes verstand, der ausdehnungslosen Grenze zwischen Vergangenheit und Zukunft[1].

---

[1] So z. B. AUGUSTIN im 11. Buch der Confessiones.

„Jetzt" kann also verstanden werden als prägnante Abkürzung der Kennzeichnung „zu der Zeit, in der wir miteinander sprechen" und ist je nach der Situation und der Absicht des Sprechenden des genaueren ersetzbar durch „in diesem Augenblick", „in dieser Jahreszeit" („jetzt kommen nur noch wenige Kurgäste"), „in dieser Modesaison" usw. Und auch „jetzt" drückt eine Relation aus: „jetzt hört der Regen auf" — das Aufhören des Regens ist ein Ereignis, das gleichzeitig ist mit meinem Sprechen. Allgemein gesagt: Die jetzigen Ereignisse sind gleichzeitig mit dem Ereignis meines (unseres) Redens. Entsprechendes gilt für die Ortsindikatoren, z. B. „hier": an dem Ort, an dem wir uns befinden.

An Prädikatoren wie „Ort", „Raum" ist übrigens leicht zu sehen, daß sie ursprünglich Gegenstände bezeichnet haben wie „Spitze" (Ort), „geräumiger Platz" (Raum) und daß es erst späterhin zu den allgemeineren Ausdrücken „Ort" und „Raum" gekommen ist, die in der philosophischen und geometrischen Diskussion ihre Rolle spielen (weil ähnliche Veränderungen an den entsprechenden griechischen und lateinischen Wörtern stattgefunden haben). Jedoch mit dem Ausdruck „Zeit" verhält es sich nicht geheimnisvoller. Wenn wir hier, „in diesem Text", von „Zeitindikatoren" und von dem mehrstelligen Prädikator „gleichzeitig mit" gesprochen haben, so haben wir zwar den Gebrauchsausdruck „Zeit" verwendet, nicht aber „den Begriff ‚Zeit' vorausgesetzt" oder gar eine Erkenntnis des „Wesens der Zeit". (An dem Wort „Zeitung", das ursprünglich die Nachricht von einem Ereignis bedeutet, kann man noch sehen, daß „Zeit" bedeutungsverwandt mit „Ereignis" ist, vgl. „Tide".) Der Gebrauch von Indikatoren in der Umgangssprache wird, obzwar es sich hier nicht um Prädikatoren handelt, doch auch in Beispielsituationen eingeübt, so daß man zum Beispiel lernt: „nachher" ist „später als jetzt". Der zweistellige Prädikator „später als" wird aber auch unabhängig von Indikatoren eingeübt, zum Beispiel Handlungen oder Ereignissen zugesprochen (wie auch seine Konverse „früher als"), und für solche Prädikatoren kann man dann den Metaprädikator „zeitlich" einführen — ein Weg, zu dem Ausdruck „Zeit" zu gelangen, den schon ARISTOTELES eingeschlagen hat[1].

Das Wörtchen „hier" ist wieder ähnlich unbestimmt wie „jetzt". Es kann sich auf eine Stelle in einem Buch beziehen, und

---

[1] Phys. Δ 11, 220 a 25.

wir können auch sagen: „hier in Deutschland", „hier auf Erden". Entsprechende Kennzeichnungen würden etwa lauten: „in diesem Lande", „in dieser Stadt", „in dieser Ecke".

Die Zeit- und die Ortsindikatoren sind also gleichsam verkappte Kennzeichnungen (Kurzausdrücke für Kennzeichnungen), und dasselbe gilt für die Personal- und Demonstrativpronomina. Daß im Deutschen „er", „sie", „es" nach dem Geschlecht unterschieden werden, setzt ja voraus, daß z. B. gemeint ist „dieser Mann" oder „diese Schwierigkeit" oder „dieses Kind", „dieses Problem". Schon früher (S. 49) haben wir ferner beachtet, daß der deiktische Ausdruck „dies" („dies ist ein Fagott") nur verständlich ist, wenn er zumindest stillschweigend als Kennzeichnung verstanden wird: „dieses Instrument", „das Ding hier".

Besondere Probleme bieten die Possessivpronomina, ferner die Personalpronomina, mittels derer der jeweils Redende von sich selbst spricht („ich", „wir"...) und mittels derer er sich an den oder die Gesprächspartner wendet („du", „ihr"...). Doch durch solche Untersuchungen umgangssprachlicher Indikatoren begeben wir uns auf den Weg der sprachlichen Rekonstruktion, den wir hier nicht weiter verfolgen wollen, da wir ja nicht thematisch eine logische Analyse der Umgangssprache betreiben.

IV. KAPITEL: WAHRHEIT UND WIRKLICHKEIT

§ 1. *„Wahr" und „falsch"*
(die interpersonale Verifizierung)

Zu den Grundtermini der Lehre vom vernünftigen Reden gehören neben den bisher besprochenen Prädikatoren und Abstraktoren die Wörter „wahr" und „falsch". Man muß das Wort „Wahrheit" nur in den Mund nehmen, sogleich beschwört man die seit den Griechen bis zum heutigen Tage geführte schwere Auseinandersetzung um dieses Wort herauf. In diesem Paragraphen befassen wir uns ausschließlich mit der „Satzwahrheit" (oder „Redewahrheit"), mit der Frage also, wie wir Aussagen die Prädikatoren „wahr" und „falsch" zuzusprechen haben, und lassen andere Verwendungsweisen des Ausdrucks „Wahrheit" vorerst außer Betracht. Im Anschluß an FREGE sprechen wir auch von den „Wahrheitswerten" Wahrheit und Falschheit.

Auf Grund des bisher Erarbeiteten (I, 2; III, 1) können wir folgende Prädikatorenregeln formulieren:

$x \, \varepsilon \, \mathfrak{P} \Rightarrow \ulcorner x \, \varepsilon \, \mathfrak{P} \urcorner \, \varepsilon$ wahr $\qquad x \, \varepsilon \, \mathfrak{P} \Rightarrow \ulcorner x \, \varepsilon' \, \mathfrak{P} \urcorner \, \varepsilon$ falsch

$x \, \varepsilon' \, \mathfrak{P} \Rightarrow \ulcorner x \, \varepsilon' \, \mathfrak{P} \urcorner \, \varepsilon$ wahr $\qquad x \, \varepsilon' \, \mathfrak{P} \Rightarrow \ulcorner x \, \varepsilon \, \mathfrak{P} \urcorner \, \varepsilon$ falsch

Nun gelten aber Prädikatorenregeln immer nur für den Fall, daß das erste Glied $x \, \varepsilon \, \mathfrak{P}$ durch die Einsetzung eines Eigennamens oder einer Kennzeichnung oder eines Indikators in eine wahre Aussage übergeht (wir schrieben das früher so: wenn die Regel gilt $x \, \varepsilon \, \mathfrak{P} \Rightarrow x \, \varepsilon \, \mathfrak{Q}$ und wenn „mit Recht" gesagt wird $\mathfrak{x} \, \varepsilon \, \mathfrak{P}$, dann ist es auch erlaubt, $\mathfrak{x} \, \varepsilon \, \mathfrak{Q}$ zu sagen, oben S. 72). Dieses „mit Recht" steht jetzt zur Diskussion. Es gilt ja keineswegs: Wenn eine Aussage behauptet wird, dann ist sie wahr. Vielmehr ob eine Aussage „wahr" ist (ob ihre Behauptung „berechtigt" ist) oder ob sie Wahrheit nur für sich „beansprucht", das gilt es, nun erst nachzuprüfen. Man pflegt auch zu sagen: Behauptete Aussagen müssen erst noch „verifiziert" werden. Erst derjenige, der zu beurteilen vermag, ob eine Aussage wahr ist oder nicht, ist in der Lage, die Prädikatoren „wahr" und „falsch" so sicher zu verwenden, wie er an Hand von Beispielen und Gegenbeispielen andere Prädikatoren zu verwenden gelernt hat.

Auch den Prädikator „wahr" können wir exemplarisch einführen, müssen dabei aber anders verfahren als bisher, aus folgendem Grunde: Einen Gegenstand, der für „Fagott" ein Exempel ist, nennen wir auch ein „Exemplar", ein Fagottexemplar. So oft wir nun, in welcher Situation auch immer, einem Fagottexemplar begegnen, dürfen wir sagen: „Dies ist ein Fagott." Oder so oft wir einem Wort begegnen, das ein Prädikatorenexemplar ist (wie „Fagott" oder wie der Metaprädikator „Prädikator"), dürfen wir sagen: „Dies ist ein Prädikator." Dagegen gibt es keinerlei Gegenstände (Aussagen als Gegenstände neuer Aussagen), die in derselben Weise als Wahrheitsexempel dienen könnten, wie es Fagottexemplare oder Prädikatorenexemplare oder Aussagenexemplare gibt. Und das bedeutet: Die Prädikatoren „wahr" und „falsch" sind als Prädikatoren von Prädikatoren für konkrete Gegenstände, aber auch von den bisher normierten Metaprädikatoren verschieden. Ob eine Aussage wahr ist oder nicht, das hängt nämlich nicht allein von ihr, sondern noch von etwas anderem ab — wovon aber? Wie können wir entscheiden, ob eine Aussage wahr ist oder nicht, wo finden wir das hier erforderliche „Kriterium"?

Wenn z. B. die Aussage „Werner ist verreist" wahr ist, dann sagen wir traditionell auch, daß der Prädikator „wahr" dieser Aussage „zukommt". Ob nun die Aussage „Werner ist verreist" wahr ist oder nicht, das hängt zwar nicht von ihr selbst, aber auch nicht von etwas weit Hergeholtem ab, sondern einfach davon, ob die durch den Eigennamen „Werner" benannte Person verreist ist oder nicht. Genauer: Ob der Prädikator „wahr" der Aussage „Werner ist verreist" zukommt oder nicht, das hängt davon ab, ob der Prädikator „verreist" dem besprochenen Gegenstand zukommt oder nicht (und das sagen ja allgemein die eben angegebenen Prädikatorenregeln). Wie aber entscheiden wir nun dies?

Nachdem wir einen Prädikator „$\mathfrak{P}$" eingeführt haben, besser: nachdem dieser Prädikator durch explizite oder implizite Vereinbarung zum Element einer Sprache geworden ist, die wir gemeinsam mit anderen sprechen, sind wir nicht mehr frei, einen Gegenstand einmal als „$\mathfrak{P}$" und ein andermal anders zu bezeichnen. Sondern jetzt dürfen wir einem Gegenstand dann und nur dann den Prädikator „$\mathfrak{P}$" zusprechen, wenn auch jeder andere sachkundige Angehörige der Sprachgemeinschaft diesem Gegenstand nach geeigneter Nachprüfung den Prädikator „$\mathfrak{P}$" zusprechen würde.

Eine traditionelle Formel aufgreifend können wir sagen: Wir sprechen einem Gegenstand genau dann mit Recht den Prädikator

„$\mathfrak{P}$" zu, wenn auch jeder andere, der mit uns dieselbe Sprache spricht und der „weder böswillig noch schwachsinnig ist", diesem Gegenstand nach geeigneter Nachprüfung den Prädikator „$\mathfrak{P}$" zusprechen würde. „Nicht böswillig" ist jemand, der nicht die Absicht hat, uns durch Täuschung zu schaden, der vielmehr „gutwillig" ist, unserer Frage und dem zur Frage stehenden Gegenstand aufgeschlossen. „Nicht schwachsinnig" ist im Sinne dieser Formel derjenige, der auch umgangssprachlich so genannt wird und der zugleich „seine fünf Sinne beisammen hat", der fähig ist, im Sehen — oder im Hören, je nachdem — die geeignete Nachprüfung durchzuführen — wir sagen wieder positiv: der „Normalsinnige".

Der befragte Beurteiler soll also dieselbe Sprache sprechen wie der Fragende, er soll als Sprachkundiger sachkundig, gutwillig und normalsinnig sein. Wir sagen aber von nun an lieber, indem wir die Normalsinnigkeit als selbstverständlich erfordert unterstellen: Der Befragte soll dieselbe Sprache sprechen wie der Fragende, er soll sachkundig und vernünftig sein.

Das Wort „vernünftig", das Haupt- und Leitwort unserer Bemühungen, haben wir bisher nur der Umgangssprache entlehnt. Jetzt geben wir ihm eine vorläufige Explikation: Wir nennen einen Menschen vernünftig, der dem Gesprächspartner und den besprochenen Gegenständen aufgeschlossen ist, der ferner sein Reden nicht durch bloße Emotionen und nicht durch bloße Traditionen und Gewohnheiten bestimmen läßt. (Mit dieser Explikation geben wir Prädikatorenregeln an, von denen wir annehmen, daß sie implizit im Sprachgebrauch enthalten sind und zugleich der philosophischen Tradition entsprechen, der das umgangssprachliche Wort „vernünftig" entstammt.)

Die Forderung der „Sachkunde" kann gegebenenfalls sehr weittragend sein, dann etwa, wenn über den Wahrheitswert von Aussagen hoch entwickelter Wissenschaften entschieden werden soll. Z. B. werde von einem als „Platonisch" überlieferten Brief behauptet, er sei nicht von PLATON selbst verfaßt worden: Hier kommt als sachkundiger Beurteiler offenbar nur ein philologisch, historisch und philosophisch kompetenter Gelehrter in Betracht.

In summa: Wenn auch jeder andere, der mit mir dieselbe Sprache spricht, der sachkundig und vernünftig ist, einem Gegenstand nach geeigneter Nachprüfung den Prädikator „$\mathfrak{P}$" (oder einen synonymen Prädikator) zusprechen würde, dann habe auch ich das Recht zu sagen „dies ist $\mathfrak{P}$" (dann kommt der Prädikator „$\mathfrak{P}$" diesem Gegenstand zu). Und wenn diese Bedingung erfüllt ist, dann darf ich ferner sagen: „die Aussage ‚dies ist $\mathfrak{P}$' ist wahr" (dann kommt der Prädikator „wahr" dieser Aussage zu) oder auch: „die Behauptung ‚dies ist $\mathfrak{P}$' ist berechtigt".

Diese Regelung der Verifizierung von Aussagen könnte den Eindruck erwecken, es solle immer nur über die Wahrheit (oder Falschheit) vorgelegter Aussagen entschieden werden, so wie der Lehrer vorgelegte Schulaufsätze prüft oder wie bei einem Labor Gutachten von Sachverständigen eingeholt werden. In Wahrheit verfährt jegliche Forschung so, daß man Sätze im Sinne von Fragen oder Hypothesen formuliert und dann durch geeignete, d. h. sachgemäße und vernünftige Prüfung darüber entscheidet, ob diese Sätze wahr oder falsch sind. Dabei ist die Möglichkeit einzuschließen, daß hinter die vorläufig aufgestellten Sätze zurückgefragt werden muß nach der „Angemessenheit" der verwendeten Prädikatoren.

Ferner muß das Mißverständnis abgewehrt werden, bei den nachzuprüfenden Aussagen handle es sich lediglich um die Wahl des „richtigen" Prädikators in folgendem Sinne: Jemand sagt z. B. „dies ist ein Fagott" und vergreift sich dabei, indem er eine Klarinette vor sich hat, aus Unkenntnis der musikalischen Fachsprache in der bloßen Wortwahl. Daß die Beschränkung auf einen solchen Spezialfall hier nicht gemeint sein darf, sieht man an anderen Elementarsätzen wie „Werner ist verreist". Denn der Entscheidung über die Wahrheit eines solchen Satzes müssen offenbar — als „geeignete Nachprüfung" — Feststellungen vorausgehen, die nicht die bloße Wahl des Ausdrucks, also die sprachliche „Richtigkeit" betreffen. Ähnlich verhält es sich mit Sätzen wie „dies ist ein Spiralnebel", „die Erde ist ein Planet der Sonne". Der zuletzt zitierte Satz erschien zunächst als eine sehr gewagte Hypothese und ging aus der Nachprüfung durch die Sachkundigen erst nach einigen Generationen als „wahr" hervor. Freilich schloß diese Nachprüfung die Verifizierung (oder Falsifizierung) noch anderer, teilweise komplizierterer Sätze ein, und auch die Beurteilung des Satzes „Platon ist nicht der Verfasser dieses Briefes" würde sehr viel komplizierter sein — etwa auch logische Schlüsse umfassen — als die einfache Nachprüfung eines Elementarsatzes, die wir hier im Auge haben.

Schließlich ist unmißverständlich zu klären, was diese Bedingung bedeutet: wenn auch jeder andere kompetente Beurteiler dem besprochenen Gegenstand den Prädikator „𝔓" zusprechen würde. Wenn jemand erklärt: „das würde ich auch sagen", dann kann das ja auch heißen: „dieser Meinung bin ich auch" oder gar „ich habe nichts dagegen (um dir gefällig zu sein)". Um ein derartiges d'accord handelt es sich hier keineswegs, was wir wieder an unserem Beispiel sehen „Werner ist verreist". Wenn ich das behaupte und dabei erwarte, daß auch jeder andere, der erstens weiß, was „verreisen" und wer „Werner" ist, und der zweitens feststellen kann, ob Werner verreist oder viel mehr zu Hause ist, so sagen würde, dann meine ich damit: Jeder andere kann „sich davon überzeugen" und muß mir dann zustimmen. Er „würde" also dasselbe sagen, indem er nach geeigneter Nachprüfung dasselbe sagen „müßte". Er sähe sich in diesem Sinne gezwungen, dasselbe zu sagen oder doch „mit anderen (synonymen) Worten" dasselbe zu sagen.

Da wir bei solcher Beurteilung der Wahrheit von Aussagen auf das Urteil anderer rekurrieren, die mit uns dieselbe Sprache sprechen, können wir dieses Verfahren **interpersonale Verifizierung** nennen. Wir stellen auf diesem Wege, durch diese „Methode", **Übereinstimmung** zwischen dem Sprecher und seinen Gesprächspartnern her, eine Übereinstimmung, die in der Sokratischen Dialogik „Homologie" genannt wurde. Gerade an dieser Stelle sollte uns die mögliche Anknüpfung an den geschichtlichen Ursprung des vernünftigen Redens willkommen sein. Daher wollen wir das alte Wort „Homologie" terminologisch gebrauchen und auch sagen: Die Wahrheit einer Aussage wird erwiesen durch Homologie.

Kinder erlernen bereits ihre ersten Prädikatoren an Beispielen und Gegenbeispielen durch Homologie. Sie sind darauf angewiesen, daß die Eltern immer wieder sagen: „Ja, das ist ein Pferd", „nein, das ist kein Pferd", „ja, Onkel Werner ist verreist". Und wenn die Kinder mit ihren Prädikatoren „treffen", „das Richtige treffen", die Prädikatoren „richtig verwenden", dann sagen die Eltern: „So ist es richtig" oder „ja, das ist wahr", so daß die Kinder zugleich, an denselben Beispielen lernen, auch diese Prädikatoren richtig zu verwenden — so aber, daß die richtige Verwendung von „wahr" und „falsch" stets abhängt von der richtigen Verwendung exemplarisch erlernter anderer Prädikatoren.

Von Prädikatoren wie „Fagott" oder „Pferd" unterscheiden sich Prädikatoren wie „Prädikator" oder „Aussage" als **Metaprädikatoren**. Von Metaprädikatoren wie „Prädikator" oder „Aussage" unterscheiden sich die Prädikatoren „wahr" und „falsch" als **Beurteilungsprädikatoren**. Das Wort „Beurteilung" soll hier keineswegs an das „Urteil" der traditionellen Logik erinnern, sondern an den Gebrauchsausdruck „Urteil". Ein Richter z. B. urteilt, fällt eine Entscheidung, und daß es Fälle geben kann, in denen trotz reiflicher Abwägung des Für und Wider eine **Entscheidung nicht möglich ist**, gilt auch für die Beurteilung von Aussagen hinsichtlich ihres Wahrheitswertes, **ohne daß dadurch so etwas wie ein „dritter Wahrheitswert" entstünde**.

Wir „beurteilen" vielerlei: als „nützlich" oder „schädlich", als „gefährlich", „harmlos", „aussichtslos" usw. Vor allem beurteilen wir menschliches Verhalten, menschliche Leistungen, menschliche Handlungen, indem wir sagen: „Das hast du gut gemacht", „eine ungewöhnliche Leistung", „er hat sich vorbildlich verhalten". Wir urteilen also z. B. moralisch, oder wo gesetzte Regeln gelten, sprechen wir von Regelrichtigkeit und Regelwidrigkeit: Jemand hat „verkehrt geparkt", „grammatisch richtig gesprochen", „logisch falsch geschlossen". Am Maßstab des beabsichtigten Gelingens orientieren wir uns, wenn wir von einer „glänzenden Leistung" sprechen, an ästhetischen Maßstäben (die heute so unsicher geworden sind), wenn wir ein Kunstwerk „schön" nennen. Unter diesen mannigfachen Weisen der Beurteilung menschlicher Handlungen und Hervorbringungen befindet sich auch, als die uns hier interessierende Weise, die Beurteilung von Behauptungen, die wir als „berechtigt" anerkennen oder als „unberechtigt" zurückweisen. Jedoch ist eine Behauptung nicht schon dann „berechtigt", eine Aussage nicht schon dann „wahr", wenn sie „sprachlich richtig" gebildet wurde (den gültigen sprachlichen Vereinbarungen entsprechend), sondern erst dann, wenn sie auch durch sachkundige Nachprüfung verifiziert werden kann. Daher dürfte es ratsam sein, den „falschen" die „wahren" Aussagen – nicht die „richtigen" – gegenüberzustellen, obzwar nach der expliziten Vereinbarung eines Prädikators seine Ersetzung durch beliebige synonyme Ausdrücke jederzeit möglich ist.

Wir wollen in diesen Kapiteln Bausteine und Regeln der wissenschaftlichen Sprache kennenlernen und haben uns hinsichtlich der Prädikatoren „wahr" und „falsch" bisher vorwiegend an die Umgangssprache gehalten. Ja, wir haben unseren Vorsatz, nicht in die Kinderpsychologie zu geraten, zwar nicht vergessen, sind aber darauf eingegangen, wie Kinder Handlungen als „richtig" und Aussagen als „wahr" zu beurteilen lernen. Was ist nun demjenigen zu antworten, der hören möchte, welchen „Wahrheitsbegriff" wir verwenden wollen oder wie wir die Wörter „wahr" und „falsch" als normierte Termini der wissenschaftlichen Sprache gebrauchen wollen?

Ihm ist zu antworten, daß darüber alles Nötige schon gesagt wurde. Die freilich notwendige explizite Vereinbarung der Termini „wahr" und „falsch" hat nämlich dadurch zu erfolgen, daß wir zunächst die Verwendung dieser Prädikatoren in der natürlichen Sprache, sofern sie Aussagen betrifft (!), explizit rekonstruieren. Zugleich aber gehen wir über die bloße Rekonstruktion hinaus, indem wir die Anforderung festlegen: Es soll nicht bei irgend jemandem angefragt werden, der mit uns dieselbe Sprache spricht und der in irgendeiner Weise als Autorität gilt (wie in alter Zeit die Dichter oder die Priester), sondern nur bei einem sachkundigen und vernünftigen Beurteiler. Wenn dieser Urteiler Autorität hat, so soll sich diese aus nichts anderem als seiner bewährten Vernunft und Sachkunde herleiten. Wir normieren die Verwendung der Wörter „wahr" und „falsch" also in der Weise, daß wir einerseits anknüpfen an die Umgangssprache oder an überlieferte vorwissenschaftliche Sprachen und daß wir andererseits kritisch über solche Sprachen hinausgehen zur Sprache von Wissenschaft und Philosophie.

Wenn uns daher entgegengehalten werden sollte, daß es überlieferte Sprachen mit einem anderen „Wahrheitsverständnis" gibt, so kann uns eine solche Mitteilung zwar historisch interessieren, in unserer Bestimmung des Gebrauchs der Wörter „wahr" und „falsch" jedoch nicht beirren. Dies aber keineswegs, weil wir als „moderne Menschen" alles besser wüßten als die Bibel oder Homer, sondern weil wir uns verpflichtet haben, eine vernünftige Sprache aufzubauen, deren Vernünftigkeit wiederum von jedem Gutwilligen eingesehen werden kann (so wie SOKRATES an die Einsicht seiner Gesprächspartner appellierte).

Der Rekurs auf andere Glieder einer Gruppe, die mit uns dieselbe Sprache sprechen, darf also nicht mißverstanden werden als der Appell an eine fremde und autoritäre Instanz. Der Sprechende will nachprüfen, ob er zu seinen Behauptungen berechtigt ist, indem er mit den anderen Sprechern seiner Sprachgemeinschaft gleichberechtigt ist. Die Frage, ob „jedermann, der mit mir dieselbe Sprache spricht und der sachkundig und vernünftig ist", im gegebenen Falle anerkennen müßte „dies ist $\mathfrak{P}$", diese Frage, die mich in Übereinstimmung mit meiner Sprachgemeinschaft halten soll (es handelt sich vielleicht um die Gemeinschaft weniger Sachkundiger), hat nichts gemeinsam mit der Inszenierung einer Abstimmung, deren Ergebnis ich blind zu akzeptieren hätte. Das bedeutet ferner: Ein Satz kann auch dann wahr sein, wenn sich überhaupt niemand (oder noch niemand) findet, der ihm **faktisch** zustimmt. Daß jeder Sprach- und Sachkundige bei geeigneter Nachprüfung „zustimmen **würde**", schließt ja die Möglichkeit nicht aus, daß z. B. die „geeignete Nachprüfung" von niemandem durchgeführt wird.

Die Bemühung um Homologie im Interesse der Wahrheitsfindung ist daher auch verschieden von einer menschlichen Verhaltensweise, die sich im Rahmen der Soziologie oder Anthropologie etwa so beschreiben ließe: Der Mensch sucht zumeist die Übereinstimmung mit den anderen. Er glaubt, was die Vorfahren glaubten, übernimmt deren Sitten und Gewohnheiten, gehorcht den Weisungen von Traditionen und Institutionen. Und auch der moderne, emanzipierte Mensch, dem die Traditionen von Recht, Sitte, Religion, Kunst nichts mehr bedeuten, wird um so ärger zum Konformisten, gehorcht mit einer Unselbständigkeit, die derjenigen des mythischen Menschen nicht nachsteht, den Anweisungen der Mode, gerade aufgekommener Verhaltensmuster, ästhetischen Parolen und so fort. — So wahr solche Aussagen sind, nicht sie haben wir im Blick, wenn wir im Zusammenhang des Aufbaus einer vernünftigen Sprache den Terminus „wahr" durch den Hinweis auf Homologie explizieren.

Zu beachten ist, daß die Termini „wahr" und „falsch" durch solche explizite Vereinbarung keineswegs **definiert** werden. Insbesondere sei angemerkt, daß wir keinerlei Versuch unternommen haben, den Terminus „wahr" zu definieren durch Rekurs auf den Ausdruck „Wirklichkeit" (eine Aussage habe als „wahr" zu gelten, wenn sie „mit der Wirklichkeit übereinstimmt" oder dergleichen — auf den Ausdruck „wirklich" werden wir im übernächsten Paragraphen zurückkommen). Wir haben die Prädikatoren „wahr" und „falsch" aber auch nicht in der sonst üblichen Weise durch Exempel plus Prädikatorenregeln explizit vereinbart, sondern diese ungewöhnlichen Wörter bedurften einer nur ihnen angemessenen Einführung durch Klärung des Verfahrens der interpersonalen Verifizierung.

Ferner sei daran erinnert, daß wir bisher nur zeigen konnten, wie **Elementaraussagen** verifiziert werden. Auf Grund desselben Verfahrens können also andere Aussagen nur dann beurteilt werden, wenn ihre Zusammensetzung aus Elementaraussagen durchsichtig ist. Daher ist es ein wichtiges Anliegen der Logik, komplizierte

Sätze als Zusammensetzungen aus Elementarsätzen zu konstruieren.

Elementaraussagen wie „London ist eine Stadt", „Platon ist Schüler von Sokrates" heißen empirische Aussagen, genauer: empirisch wahre Aussagen. Wer über Einzelgegenstände – über Personen, Dinge, Ereignisse – wahre Aussagen machen will, der muß sich in jedem Fall und in der jeweils geeigneten Weise Zugang zu diesen Gegenständen verschaffen, sei es durch Beobachtungen, durch Experimente, durch Befragung von Zeugen, Interpretation von Texten und so fort. In den Wissenschaften nennen wir diese jeweils „geeignete Weise" des empirischen Nachsehens die jeweils erforderte „Methode" der Forschung. Welche Methode der Forschung die jeweils erforderte ist, darüber entscheidet je und je der Sachkundige, der τεχνικός (wieder mit dem Platonischen SOKRATES zu reden). Jede Forschungsmethode muß wiederum interpersonal anwendbar sein, und der Erfolg der neuzeitlichen Wissenschaften wurde dadurch ermöglicht, daß für viele Sachgebiete geeignete und interpersonal anwendbare Methoden ausgebildet wurden, z. B. in der Physik und in der Philologie. Eine Forschungsmethode ist von der hier angegebenen Verifizierungsmethode zu unterscheiden, die aber für alle Methoden empirischer und auch nichtempirischer Forschung gleichsam den Rahmen abgibt.

Freilich hat sich die moderne Wissenschaft eine folgenschwere Beschränkung auferlegt, indem man zusätzlich forderte: Die jeweilige Forschungsmethode soll von jedermann anwendbar sein, der sich die je erforderte Sachkunde in unbeteiligter Distanz (neutraler Distanz) von den Sachen (Gegenständen der Forschung) erworben hat. Als Vorbild aller Forschung gelten noch heute die „exakten" Wissenschaften (formale Logik, Mathematik, Physik), auf denen die moderne, exakt funktionierende Technik beruht. Während der Platonische SOKRATES nach dem τεχνικός fragen konnte, der z. B. hinsichtlich der Tapferkeit sachkundig ist[1], verengt sich seit dem 17. Jahrhundert die Sachkunde auf Technik, wie man sie aus der Mechanik entwickeln kann, auf „Fachwissen", das jedermann erlernen kann, „wie er geht und steht". Eine Sachkunde also, die nur durch lebenslange Erfahrung, durch „Lebenserfahrung" gewonnen wird, durch eine Erfahrung, die sich nicht auf das unbeteiligte Hantieren und Berechnen beschränkt, wird aus dem Bezirk des vernünftigen Forschens und Redens verwiesen, und

---

[1] PLATON, Laches 185 a ff.

die Folge ist, daß diejenigen Fragen, von deren Beantwortung Glück und Unheil der Menschen abhängen, von den Wissenschaften nicht beantwortet werden können, ja auch von der Philosophie nicht, sofern sie sich als szientistische Philosophie der Selbstbeschränkung moderner Wissenschaftlichkeit unterwirft. Diese Beschränkung ist aber eine **geschichtliche Besonderheit der modernen Wissenschaft**, sie ist nicht etwa mit der hier erörterten Methode der interpersonalen Verifizierung von Aussagen notwendig verbunden.

Welche Möglichkeiten sich für das vernünftige Denken ergeben, wenn wir die Selbstbeschränkung der modernen Wissenschaft nicht länger für das vernünftigerweise allein Mögliche erachten, kann nicht summarisch vorausgesagt werden. Dagegen kann und muß darauf hingewiesen werden, daß die Forderung der kritischen Nachprüfung durch vernünftige Sachkenner aufrecht erhalten bleibt. Dazu bedarf es einer interpersonal normierten Sprache (also auch in der Philosophie!), ferner der interpersonalen Zugänglichkeit der besprochenen Gegenstände: Miteinander redend müssen wir auch miteinander nachsehen können, wie es sich mit diesen Gegenständen jeweils verhält. Nur unter besonderen Schwierigkeiten miteinander nachprüfen können wir z. B. Aussagen, mit denen jemand von seinen Schmerzen spricht, von seinen Hoffnungen, mit denen jemand seinen Haß äußert oder seine Liebe bekundet.

Andererseits können gerade solche Äußerungen für unser Miteinanderleben und seine Erforschung von der größten Bedeutung sein. Auch sie müssen wir hinsichtlich ihrer Wahrheit beurteilen können, was in solchem Falle heißt: hinsichtlich ihrer **Wahrhaftigkeit**. Wir müssen jeweils wissen, ob und wie weit wir einem anderen **glauben** können. In unserem praktischen Leben hängen wir von der Zuverlässigkeit, Glaubwürdigkeit, Wahrhaftigkeit unserer Mitmenschen bei weitem mehr ab als von der Wahrheit der wenigen Aussagen, die wir selbst nachprüfen können. Daher haben die alten Wörter, aus denen das Wort „wahr" und seine anderssprachlichen gegenwärtigen Synonyma geschichtlich hervorgegangen sind, den Schwerpunkt ihres Bedeutungsfeldes meist dort, wo von Treue, Wahrhaftigkeit gesprochen wird.

Indessen ist der „Glaube" an die Wahrheit der Aussagen anderer in den zahlreichen Fällen gleichsam nur vorläufiger Notbehelf, in denen es sich um interpersonal prüfbare Aussagen handelt, die wir nur im Augenblick nicht prüfen können (man sagt: um „prinzipiell" nachprüfbare Aussagen), und das gilt insbesondere nun wieder für wissenschaftliche Aussagen, die wir ja in der Regel zunächst in Büchern lesen, von Kathedern hören, oder von der Unmasse der Informationen, mit denen wir täglich durch Zeitungen und andere Nachrichtenmittel überhäuft werden.

Übrigens hat die christliche Theologie, die in den ersten nachchristlichen Jahrhunderten aus der Vereinigung von biblischem und philosophischem Denken hervorgegangen ist, auch den Glauben des Christen als einen solchen vorläufigen Notbehelf verstanden, dem die vernünftige selbständige Einsicht folgen solle (AUGUSTIN, fides praecedit intellectum). Nach dieser Lehre machen besonders glaubwürdige Personen (Christus, die Propheten und Apostel) Aussagen, deren Wahrheit (Satzwahrheit!) vorläufig im „Glauben" anerkannt, hernach aber, und sei es erst im ewigen Leben, vernünftig eingesehen wird. Eine radikal kritische Nachprüfung bleibt hier freilich ausgeschlossen, weil die Autorität der Offenbarung der selbständigen Vernunft übergeordnet wird, so daß man im Verlauf der Scholastik dahin kam, mehr und mehr Sätze als mysteria fidei glauben zu müssen, deren vernünftige Einsehbarkeit man gar nicht mehr für möglich hielt, denen man sich nur noch im „sacrificium intellectus" blind unterwerfen konnte.

In dieser Lage erinnerte LUTHER daran, daß wir anderen nicht nur glauben, was sie über interpersonal zugängliche Gegenstände aussagen, sondern vor allem, was sie von sich selbst sagen, und daß der Christ derjenigen Offenbarung sich anvertrauen, glauben soll, mit der Gott seine vergebende Liebe den Menschen bekundet.

Unter menschlichen Gesprächspartnern ist in der Tat das Vertrauen auf dergleichen Bekundungen des anderen, wie schon gesagt, von der größten Bedeutung. Daher wird mit Recht die Frage diskutiert, ob es zulässig ist, dieses Modell zwischenmenschlicher Beziehungen auf die Beziehung des Menschen zu Gott zu übertragen (wie es seit dem Alten Testament geschieht), mit anderen Worten, ob sich in diesem Wort „Gott", das sich wie der Eigenname für eine Person anhört, eine echte Kennzeichnung verbirgt.

Die christliche Lehre wirft aber auch auf andere Weise ihr Licht oder ihren Schatten seit zwei Jahrtausenden auf jede Erörterung des „Wahrheitsproblems". In Anknüpfung an den antiken Platonismus hat nämlich der christliche Platonismus Sätze aufgestellt, die man „ewige Wahrheiten" (veritates aeternae) oder auch „absolute Wahrheiten" nannte. Bei einem Platoniker wie LEIBNIZ stehen diese ewigen Wahrheiten als Vernunftwahrheiten (vérités de raison) den bloß empirisch nachprüfbaren wahren Sätzen gegenüber — wir befinden uns jetzt wieder auf jenem Felde der Auseinandersetzung von „Rationalismus" und „Empirismus", das wir schon zu Anfang dieser Propädeutik betreten haben: Die jedem Menschen vom göttlichen Schöpfer mitgegebene natürliche Vernunft (lumen naturale) habe die Fähigkeit, ohne jede empirische Nachforschung zu absolut gesicherten Sätzen z. B. der Logik, der Mathematik zu gelangen. Der Empirismus wollte hinter der absoluten Gesichertheit rational begründeter Sätze nicht zurückbleiben und berief sich auf die Zuverlässigkeit der elementaren Sinneseindrücke. Man wird also auch sagen dürfen, daß die Selbstbeschränkung der modernen Wissenschaft, mit der sie nur neutral distanzierte Forschung als wissenschaftlich gelten läßt, mit der sie alle empirische Forschung dem Ideal der Exaktheit unterwirft — mögen auch die Geisteswissenschaften gegen diese Unterwerfung oft revoltiert haben —, daß diese auf letzte Sicherheit bedachte Wissenschaft ihren Eifer im Wetteifer mit jenen „absoluten Wahrheiten" ausgebildet hat.

Die interpersonale Nachprüfung von empirischen Sätzen mit Hilfe der je geeigneten Forschungsmethode nennen wir traditionell auch die empirische Begründung solcher Sätze. Alles vernünftige Sprechen ist ein solches, das „Rechenschaft gibt" (wieder mit PLATON zu reden), das nicht bloß behauptet, sondern stets auch begründet. Und neben der empirischen Begründung von Aussagen steht in der Tat die rationale Begründung nichtempirischer Aussagen, exemplarisch vor allem in der Mathematik, aber auch in anderen konstruierenden Wissenschaften wie der Logik. Was die Mathematik betrifft, so haben wir uns mit ihren Sätzen und mit der Begründung ihrer Sätze hier nicht zu befassen. Wir würden dabei übrigens nicht auf „absolute Wahrheiten" stoßen, auf ewige Wahrheiten, deren Erhabenheit verwandt wäre mit der Ewigkeit, von der die christliche Verkündigung seit zwei Jahrtausenden spricht.

Unter Berufung auf das in diesem Paragraphen Dargelegte können wir nunmehr das „vernünftige" Reden auch „begründendes" Reden nennen (und demgemäß von „vernünftigem Denken" sprechen). Oder wir können, jene vorläufige Explikation wiederaufgreifend, sagen: Wir nennen einen Menschen vernünftig, der dem Mitmenschen als seinem Gesprächspartner und den besprochenen Gegenständen aufgeschlossen ist, der ferner sein Reden nicht durch bloße Emotionen und nicht durch bloße Traditionen oder Moden, sondern durch Gründe bestimmen läßt.

Anmerkung zu „Aletheia"

Die Untersuchung des griechischen Wortes ἀλήθεια ist in eine nicht geringe Verwirrung geraten, seit Martin HEIDEGGER die Deutung dieses Wortes als „Unverborgenheit" vorgetragen hat — zu einer Zeit, in der er noch nicht die Bedeutung der Sprache als des „Hauses des Seins" bedachte, in der er vielmehr, noch in enger Anlehnung an die Phänomenologie, vom „Seienden" zu sprechen pflegte, das sich „unverborgen von sich her zeigt". Zum philologischen Sprecher der ἀλήθεια als „Unverborgenheit" hat sich vor anderen Ernst HEITSCH gemacht, nach dem „ἀληθέα εἰπεῖν" bedeuten soll: „etwas in der Welt unverborgen sich Zeigendes in der Rede nachsprechen" (Hermes 90, 1962, S. 32).
Da Heidegger und seine Anhänger, in ihrer Verehrung für das Ursprüngliche und Anfängliche, auf die ältesten Zeugnisse zurückzugehen lieben, sei auch hier — in aller Kürze — auf HOMER verwiesen und nur folgendes hervorgehoben: An allen Stellen der Ilias und Odyssee, an denen „ἀληθείη" vorkommt, steht dieses Wort in Verbindung mit einem Verbum des Sagens, des Berichtens (in der Odyssee stets: καταλέγειν). In der Ilias sagt z. B. (24, 407) Priamos zu Hermes, von dem er Auskunft über den Leichnam Hektors erbittet: „ἄγε δή μοι πᾶσαν ἀληθείην κατάλεξον." Ähnlich wird „ἀληθέα μυθήσασθαι" verwendet, z. B. Il. 6, 382. Schon HOMER hat also, ähnlich wie wir, in der Regel die Redewahrheit im Auge, wenn er von „Wahrheit" spricht, wobei er gern das „der Reihe nach Berichten" hervorhebt, und wenn er eine Lohnspinnerin gelegentlich „ἀληθής" nennt (Il. 12, 433), so nicht, weil er sie für „unverborgen" hält, sondern weil er ihr den Prädikator „redlich" („zuverlässig") zusprechen will (vgl. T. KRISCHER, Philologus 109, 1965, S. 161 ff). Freilich hat es anfänglich einmal einen (später und zu Platons Zeit bekannten, aber in der unreflektierten Rede nicht mehr empfundenen) etymologischen Zusammenhang von ἀ-λήθεια und λανθάνειν gegeben, den man aber am besten erfaßt, wenn man nicht einfachhin von der „Unverborgenheit des Seienden" spricht, sondern von der die besprochenen Gegenstände nichtverbergenden Rede (vgl. „unverhohlen").

§ 2. *Aussage und Sachverhalt*

Wenn wir nun auf die Abstraktion eines Sachverhalts aus sprachlich verschiedenen Aussagen eingehen, holen wir zunächst ein wenig aus, um bei dieser Gelegenheit das heute zuweilen diskutierte Problem zu besprechen, ob und in welcher Weise wir „Bedeutung" und „Inhalt" menschlicher Rede zu unterscheiden haben.

Den „Inhalt" eines Gefäßes kann man in ein anderes Gefäß füllen. Den Inhalt eines Koffers kann man in eine Kiste packen. Bei solchem „Umfüllen" oder „Umpacken" soll der Inhalt unverändert bleiben.

Von hier aus gehen wir metaphorisch dazu über zu sagen: Den Inhalt eines Romans, eines Briefes, eines Zeitungsartikels kann man „in anderen Worten" oder „in eigenen Worten" wiedergeben.

Dabei kann man kürzen, „kurz zusammenfassen" oder auch die Ausführlichkeit des Ausgangstextes beibehalten.

Mit Recht wird in jedem Unterricht, ob in der Schule oder in der Hochschule, eine solche „Wiedergabe" oder ein solches „Referat" als Test dafür verwendet, ob der Schüler oder der Student den Ausgangstext verstanden hat. Nur derjenige hat z. B. eine physikalische Abhandlung verstanden, der in der Lage ist, ihren „Inhalt zu referieren", und der dazu auch dann in der Lage ist, wenn er den „Wortlaut", den Wortverlauf des Textes ganz und gar vergessen hat. Er hat nämlich im Verstehen auf den Wortverlauf als solchen „gar nicht geachtet".

Menschliche Rede verstehen, insbesondere aber Aussagen verstehen heißt: ihren Inhalt verstehen. Wenn wir unsere Aufmerksamkeit dagegen auf den Wortverlauf eines Textes richten, so ist das eine ungewöhnliche Einstellung — entsprechend der Einstellung auf die Lautgestalt von Wörtern —, zu der wir uns nur aus besonderen Gründen entschließen. Unter solchen Gründen kann dieser sein: Wir verstehen nicht oder noch nicht und müssen uns vorerst darauf beschränken, den Wortverlauf aufzufassen.

Beispiele: Ich lese einen Brief, der in schwer leserlicher Handschrift geschrieben ist, und werde gleichsam zurückgeworfen auf die „Entzifferung" einzelner Wörter, auf die Rekonstruktion des Wortverlaufs.

Dasselbe kann dem Historiker geschehen, der es mit der ersten Lektüre von Handschriften oder Inschriften zu tun hat.

Im religiösen Unterricht ließ man einst Kinder Psalmen oder Choräle „auswendig lernen", in ihrem Wortverlauf auffassen derart, daß sie den Text „wiederholen" konnten, obwohl sie ihn erst später „verstehen" würden.

Nun gibt es Texte, deren Wortverlauf nicht gleichgültig ist. Für die Physik kommt es auf den Wortverlauf ihrer Lehrbücher keineswegs an, während es sich mit der Lyrik umgekehrt verhält und mit jedem sprachlichen Kunstwerk. Es wäre banausisch, im Deutschunterricht vom Schüler zu fordern, er solle den Inhalt eines Mörikegedichtes wiedergeben („bloß auswendig lernen" soll er es freilich auch nicht).

Jedoch angesichts wissenschaftlicher und philosophischer Texte bleibt es dabei: Hier ist verstehen so viel wie den Inhalt verstehen.

Nun besteht jeder Text als Kontext aus Sätzen, und jeder wissenschaftliche Text besteht aus Aussagen (aus mindestens einer). Wir können also vom Inhalt eines Textes zurückgehen auf den Inhalt einzelner Aussagen, und durch den Sprachgebrauch der traditionellen Bildungssprache sind wir daran gewöhnt, nunmehr vom „Sinn" der Sätze oder von ihrer „Bedeutung" zu sprechen. Neuerdings wird aber, wie schon gesagt, darüber diskutiert, ob man zwischen Inhalt und Bedeutung noch unterscheiden müsse. Zumeist wird hier nicht unterschieden, und sofern wir in der angegebenen Weise vom „Inhalt" eines Textes auf die „Bedeutung" seiner Sätze zurückgehen, ist dazu auch kein Anlaß.

Indessen liegt es nahe, folgendermaßen zu unterscheiden: Wir sprechen von der „Bedeutung" sprachlicher Schemata (Morpheme, Wörter, Wendungen), dagegen vom „Inhalt" aktueller Rede. Die Bedeutung eines kontextinvarianten Wortes, z. B. eines Terminus, ist in jedem Kontext dieselbe, während Gebrauchsausdrücke in verschiedenen Kontexten verschiedene Bedeutungen „annehmen", die aber als „mögliche Bedeutungen" auch der Schemata angegeben werden können. Es dürfte zwar unzweckmäßig sein, sich auf diese Unterscheidung pedantisch festzulegen, da in diesem Wortbereich („Inhalt", „Sinn", „Bedeutung") die traditionelle Bildungssprache zur Umgangssprache geworden ist und da die Umgangssprache strenge terminologische Unterscheidungen nicht kennt. Wir können aber wenigstens die Tendenz verfolgen, in der angegebenen Weise „Inhalt" und „Bedeutung" zu unterscheiden.

Ähnlich verhält es sich mit der Abgrenzung zwischen „Sinn" und „Bedeutung": Bildungs- und umgangssprachlich sprechen wir vom Sinn einer Handlung, aber auch vom Sinn eines Satzes. Wir sprechen ferner ebenso gut vom Sinn eines Satzes wie von der Bedeutung eines Satzes, vom Sinn eines Zeichens (also eines Schemas) wie vom Sinn aktueller Rede („dunkel ist der Rede Sinn"). Will man auch hier wieder unzweckmäßige Reglementierungen vermeiden, so wird man doch der Tendenz folgen dürfen, das Wort „Sinn" vorwiegend hinsichtlich Handlungen — und zwar hinsichtlich aktueller Handlungen — zu gebrauchen, in Anlehnung an sprachgebräuchliche Sätze wie: „Was du da tust, hat doch keinen Sinn". Wir kommen damit zurück auf das schon erörterte Handlungsverstehen (oben S. 57). Den Sinn einer Handlung verstehen heißt soviel wie: verstehen, wozu diese Handlung ausgeführt wird, ihren „Zweck", ihre causa finalis verstehen und damit auch das „Motiv" des Handelnden. So können wir z. B. wieder jenen Mann verstehen, den wir beim Rasenschneiden beobachten, oder das Motiv, das einen Politiker veranlaßt, eine Wahlrede zu halten. Umgangssprachlich sagt man dann freilich auch von dieser

Rede selbst, man habe ihren „Sinn" verstanden oder nicht verstanden.

Nun sind wir immerfort, auch außerhalb der Wissenschaft, darauf angewiesen, danach zu fragen, ob verschiedene Texte „inhaltlich" oder „sachlich" übereinstimmen. Wir erhalten Informationen aus verschiedenen Quellen, die wir hinsichtlich ihres „Sachgehalts" (wie man ja auch sagt) vergleichen müssen. Z. B. der Richter muß herausfinden, ob Aussagen verschiedener Zeugen „sachlich übereinstimmen" oder nicht. Oder wir versuchen, mit „eigenen Worten", nämlich in unserer eigenen Sprache, Sätze zu formulieren, die inhaltsgleich sind mit Sätzen eines überlieferten Textes. Die Frage nach der Inhaltsgleichheit von Aussagen ist also keine Luxusfrage, die wir auch auf sich beruhen lassen könnten.

Gleichfalls in Anlehnung an den Sprachgebrauch sagen wir nunmehr von sprachlich verschiedenen, aber inhaltsgleichen Aussagen: sie „stellen den gleichen Sachverhalt dar". Diese Gleichheit ist wieder eine Äquivalenzrelation, und ein Sachverhalt ist somit ein abstrakter Gegenstand ähnlich wie eine Zahl oder ein Begriff. Machen wir über Aussagen wiederum Aussagen, die invariant sind hinsichtlich des etwa wechselnden Wortverlaufs der besprochenen Aussagen, so machen wir Aussagen über Sachverhalte, wir sprechen von Sachverhalten. Der Terminus „Sachverhalt" ist also ein Abstraktor.

Es wurde schon daran erinnert, daß FREGE hier den Terminus „Gedanke" verwendete. Diese Sprechweise wollen wir deshalb vermeiden, weil sie wieder den traditionellen Irrtum heraufbeschwört, wir hätten Sachverhalte zunächst einmal als „Gedanken" im Kopf, die dadurch, daß wir sie sprachlich „ausdrücken", zu „Aussagen" werden. Dagegen dürfte es unverfänglich sein, auch zu sagen, daß jede Aussage einen Sachverhalt vergegenwärtigt (den man auch mit anderen Worten vergegenwärtigen könnte).

Die traditionelle Logik gebrauchte an dieser Stelle den Terminus „Urteil" (judicium). Im Englischen ist es üblich, „sentence" (Satz) und „proposition" zu unterscheiden. Auf die Lautgestalt der Termini kommt es nicht an, man sollte aber festhalten, daß „judicium", „proposition", „Sachverhalt" als synonyme Termini aufzufassen sind. Da wir in der deutschen Umgangssprache das Wort „Urteil" anders gebrauchen, dagegen das Wort „Sachverhalt" in der hier erörterten Weise verwenden können, dürfte sich für das Deutsche heute der Terminus „Sachverhalt" anbieten.

Doch es ist an der Zeit, nunmehr folgende Frage zu stellen: Unter welchen Bedingungen sind wir berechtigt, von dem Wortverlauf nach verschiedenen Sätzen zu sagen, daß sie den gleichen Sachverhalt darstellen? Gibt es ein Verfahren, das uns erlaubt, diese Gleichheit festzustellen?

An den Beispielsätzen „wollen wir mal etwas trinken" und „on va boire quelque chose" haben wir bereits gesehen: Solange wir umgangssprachlich formulierte Sätze (und gar Sätze verschiedener Sprachen) miteinander vergleichen, können wir nur auf Grund unserer Eingewöhnung in die Umgangssprache (gegebenenfalls in verschiedene Umgangssprachen) entscheiden, ob wir die vorliegenden Sätze als inhaltsgleich „anerkennen" wollen oder nicht. Freilich, die zitierten Beispielsätze sind Fragen, nicht Aussagen. Doch besteht hinsichtlich umgangssprachlicher Aussagen dieselbe Schwierigkeit. Ein befriedigendes Verfahren, eine Methode zur Feststellung der Inhaltsgleichheit von Sätzen gewinnen wir erst, wenn wir Aussagen einer streng normierten Sprache vor uns haben, die nämlich dann als inhaltsgleich (sachverhaltsgleich) gelten dürfen, wenn aus einer der verglichenen Aussagen die anderen abgeleitet werden können auf Grund der in Kraft gesetzten sprachlichen Normen.

Näherungsweise aber können wir dieses Verfahren auch auf Aussagen der Umgangssprache anwenden. Wir machen uns das an Beispielen klar:

Die Aussagen „die Erde ist ein Planet der Sonne" und „Sulla war ein römischer Feldherr" sind zwar beide wahr, haben aber inhaltlich „nichts miteinander zu tun" (wir wollen sie nicht mit FREGE, weil sie denselben Wahrheitswert besitzen, extensional gleichbedeutend nennen).

Dagegen die Aussagen „Caesar war genial und ehrgeizig" und „Caesar war ehrgeizig und genial" wird jedermann als inhaltsgleich anerkennen — warum aber?

Wir können manche Aussagen hinsichtlich ihres Wahrheitswertes bereits dann miteinander vergleichen, wenn wir von ihrem Inhalt absehen und nur ihre „logische Form" berücksichtigen. Aussagen von der Form „a und b" und „b und a" sind (wir greifen hier wieder vor) „logisch äquivalent", was bedeutet: sie sind auseinander ableitbar. Wenn nämlich die eine wahr ist, muß auch die andere wahr sein, wenn aber die eine falsch ist, muß auch die andere falsch sein. Wir wandeln unser Beispiel ein wenig ab: Die Aussagen „Caesar war ein Musiker und Caesar war genial" und „Caesar war genial und Caesar war ein Musiker" sind logisch auseinander ableitbar. Da die eine falsch ist, muß es die andere auch sein. Zugleich sind diese Aussagen inhaltsgleich. Wir suchen jetzt aber nach einem Kriterium für Sachverhaltsgleichheit von Aussagen, durch das wir nicht beschränkt werden auf logisch äquivalente Aussagen. Denn wir erwarten, daß es inhaltlich äquivalente Aussagen gibt, die nicht logisch äquivalent sind, obzwar logisch äquivalente Aussagen stets auch inhaltlich äquivalent sein werden.

Vergegenwärtigen wir uns einen Prozeß, in dem folgende Zeugenaussagen miteinander verglichen werden:

Zeuge 1: Am Neujahrstag habe ich gesehen, wie M. seine Frau geschlagen hat.

Zeuge 2: M. schlägt seine Frau jeden Tag.

Zeuge 3: Täglich wird Frau M. von ihrem Mann geschlagen.

Zeuge 4: Am Neujahrstag hat M. seine Frau mit einem Ledergürtel verprügelt.

Zunächst vergleichen wir die Aussagen 1 und 2: Sie sind schon dadurch inhaltlich verschieden, daß M. der Gegenstand von 2 ist, während der Zeuge 1 sich über sich selbst äußert. Jedoch „auf diesen Unterschied", wird man sagen, „kommt es hier nicht an". Wenn wir Aussagen hinsichtlich ihres Sachgehalts miteinander vergleichen, sind wir gewöhnt und auch berechtigt, uns auf das „Wichtige" (das „Wesentliche") zu beschränken, nämlich auf das in der jeweiligen Situation Wichtige, und alles andere als „irrelevant" beiseite zu lassen. Wir berücksichtigen also als 1 von jetzt an nur noch den Satz: M. hat seine Frau am Neujahrstag geschlagen.

Nunmehr ergibt der Vergleich von 1 und 2: Wenn 2 wahr ist, muß auch 1 wahr sein, aber nicht umgekehrt. Wenn 1 falsch ist, muß auch 2 falsch sein, aber nicht umgekehrt. Und auch ohne diese Prüfung der wechselseitigen Ableitbarkeit der Sätze würden wir sagen: sie stellen nicht denselben Sachverhalt dar.

Vergleichen wir jetzt 1 und 4: Wenn 4 wahr ist, muß auch 1 wahr sein, aber nicht umgekehrt (denn M. könnte auch ein anderes Schlaginstrument verwendet haben). Wenn 4 falsch ist, kann (aus demselben Grunde) 1 doch wahr sein, wenn aber 1 falsch ist, muß auch 4 falsch sein. Ergebnis: Auch 1 und 4 stellen nicht denselben Sachverhalt dar. Freilich sind wir zu diesem Ergebnis gekommen unter Vernachlässigung des Unterschieds von „schlagen" und „verprügeln". Ob wir diesen Unterschied vernachlässigen dürfen, hängt davon ab, an welchen Beispielen und Gegenbeispielen wir diese Wörter eingeführt haben (ferner wieder davon, ob der Unterschied für die Prozeßführung wesentlich ist oder nicht).

Wir wollen die Akribie nicht zu weit treiben und nur noch 2 und 3 vergleichen: Jeder, der das Deutsche als Muttersprache erlernt hat, wird sagen, daß diese beiden Aussagen denselben Sachverhalt darstellen. Zugleich zeigt sich: 3 muß wahr sein, wenn 2 wahr ist, und umgekehrt, ferner muß 3 falsch sein, wenn 2 falsch ist, und umgekehrt. Freilich befinden wir uns hier in der Nähe der logischen Äquivalenz, sofern wir es mit einer konversen Relation zu tun haben: Auf Grund der impliziten Regeln der deutschen Sprache ist „x schlägt y" die Konverse zu „y wird von x geschlagen", und auf Grund der Regeln der Logik sind Aussagen von der Form „$x, y \, \varepsilon \, R$" und „$y, x \, \varepsilon \, \check{R}$" logisch äquivalent ($\check{R}$ ist die Konverse zu R). Darüber hinaus aber sind wir darauf angewiesen zu wissen, daß die Kennzeichnung „Frau M" gleichbedeutend ist mit der Kennzeichnung „seine Frau", wenn das Possessivpronomen in diesem Ausdruck auf „M" zurückverweist, daß ferner (in entsprechender Weise) die Kennzeichnung „ihr Mann" gleichbedeutend ist mit dem Eigennamen „M", und daß schließlich der Ausdruck „jeden Tag" gleichbedeutend ist mit „täglich" — wir kommen hier also mit formaler Logik allein nicht aus, sondern müssen auch die Regeln der deutschen Sprache kennen. Die Bedeutungsgleichheit von „täglich" und „jeden Tag" gilt ja nur traditionell. Das Wort „täglich" könnte in einer veränderten Sprechtradition etwa gleichbedeutend sein mit „alltäglich", woraufhin es nicht mehr gleichbedeutend wäre mit „jeden Tag".

Nun wäre der Einwand denkbar, daß doch auch die Sätze „M. schlägt seine Frau" und „Frau M. wird von ihrem Mann geschlagen" nicht notwendig inhaltsgleich sind. In der Tat könnte die Wahl des Aktivs in 2 dadurch motiviert sein, daß dieser Zeuge „meinte" (sagen wollte, ohne es vollständig zu sagen): „M. schlägt seine Frau jeden Tag — so brutal ist dieser Mensch", während Zeuge 3 meinte: „täglich wird Frau M. von ihrem Mann geschlagen — so bedauernswert ist diese Frau". Daß wir überhaupt Aktiv und Passiv unterscheiden, mag allgemein dadurch begründet sein, daß wir unsere Aufmerksamkeit einmal dem „Handelnden" und ein andermal dem „Behandelten" zuwenden. In einem Prozeß würde man aber diese zusätzlichen und die Wahl der Verbform motivierenden Meinungen für irrelevant halten, sich auf den Vergleich des Ausgesprochenen beschränken und dann zu der Feststellung berechtigt sein, daß die Zeugenaussagen 2 und 3 denselben Sachverhalt darstellen.

Aus dem Beispiel als ganzem geht hervor, daß die Aufstellung des schon angegebenen Kriteriums nicht willkürlich ist: Dem Wortlaut nach verschiedene Aussagen stellen genau dann denselben Sachverhalt dar, wenn sie auseinander ableitbar sind bezüglich des Regelsystems der Sprache, in der sie formuliert sind. Diesem Regelsystem werden stets Regeln der formalen Logik angehören, zu denen aber hinzukommen: Prädikatorenregeln, Regelung des Gebrauchs von Prädikatoren durch exemplarische Einführung, syntaktische Regeln (die wir auf der bisher erreichten Stufe des Aufbaus noch nicht alle übersehen) usw.

Daß die Aufstellung dieses Kriteriums nicht willkürlich ist, zeigte sich daran: Seine methodische Handhabung führte stets zu demselben Ergebnis wie der inhaltliche Vergleich der Aussagen auf dem Boden des unmittelbaren Sprachverständnisses.

Solange wir freilich Aussagen der natürlichen Sprache miteinander vergleichen, können Unsicherheiten bestehen bleiben, die anwachsen in dem Maße, in dem die verglichenen Aussagen komplizierter werden (komplizierter als unsere Beispielsätze) und indem die Verwendung ungeklärter Ausdrücke zunimmt. Umgekehrt wird das Kriterium um so sicherer angewendet werden können, je strenger normiert die Sprache der verglichenen Aussagen ist. Physikalische Sätze z. B. werden leichter hinsichtlich ihrer Sachverhaltsgleichheit kontrolliert werden können als umgangssprachliche Sätze oder auch als Sätze der Kunstwissenschaft.

§ 3. *Sachverhalt und Tatsache*

Nunmehr führen wir eine Unterscheidung ein, die wiederum an die Umgangssprache anknüpft, dieser jedoch nicht in terminologischer Präzision geläufig ist, den Unterschied nämlich von „Sachverhalt" und „Tatsache", indem wir definieren: Jede Aussage stellt einen Sachverhalt dar, dagegen nur die wahre Aussage stellt eine Tatsache dar.

Wie jeden Sachverhalt, so kann man auch eine Tatsache durch sprachlich verschiedene Aussagen darstellen. Ja, angesichts der Tatsache sind wir geneigt zu behaupten, sie sei „sprachunabhängig". Von „wahren Aussagen" fordert man ja traditionell, daß sie „mit den Tatsachen übereinstimmen", und das erweckt den Anschein, als seien die Tatsachen so etwas wie vorfindliche Dinge, denen sich die menschliche Rede gegenüber befindet und dann anzumessen sucht. In Wahrheit aber sind die Tatsachen nicht unabhängig von jeglicher menschlichen Rede, sondern nur unabhängig von bestimmten Aussagen, indem sie eben durch verschiedene

Aussagen dargestellt werden können (wie jeder beliebige Sachverhalt).

Auch durch den Ausdruck „darstellen" dürfen wir uns hier nicht irreführen lassen. Von einer Fotografie oder einem Portrait sagt man, es stelle eine Person dar. Durch Abbilder dargestellte Gegenstände sind aber auf die Abbildung nicht angewiesen, bestehen unabhängig von der Abbildung. Sachverhalte dagegen und somit auch Tatsachen „gibt es" unabhängig von den Aussagen, durch die sie dargestellt werden, keineswegs. Das Darstellen der Aussage ist kein Abbilden, und wie wir umgangssprachlich einen Sachverhalt angeben als den „Sachverhalt, daß ...", so ist auch eine Tatsache stets „die Tatsache, daß ..."[1].

Obwohl die Umgangssprache implizit Regeln enthält, die sich der hier vorgeschlagenen expliziten Regelung nähern, enthält sie andererseits Sprechgewohnheiten, die dieser Regelung zuwiderlaufen. Z. B. spricht man gern von den „konkreten Tatsachen", während die Tatsachen und die Sachverhalte nach unserer Vereinbarung „abstracta" sind. Man kann auf eine Tatsache wiederum nicht hinzeigen wie auf ein Fagott und sagen: „dies ist eine Tatsache". Lediglich rückverweisend kann man im Kontext der Rede von „dieser Tatsache" sprechen (wie von „diesem Begriff"). Man kann also Tatsachen wie Sachverhalte oder Aussagen zum Gegenstand von Metaprädikationen machen, z. B. sagen: „Diese Tatsache ist gesichert" oder „diese Tatsache ist bedauerlich".

Die umgangssprachliche Neigung, von „konkreten Tatsachen" zu reden, dürfte von der empiristischen Einstellung des modernen Denkens herrühren, die das „sinnlich Greifbare" für das sichernde Fundament aller wahren Erkenntnis hält. Hat man aber solchen Fundamentalismus als verfehlt durchschaut, so wird man dem Ausdruck „konkrete Tatsache" nicht nachtrauern.

Die Umgangssprache mag hier aber auch der Verwechselung von „Tatsache" und „Ereignis" erliegen. Das Eintreten eines Ereignisses steht oft so wenig in unserer Macht wie das Vorkommen gewisser Dinge in der Natur. Sobald wir jedoch von einem Ereignis „berichten", machen wir Aussagen, und indem es uns gelingt, wahre Aussagen über das Ereignis zu machen, gelangen wir zu „Tatsachen". Freilich erfassen wir die Ereignisse wie andere Gegenstände auch nur mit Hilfe der Sprache, durch Kennzeichnungen etwa: „Goethes Tod", „der Siebenjährige Krieg". Doch „daß

---

[1] Vgl. G. PATZIG, Satz und Tatsache, in: Argumentationen, Festschrift für Josef König, S. 170 ff.

Preußen den Siebenjährigen Krieg gewonnen hat", ist eine Tatsache, kein Ereignis.

Da eine wahre Aussage eine Tatsache darstellt, wollen wir ferner — wie sprachgebräuchlich — sagen: sie stellt einen „wahren Sachverhalt" dar oder einen „wirklichen Sachverhalt" (durch diese Normierung werden die Ausdrücke „Tatsache" und „wirklicher Sachverhalt" synonym).

Jede Aussage stellt einen Sachverhalt dar. Nicht jede Aussage stellt einen wirklichen Sachverhalt dar. Wie also wollen wir die Sachverhalte nennen, die durch falsche Aussagen dargestellt werden? Wir nennen sie „fingierte" Sachverhalte und führen damit einen Terminus ein, den wir bei der Behandlung der Kennzeichnung schon verwendet haben.

Wir halten ein, um nunmehr auf das Folgende zu achten:

1. Wir haben Ausdrücke wie „Wirklichkeit", „wirklich", von denen unsere Bildungssprache einen uferlosen Gebrauch macht, bisher überhaupt nicht verwendet. Hier erst führen wir den Ausdruck „wirklich" ein und zwar als Prädikator, der Sachverhalten zugesprochen wird. Wir sprechen also nicht von „gesellschaftlicher Wirklichkeit" oder von „Schichten der Wirklichkeit" oder von dergleichen mehr.

2. Wir haben den Terminus „wirklich" definiert mit Hilfe des Terminus „wahr", nicht etwa umgekehrt.

Freilich, wenn wir präzisiert haben: „ein Sachverhalt ist wirklich genau dann, wenn jede Aussage, die ihn darstellt, wahr ist", dann erlaubt uns die hier ausgedrückte Äquivalenz, auch umgekehrt zu sagen: „Eine Aussage ist wahr genau dann, wenn der Sachverhalt, den sie darstellt, wirklich ist." Jedoch nur die erste Formulierung können wir als Definition in den Aufbau unserer normierten Sprache einsetzen, da wir ja den Prädikator „wahr" bereits explizit eingeführt haben. Wollten wir dagegen in traditioneller Weise die zweite Formulierung als Definition verwenden, so müßten wir über den Terminus „wirklich" bereits verfügen — wovon keine Rede sein kann — oder ihn der Umgangssprache entnehmen, als handle es sich um einen unmittelbar verständlichen Gebrauchsausdruck — wovon erst recht keine Rede sein kann. Wir kommen vielmehr zu einer vertretbaren Einführung des Terminus „wirklich" jedenfalls auf dem angegebenen Wege: Von dem Terminus „Aussage" her gewinnen wir durch Berücksichtigung der Abstraktion den Terminus „Sachverhalt", sodann definieren wir den Terminus „wirklicher Sachverhalt" mit Hilfe der Termini „Aussage" und „wahr".

Zugleich mit dem Terminus „wirklich" gewinnen wir den Terminus „fingiert". Die Tragweite dieser Unterscheidung werden wir nicht leicht überschätzen. Aussagen stellen Sachverhalte dar, oder sie „vergegenwärtigen" Sachverhalte. Vergegenwärtigende menschliche Rede ist aber an „wirkliche Sachverhalte" keineswegs gebunden, sondern die Sprache gibt uns die Möglichkeit (der wir schon angesichts der Kennzeichnung begegneten), „alles Erdenkliche" zu vergegenwärtigen, auch auf den Wegen der Phantasie oder der Vermutung oder der Täuschung.

In Wiederaufnahme unserer sprachanthropologischen Erwägungen bedenken wir für einen Augenblick diese Vergegenwärtigungsleistung der Sprache: Auch ein Tier „kann" Handlungen, die es nur zuweilen aktuell ausführt (z. B. fliegen). Ja, eine Taube kann fliegen, ohne es zu lernen (die Biologen sprechen von „angeborenen" oder „Instinkthandlungen"). Bei höheren Tieren treten erlernte Handlungen zu angeborenen hinzu, und beim Menschen treten die Instinkthandlungen bis auf Rudimente zurück. Nur der Mensch aber kann darüber hinaus im aktuellen Sprechen andere Handlungen wie Fliegen oder Rasenschneiden durch Zeichen „vergegenwärtigen", ohne sie auszuführen. Durch die Sprache bekommt er seine Handlungen gleichsam in die Hand, so daß er sie in einer zweiten Weise kann. Eine Taube hat sozusagen nichts davon, daß sie fliegen kann, solange sie nicht fliegt. Der sprechende Mensch hingegen „weiß", daß er gehen kann, indem er über das Wort „gehen" verfügt, und eben dadurch kann er seine künftigen Handlungen planend vorwegnehmen im Denken und Beraten. Er ist nicht gebunden an sein gegenwärtiges Handeln, an seine gegenwärtige aktuelle Situation, sondern vergegenwärtigt in der Rede andere Situationen, künftige, vergangene, auch solche, an denen er selbst als Handelnder gar nicht beteiligt war oder ist oder sein wird. Die Sprache erschließt uns die Welt in den drei „Dimensionen" der Zeit. Sprechend erweitern wir unsere Gegenwart, indem wir planend, erwartend, befürchtend Zukünftiges vergegenwärtigen, indem wir erinnernd, erzählend Vergangenes vergegenwärtigen, indem wir Abwesendes, Fernes vergegenwärtigen. Daher gilt nur vom Menschen, im Unterschied zu anderen Lebewesen, daß er, wie man gesagt hat, „seine Großeltern kennt" und daß er „durch den Hunger von morgen hungrig wird". Vor allem aber gilt nur vom Menschen, daß er seinen Tod erwartet.

Wenn ein Kind lügt und sagt, der Schulunterricht sei ausgefallen, wenn ein Feldherr irrt und annimmt, der Feind habe keine

Reserven mehr, so werden Sachverhalte fingiert. Während aber Lüge, Irrtum, Täuschung in einer Weise fingieren, gegen die wir uns durch die Unterscheidung von „wahrer" und „falscher" Rede zu schützen trachten, gibt es auch — wie wir wiederum an den Kennzeichnungen schon sehen konnten — die notwendige und die zugelassene Fiktion: Wir fingieren notwendigerweise künftige Sachverhalte, über deren Wirklichkeit oder Unwirklichkeit wir noch nicht entscheiden können, weil wir nur so planen, Möglichkeiten unseres künftigen Handelns überlegend vorwegnehmen können. Wir bedürfen ferner, zumal in der Wissenschaft, der Fiktion in Gestalt der Vermutung, der Hypothese, des vorläufig formulierten Satzes. Und wir kennen die erlaubte, die als solche durchschaute und zugelassene Fiktion im Bereich der Dichtung. Die Tatsache also, daß es nicht allein wahre Aussagen gibt, daß wir als sprechende Lebewesen der Täuschung preisgegeben sind, ist nur die Kehrseite davon, daß wir als sprechende Lebewesen eine reiche und weite Welt haben, die wir noch fort und fort erweitern und bereichern.

Ferner geht aus dem soeben Gesagten hervor: „Wirklichkeit" im Sinne von „wirklichen Sachverhalten" oder „Tatsachen" gibt es in der Gegenwart und in der Vergangenheit, jedoch nicht in der Zukunft. Wir können über Zukünftiges keine Aussagen machen, wenngleich stets Sachverhalte fingieren, von denen wir vermuten, hoffen, befürchten, daß sie „sich verwirklichen" werden. Das bevorzugte Feld der „Tatsachen" aber, der „unabänderlichen Tatsachen", ist die Vergangenheit.

Hält man sich an die hier vorgeschlagene Definition des Terminus „Tatsache", dann gibt es Tatsachen überall dort, wo es wahre Aussagen gibt, z. B. auch in der Kunstwissenschaft oder in der Geometrie. Die Tatsachen der Geometrie sind zeitunabhängig, sie bestehen diesseits jener Unterscheidung von unabänderlichen Tatsachen der Vergangenheit und fingierten Sachverhalten der Zukunft. Der traditionellen Tendenz jedoch, nur im Bereich der vorfindlichen Dinge von „Tatsachen" zu sprechen, nicht aber im Bereich der „idealen Gegenstände", die erst aus menschlicher Konstruktion hervorgehen, kann man dadurch Rechnung tragen, daß man von „empirischen Tatsachen" spricht oder, wenn man will, auch dadurch, daß man den Terminus „Tatsache" überhaupt nur im Bereich des empirisch Feststellbaren verwendet. („Tatsache" im Deutschen seit dem 18. Jahrhundert, entsprechend dem englischen „matter of fact", das dem lateinischen „res facti" nachgebildet ist.)

LEIBNIZ sprach von „vérités de fait", von „Tatsachenwahrheiten" (im Unterschied zu „vérités de raison"), und hatte dabei Sachverhalte im Auge, die durch empirisch begründete wahre Aussagen dargestellt werden. Verengt man diese Einschränkung noch weiter, so gelangt man zu den „Fakten", die nicht durch generelle, sondern durch singulare Sätze vergegenwärtigt werden, z. B. durch historische Aussagen. Ein Spezialfall dieser singularen Sachverhalte wiederum sind die Elementarsachverhalte, von denen allein zu sprechen wir auf Grund unseres bisherigen Aufbaus befugt wären — durch die allgemeine Erörterung von Sachverhalt und Tatsache haben wir wieder einmal vorgegriffen.

Nachdem wir die Termini „wirklich" und „fingiert" explizit bestimmt haben, können wir nun auf die Frage zurückkommen, ob wir etwa auch „wirkliche" und „fingierte Gegenstände" unterscheiden sollen (vgl. oben S. 111).

Die Sachverhalte, denen wir die Prädikatoren „wirklich" oder „fingiert" zusprechen, sind „abstracta" oder „abstrakte Gegenstände". Mit der Sprechweise also, ein „Gegenstand" sei „dasjenige, dem jeweils ein Prädikator zugesprochen wird", befinden wir uns im Einklang, wenn wir etwa sagen: „dieser Sachverhalt ist fingiert".

Sollte dagegen jemand sagen: „dieser Gegenstand ist fingiert", wenn er etwa von einer Romanfigur spricht, so kann das stets nur heißen: die Kennzeichnung, die diesen Gegenstand bezeichnet, ist fingierend, oder: der Sachverhalt, in dessen Zusammenhang dieser Gegenstand auftritt, ist fingiert. Umgekehrt kann die Aussage „dieser Gegenstand ist wirklich", wenn sie nicht bloß tautologisch sein soll, nur besagen: die Kennzeichnung, die diesen Gegenstand bezeichnet, ist echt.

Dem entspricht, daß es zur Fiktion eines Gegenstandes nicht etwa genügt, einen Eigennamen zu erfinden, d. h. ein Wort, das sich wie ein Eigenname anhört. Z. B. war in einem bekannten Strafprozeß vor einigen Jahren von einem „Dr. Schmitz" die Rede, aber so, daß die Angeklagten eine ganze Geschichte erzählten, also Aussagen machten, durch die Sachverhalte und in deren Zusammenhang diese Person fingiert wurden, so daß man alsdann auch die Kennzeichnung verwenden konnte: „der Mann namens ‚Dr. Schmitz', der als Interessent für das spanische Grundstück aufgetreten war". Umgekehrt läßt sich eine fingierende Kennzeichnung stets in fingierende Aussagen umbilden. Dagegen nur mit einem erfundenen Eigennamen kann man nichts fingieren, während man sehr wohl einen Gegenstand, auf den man hinzeigt, kurz und bündig benennen kann.

Wir erfinden z. B. den „Eigennamen" „Orphael". „Was soll das denn sein?", wird unser Gesprächspartner fragen, und erst wenn wir nun erklären, Orphael sei ein Erzengel wie Michael, Gabriel und Raphael, wenn wir also mindestens die Kennzeichnung gebildet haben „der Erzengel Orphael", haben wir auf verständliche Weise einen Engel fingiert, besser aber, wenn wir eine Geschichte erzählt haben, in der „dieser Engel" vorkommt.

Übrigens hätte diese Fiktion folgende Besonderheit: „Daß es Engel gibt", gilt weithin als zweifelhaft, und auch die Aussage, „daß es Erzengel gibt", wäre erst verifiziert, wenn jemand ein solches Wesen interpersonal überzeugend nachgewiesen hätte. Hinsichtlich der Kennzeichnung „der Erzengel ‚Michael'" wäre dann weiter nachzuweisen, daß es genau einen Gegenstand gibt, auf den diese Kennzeichnung zutrifft. Wir sind aber durch unsere christliche Tradition an die Kennzeichnung „der Erzengel ‚Michael'" als zulässige fingierende Kennzeichnung gewöhnt, ähnlich wie durch unsere Bildungstradition an Achill oder an Faust, während die Fiktion eines Erzengels „Orphael" durch die Eigenwilligkeit eines Dichters oder gar eines experimentierenden Logikers aus diesem Rahmen der vertrauten Überlieferung herausfiele. Sie wäre fingierend in einem extremen Sinne oder im Sinne einer Pseudokennzeichnung wie „die 10. Symphonie von Beethoven".

Schließlich wollten wir auf die Frage zurückkommen, ob Aussagen über (durch Kennzeichnungen oder durch Sätze) fingierte Gegenstände als falsch oder etwa als sinnlos zu beurteilen sind. Nehmen wir das Beispiel: „Die 10. Symphonie von Beethoven hat nur drei Sätze." Zweifellos ist dieser Satz nicht „sinnlos", nicht inhaltslos. Er stellt vielmehr in verständlicher Weise einen Sachverhalt dar, wenngleich einen fingierten. Wollte man aber sagen, der Satz sei falsch, dann müßte man durch seine Verneinung einen wahren Satz erhalten, wovon vollends keine Rede sein kann. Welcher Prädikator auch immer dem Gegenstand zugesprochen wird, der durch die Pseudokennzeichnung „die 10. Symphonie von Beethoven" vorgetäuscht wird, man wird immer nur auf fingierte Sachverhalte kommen — d. h. aber: nicht der Satz ist sinnlos, sondern der Versuch, über seine Wahrheit oder Falschheit zu entscheiden. Und was die wissenschaftliche Rede betrifft, so ist allgemein zu sagen:

Sätze, in denen Pseudokennzeichnungen auftreten, sind wissenschaftlich unbrauchbar.

Die Reihenfolge, in der wir hier die Termini „wahr" und „wirklich" eingeführt haben, weicht von allem, was wir traditionell zu sagen und zu denken gewohnt sind, dermaßen ab, daß wir uns schließlich folgendem Einwand zu stellen haben: Läuft das hier erörterte Verfahren der interpersonalen Verifizierung von Aussagen nicht darauf hinaus, daß „die Wirklichkeit" als die über Wahrheit und Falschheit von Aussagen entscheidende Instanz verkannt wird?

Wenn wir sprachgebräuchlich sagen, eine Aussage sei wahr, sofern sie „der Wirklichkeit entspricht", so ist gegen eine solche Sprechweise im Rahmen der Umgangssprache zweifellos nichts einzuwenden. Wie unsere Unterscheidungen durch Prädikatoren der Welt „angemessen" sein sollen, so sollen es auch unsere Aussagen sein, und wenn umgangssprachlich von „der Wirklichkeit" die Rede ist, so wird man diesen Ausdruck ja oft durch „die Welt" ersetzen können. Oder man kann sagen: Unsere Aussagen sollen „den Gegenständen entsprechen", die wir „erkennen" wollen, den Ereignissen etwa, von denen wir berichten, den Dingen, die wir beschreiben. Dasselbe drückt die traditionelle Definition des Wahrheitsbegriffs aus, Wahrheit sei „adaequatio rei et intellectus". In dieser Formel ist zwar die Sprache als der Ort der Wahrheit unterschlagen. Doch sieht man davon ab und übersetzt man, unsere Aussagen hätten den jeweils besprochenen Gegenständen (res) „adaequat" zu sein, so haben wir zwar keine „Definition des Wahrheitsbegriffs", wohl aber eine berechtigte Forderung vor uns.

Sobald wir nun aber fragen, auf welche Weise wir dieser Forderung nachkommen können, stellt sich folgendes heraus: „Die Wirklichkeit als maßgebende Instanz" kann nicht selbst „entscheiden", da sie nicht redet, sondern schweigt. Wir wollen z. B. erkennen, ob der Planet Mars von einem Kanalsystem überzogen ist oder nicht. „Der Mars selbst" kann uns darüber nichts sagen, sondern wir können wieder nur den vorläufig aufgestellten Satz über die Marskanäle auf seine Wahrheit oder Falschheit hin nachprüfen.

Jetzt mag uns die Formulierung wieder einfallen: Eine Aussage ist wahr genau dann, wenn der Sachverhalt, den sie darstellt, „wirklich" ist. Auf unser Beispiel bezogen und umgangssprachlich ausgedrückt würde das heißen: „Der Satz ‚auf dem Planeten Mars gibt es ein Kanalsystem' ist wahr, wenn es ‚wirklich' ein Kanalsystem auf dem Mars gibt" (einerlei, durch welche Aussagen wir diesen Sachverhalt darstellen).

Nun hatten wir schon früher gesagt: „Der Aussage ‚𝔵 ist 𝔓' kommt der Prädikator ‚wahr' genau dann zu, wenn dem durch den Eigennamen ‚𝔵' benannten Gegenstand der Prädikator ‚𝔓' zukommt", und „der Prädikator ‚𝔓' kommt dem durch den Eigennamen ‚𝔵' benannten Gegenstand genau dann zu, wenn auch jeder andere sprachkundige, sachkundige und vernünftige Beurteiler diesem Gegenstand nach geeigneter Nachprüfung den Prädikator ‚𝔓' oder einen synonymen Prädikator zusprechen würde." Wir hatten also der Nachprüfung hinsichtlich der Wahl des sprachlichen Ausdrucks von vornherein einen gewissen Spielraum eingeräumt und können diesen Spielraum jetzt erweitern, seit wir nicht nur die Ersetzbarkeit von Prädikatoren durch gleichbedeutende Prädikatoren, sondern darüber hinaus die Ersetzbarkeit ganzer Aussagen durch sachverhaltsgleiche Aussagen kennengelernt haben.

Soll also „die Wirklichkeit selbst" als „maßgebende Instanz" darüber entscheiden, ob jene Aussage über Marskanäle wahr ist oder nicht, so kann das vernünftigerweise nur heißen: Es sollen die geeigneten Nachforschungen angestellt werden, die uns die „Tatsachen" erkennen lassen, d. h. die uns zu Aussagen verhelfen, durch die „wirkliche Sachverhalte" dargestellt werden, in welchen Worten auch immer. Sind diese Aussagen dann sachverhaltsgleich mit der Aussage „auf dem Mars gibt es ein Kanalsystem", dann ist die Wahrheit dieser Aussage erwiesen. Allgemein formuliert: Wollen wir der berechtigten Forderung nachkommen, unsere Erkenntnis solle den zu erkennenden Gegenständen „adaequat" sein, dann bleibt uns nichts anderes übrig, als das Verfahren der interpersonalen Verifizierung anzuwenden. Wir sehen aber jetzt, daß die Umkehrung jener Formel nicht überflüssig war: Während wir mit Hilfe des Wortes „wahr" den Prädikator „wirklich" explizit einführen können, weist uns die Umkehrung — ein Satz ist „wahr", wenn er einen „wirklichen Sachverhalt" darstellt — auf den sprachlichen Spielraum hin, dessen sich die interpersonale Verifizierung von Aussagen bedienen darf, ja auf den sie gar nicht verzichten kann. Und das heißt — dies sei nun wiederholt und unterstrichen —: Die explizite Einführung der Prädikatoren „wahr" und „wirklich" stellt einen einzigartigen Sonderfall dar, indem hier nicht wie sonst „definiert" wird, sondern ein Verfahren, eben das Verfahren der Verifizierung von Aussagen zu klären ist. Und da dieses Verfahren von vornherein jenes Spielraums bedarf, ist die explizite Einführung des Prädikators „wahr" erst abgeschlossen, wenn auch die Prädikatoren „Sachverhalt" und „wirklich" expliziert worden sind unter Berücksichtigung der hier zuständigen Abstraktion.

Übrigens stellt jener Beispielsatz über Marskanäle keine Elementaraussage, sondern eine „Existenzaussage" dar von der Form „einige x sind P" (es „existieren" Gegenstände, denen der Prädikator „Kanal" zukommt und ferner der Prädikator „auf dem Mars befindlich"). Auf den Paragraphen über die Quantoren vorgreifend haben wir daher anzumerken: Solche Sätze sind begründbar, aber nicht definitiv widerlegbar. Jener Satz wäre begründet durch die empirische Entdeckung „einiger Marskanäle" — frühere Erwartungen in dieser Richtung sind bekanntlich enttäuscht worden. Da aber die Marsoberfläche nur endlich viele Kanäle beherbergen könnte, wäre der Satz in diesem besonderen Falle auch definitiv widerlegbar.

Anmerkung über „Wahrheit" als „Echtheit"

Umgangssprachlich spricht man von „Wahrheit", ohne streng zu beachten, daß „die Wahrheit" immer nur bedeuten kann: die Eigenschaft bestimmter Sätze, wahr zu sein. Ferner verwendet man reichlich adverbiale Ausdrücke wie z. B.: „es regnet wirklich" (der Sachverhalt, daß es regnet, ist wirklich), „wahrhaftig, es regnet", „das ist wirklich wahr".

Schließlich werden die Prädikatoren „wahr" und „wirklich" synonym mit „echt" oder „eigentlich" verwendet, in einer Weise also, die wir hier explizit nicht berücksichtigt haben, obwohl sie auch in der Geschichte der Philosophie oft bedeutsam war, jüngst noch in der viel kritisierten Philosophie der „eigentlichen" Existenz, einst in der Lehre von den „wahren Gütern" oder vom „wahrhaft Seienden".

Wir unterscheiden „echte Geldscheine" von „gefälschten", wir sprechen von „wirklicher Liebe", von „wahrer Demokratie", von einem „falschen Freund". Denn der Mensch hat die Möglichkeit, den Mitmenschen nicht allein durch Rede zu täuschen, sondern auch durch andere Handlungen: Er täuscht z. B. freundschaftliches Verhalten nur vor, oder er stellt gefälschte Dinge her, falsche Geldscheine oder falsche Demokratie. Schließlich aber wird er auch durch Dinge getäuscht, die niemand mit der Absicht des Truges hergestellt hat und die doch etwas anderes zu sein „scheinen", als sie „wirklich sind": Ein rot beleuchtetes Papier „ist gar nicht wirklich rot", ein von jedermann begehrter Genuß erweist sich als „gar nicht wirklich beglückend" und so fort. Daher ist die antike Unterscheidung der „wahren" von den „scheinbaren Gütern" nach wie vor eine „echte" Aufgabe der Philosophie — nicht dagegen die Unterscheidung des „wahrhaft" und des „scheinhaft Seienden" im Auf und Nieder einer angeblichen Stufung des Seins zwischen „dem Nichts" und „dem vollkommen Seienden".

Exkurs: Existenztragende Wahrheit

Wir wollen unsere Überlegungen über das Wort „Wahrheit" nicht abschließen, ohne uns wenigstens in einem Exkurs auf die Problematik zu besinnen, die in diesem Umkreis heute die bedrängendste ist. Die neuzeitliche Wissenschaft hat eine Fülle von interpersonal gesicherten und daher in aller Welt mit eindrucksvoller Einmütigkeit anerkannten Sätzen formuliert, von denen die meisten auf Fragen antworten, die den Menschen früherer Zeiten nicht einmal in den Sinn gekommen wären. Anders ausgedrückt: Wir wissen heute mehr über die Welt und den Menschen als irgendeine frühere Generation und auch als ARISTOTELES oder PAULUS, und dieses theoretische Wissen wird angewendet in einer vielfältigen technischen und medizinischen Praxis, deren Nutzen niemand mehr entbehren möchte und deren Entwicklung und globale Ausbreitung noch unaufhaltsam fortschreiten. Dieser echte „Fortschritt" wurde und wird aber nicht allein im Bereich der Anwendungen von Gefahren und von Schwierigkeiten begleitet, indem nützliche Erfindungen oft unvorhergesehene Mißstände hervorrufen, sondern vor allem der Fortschritt des Wissens selbst ist durch einen schweren Preis bezahlt worden: In allen vorneuzeitlichen Jahrhunderten hatten die Menschen ein zwar dürftiges, aber doch geschlossenes, in seiner Weise vollständiges Wissen von sich und der Welt. Überall bot der Mythos ein Weltwissen, das auch die vordringlichen Existenzfragen des Menschen beantwortete. Man wußte (oder glaubte zu wissen), wie die Welt entstanden ist, wie es zur Verhängung von Schuld, Leiden und Tod über die Menschen gekommen ist, und man wußte auch, wie sich der Mensch in dieser seiner Lage zu verhalten hat, wie er ein erträgliches Leben führen und vielleicht gar, in irdischer Zukunft oder nach dem Tode, ein endgültig glückliches Leben gewinnen kann. Insbesondere die antike Philosophie und das Christentum boten solches Wissen, das bei den Griechen mit den Mitteln der Vernunft, im Christentum zunächst mit den Mitteln des Mythos durchdacht war. Die griechischen Philosophen überblicken den Kosmos in seiner geregelten Ordnung und kennen die Stellung des Menschen darin, seine ethischen und politischen Aufgaben und seinen Weg zur „Eudämonie". Das Christentum bietet einen Umriß von Wissen über Schöpfung und Ende der Welt, ausführlichen Bericht über Herkunft, Schicksal und Zukunft der Menschen, und der „Glaube" an den Sohn Gottes und sein erlösendes Handeln in Vergangenheit und Zukunft setzt dieses

Wissen voraus (die heute übliche Abtrennung des Glaubens vom Wissen ist der Bibel fremd und erst auf Grund des Wissens griechischer Herkunft und der neuzeitlichen Wissenschaft in der Theologie aufgekommen). Das Wissen früherer Jahrhunderte also war dürftig, aber für den Menschen tragfähig. Das moderne Wissen ist äußerst reichhaltig, aber für den Menschen zu dürftig. Inmitten des allgemein anerkannten wissenschaftlichen Wissens gibt es kein ebenso allgemein anerkanntes existenztragendes Wissen mehr. Dabei ist unter „existenztragendem" Wissen ein solches zu verstehen, das zugleich — wie die antike Ethik und wie die Bibel — Antwort gibt auf die Frage, wie wir leben können und wie wir leben sollen (nicht etwa nur auf die Frage nach dem Sollen, die von der philosophischen Ethik seit KANT isoliert wurde).

Daß der Aufbau der neuen, auf Exaktheit bedachten Wissenschaft durch diesen schweren Verzicht bezahlt werden müsse, ist seit dem Anfang der Neuzeit und ihrer Wissenschaft (also seit ca. 1600) erst allmählich offenbar geworden. Durch viele Generationen bemühten sich die Philosophen um eine neue Abrundung des neuen Weltwissens durch eine existenztragende Philosophie, bemühten sich die Theologen, die „saubere Trennung von Glauben und Wissen" (die sie nun für nötig hielten) durch den Nachweis der Vereinbarkeit beider zu ergänzen. Erst in unserem Jahrhundert ist die „Existenzphilosophie" dazu übergegangen, es in dieser Hinsicht den Theologen gleichzutun und eine vernünftig nicht begründbare „Existenzerhellung" (JASPERS) von der interpersonal anerkennbaren Wissenschaft zu unterscheiden: Die nur dem Glaubenden oder dem philosophisch Erleuchteten zugängliche „Wahrheit" wird der „bloßen Richtigkeit" wissenschaftlicher Sätze gegenübergestellt.

Je mehr man die Unvermeidlichkeit des Verzichtes auf ein einheitliches Wissen erkannte, das zugleich über die Welt und über das Lebenkönnen des Menschen Auskunft gibt, um so mehr trat ein Wahrheitspathos hervor, das der Wissenschaft noch heute zur Ehre gereicht: Man sah ein, daß jene früheren Jahrhunderte ihr einheitliches Wissen vom Menschen und der Welt nur scheinbar besessen, daß sie die befriedigende Einfügung des Menschen in seine Welt mit dem Preis der Wahrheit bezahlt hatten. Man war bereit, nun lieber den Preis jenes Verzichtes zu zahlen. Da der Mensch aber nicht leben kann, wenn er nicht weiß, wie er leben und sterben kann und wie er leben soll, hat sich zugleich mit dem neuen Wahrheitspathos auch Wahrheitsromantik ausgebreitet: Man erhält den Glauben an die vorneuzeitliche christliche Wahrheitseinheit aufrecht, ohne ihm noch aufrichtig anzuhängen, oder man sucht seine Zuflucht bei der „Wahrheit der Kunst"[1], oder man bringt dem Denken der Griechen andächtige Ehrfurcht entgegen, statt es im Geiste PLATONS als gleichberechtigten Partner des vernünftigen Gesprächs zu interpretieren, oder man verbindet die Ehrfurcht vor dem archaischen, dem „anfänglichen" Denken des PARMENIDES mit einem andächtigen Bedenken und anspruchsvollen Verkündigen des „Seins", das den Anschein erweckt, man habe damit die Einheit des Wissens über das Ganze des Seienden und zugleich über seinen tragenden Grund zurückgewonnen. Neben den Wahrheitsromantikern vieler Spielarten stehen christliche und marxistische Dogmatiker, die ihre Überzeugungen der freien Diskussion entziehen, ferner Skeptiker, die hinsichtlich der Möglichkeiten sowohl des Glaubens wie der Vernunft resignieren, ferner Szientisten, die sich mit der modernen Wissenschaft, wie sie ist, zufrieden geben, ihr vielleicht philosophische Bemühungen um Logik und Wissenschaftstheorie anhängen und alles darüber hinausführende Fragen mit einem Federstrich als „sinnlos" abtun. (Diese Aufzählung gegenwärtiger Positionen erhebt keinen Anspruch auf Vollständigkeit und schließt nicht aus, daß manche dieser Positionen sich verbinden, z. B. die des Skeptikers mit der des Romantikers — der ungeheure Historismus, von dem unsere musische und philosophische Bildung heute beherrscht wird, dürfte von Skepsis und Romantik zugleich begleitet sein.)

Diese „Vorschule des vernünftigen Redens" nun wird im zuversichtlichen Vorblick auf eine „Hauptschule" aufgebaut, in der abseits von Dogmatismus und Skeptizismus — wie auch KANT forderte — das vernünftige Gespräch fortgesetzt werden soll. Die Logik und die gesamte theoretische Philosophie (zu der noch die Wissenschaftstheorie gehört) ist nicht die einzige und letzte Aufgabe der Philosophie, vielmehr hat sich, ähnlich wie ARISTOTELES oder KANT gelehrt haben, die „praktische" Philosophie anzuschließen. Solange wir eine vernünftig durchdachte theoretische Philosophie nicht haben, kann weder dogmatisch noch skeptisch im vorhinein behauptet werden, eine praktische Philosophie, in der wir uns über das menschliche Können und Sollen verständigen, sei unmöglich.

Diese praktische Philosophie wird sich der theoretischen Philosophie bedienen dürfen. Zugleich wird sie, wie auf seine Weise

---

[1] Eine Anmerkung über die „Wahrheit der Kunst" findet sich am Ende dieses Paragraphen.

schon der Mythos, die Erhellung der Lage des sterblichen Menschen leisten müssen, die Analyse der condition humaine. Denn diese Lage wird durch die moderne Wissenschaft von der Welt und vom Menschen eher verdunkelt als erhellt. In der Faszination durch ihre erfolgreichsten exakten Disziplinen hat sich diese Wissenschaft beschränkt auf dasjenige Wissen, das sich in neutraler Distanz von jedermann, der nur den weißen Laborkittel anzieht, erwerben läßt. Solche Wissenschaft vermittelt Sicherheit des Wissens, damit Selbstsicherheit des Menschen, der über die Mittel seines Lebenkönnens zu verfügen vermeint, wie er — in bestimmten Situationen — über technische Mittel verfügt. Diese Sicherheit, die vom technischen Verhalten her die menschliche Existenz durchherrscht, hat die durchgängige Profanität der modernen Welt bewirkt, in der der einzelne Mensch sich selbst und seine Lage nicht mehr verstehen kann, weil er seine Möglichkeiten entweder selbstsicher überschätzt oder, in der faktischen Erfahrung seiner Ohnmacht und Einsamkeit, süchtig einem sicheren, gekonnten Leben nachhängt, das nur gerade ihm entzogen wird.

Es gilt also, in einer philosophischen Anthropologie die Illusionen der modernen Profanität zu durchschauen, die Lage des Menschen zu erkennen, in Ethik (und Politik) zu erfragen, wie wir inmitten von Leiden, Schuld und Vernichtung leben können und was wir zu tun haben.

Anmerkung zur „Wahrheit der Kunst"

Die Rede von der „Wahrheit der Kunst" ist wohl erst aufgekommen, seit man die Kunst zur Ersatzreligion zu machen begann. Der junge Richard WAGNER legt in seiner Novelle „Ein Ende in Paris" (Winter 1840/41) einem sterbenden Musiker sein „Glaubensbekenntnis" in den Mund: „Ich glaube an Gott, Mozart und Beethoven, ingleichen an ihre Jünger und Apostel; ich glaube an den heiligen Geist und an die Wahrheit der einen, unteilbaren Kunst" (Sämtliche Schriften und Dichtungen, 6. Aufl. I, S. 135).

Gelegentlich hat HEGEL die „Wahrheit der Kunst" von der „bloßen Richtigkeit" unterschieden, nämlich in seinen Vorlesungen über die Aesthetik, 1. Teil, 3. Kap., A: Das Ideal als solches (X, 1, S. 199f). Freilich unterscheidet er hier keineswegs die Wahrheit der Kunst von der bloßen Richtigkeit wissenschaftlicher Aussagen! Vielmehr fragt er, durchaus traditionell, nach der Schönheit der Kunst — er stellt „das Kunstschöne oder das Ideal" dem „Naturschönen" gegenüber —, fordert in diesem Zusammenhang, „die Wahrheit der Kunst" dürfe „keine bloße Richtigkeit" sein, und erläutert das an der Porträtmalerei, die nicht zufällige Äußerlichkeiten der dargestellten Person genau und richtig „nachahmen", sondern die „wahren Züge" darstellen soll, „welche der Ausdruck der eigensten Seele des Subjekts sind".

Im 19. und 20. Jahrhundert ist der Appell an die Wahrheit der Kunst des öfteren wiederholt worden, zuweilen in einer Weise, die von Wagners pathetischen Phrasen weit entfernt ist, zuletzt in Hans Georg GADAMERS Buch „Wahrheit und Methode". Vgl. dazu die Kritik von Oskar BECKER in: Philos. Rdsch. 10 (1962), S. 225 ff. (Becker kritisiert vor allem Gadamers „Geschichtsgläubigkeit", d.h. die an HEIDEGGER und den modernen Historismus anknüpfende Ansicht, das menschliche Dasein sei schlechthin der „Geschichtlichkeit" ausgeliefert und ohne jede Fähigkeit, etwa auch in der mathematischen Erkenntnis, sich aus dieser Verstrickung zu befreien. Von Gadamers Frage nach der Wahrheit der Kunst sagt er: sie „bleibt ohne Antwort", S. 236.)

Gewiß ist es sinnvoll und vernünftig, „wahre Kunst" von falscher, z.B. von Kitsch zu unterscheiden. Aber dann wird der Prädikator „wahr" im Sinne von „echt" verwendet — auf diesem Wege gelangt man also nicht zu einer Wahrheit, die sich der Wahrheit der Wissenschaft oder Religion gegenüberstellen ließe.

Desgleichen wäre es nicht sinnlos zu behaupten (in metaphorischer Redeweise), die Wahrheit begegne uns a u c h in der Kunst — sofern damit existenztragende Wahrheit gemeint wird. Z. B. könnte jemand sagen: Wer Präludium und Fuge b-moll aus dem 1. Teil von Bachs Wohltemperiertem Klavier angemessen und andächtig musiziert, der gewinnt darin die Ruhe der Seele oder eben: dem begegnet darin die Wahrheit. Jedoch kann er das auf verständliche Weise nur sagen, wenn er „die Wahrheit" in philosophischer Einsicht bereits kennengelernt hat — er „begegnet" nun hier und dort derselben Wahrheit —, und er kann es in verständlicher Weise nur demjenigen sagen, mit dem er sich in philosophischer Rede über diese Wahrheit bereits verständigt hat.

Ganz anders verhält es sich selbstverständlich mit der Frage nach Fiktion und Wahrheit im s p r a c h l i c h e n Kunstwerk (das ja der Aufgabe dienen kann, la condition humaine d u r c h Fiktion gerade wahrheitsgetreu darzustellen), wiederum anders (worauf schon das Hegelzitat hindeutet) in der bildenden Kunst — doch diese Anmerkung soll auf die Schwierigkeiten solcher Probleme nur eben hinweisen, deren vielfältige Differenziertheit durch den summarischen Ausdruck „die Kunst" gar zu leicht verdeckt wird.

V. KAPITEL: DIE LOGISCHEN PARTIKELN, DER GENERELLE SATZ UND DIE MODALITÄTEN

§ 1. *Generelle und singulare Aussagen in den Wissenschaften*

Wir haben im ersten Kapitel die Form der Elementaraussage konstruiert als die Minimalform von Aussagen überhaupt. Im dritten Kapitel sind wir explizit von der Umgangssprache zur Sprache der Wissenschaft übergegangen, ohne aber den Horizont der Elementaraussage oder doch der singularen Aussage bereits zu verlassen. Denn wir haben lediglich in den Termini eine besondere Art von Prädikatoren kennengelernt und ferner des näheren gesehen, wie Eigennamen und Kennzeichnungen zu verwenden sind. Daß wir gleichwohl schon den Bereich der wissenschaftlichen Aussage betreten haben, verdanken wir dem Umstand, daß in der Neuzeit die Historie in den Rang einer Wissenschaft aufgestiegen ist und daß wir bisher weder Anlaß noch auch die Möglichkeit hatten, die Berechtigung dieses Aufstiegs etwa anhand einer verbindlichen Definition des Terminus „Wissenschaft" nachzuprüfen. Noch im Mittelalter galt ja der Satz „de singularibus non est scientia", singulare Aussagen kann es in der Wissenschaft nicht geben, weil die griechisch-platonische Tradition mit großer Autorität fortwirkte, nach der sich wahre Wissenschaft mit den sinnfälligen und vergänglichen Einzeldingen der Welt des „Werdens und Vergehens" durchaus nicht zu befassen hat.

Die Ausbildung der neuzeitlichen Wissenschaft hat gewissermaßen durch die Tat erwiesen, daß diese platonische Forderung einen Dogmatismus enthält, dem für alle Zukunft sich zu unterwerfen der vernünftigen Erforschung unserer Welt eine unerträgliche Beschränkung auferlegen würde — zumal wir heute zu übersehen vermögen, daß dieser Dogmatismus einer bestimmten Seinsmetaphysik zugehört, über deren Recht oder Unrecht zumindest erst noch zu befinden wäre. Gleichwohl wäre die umgekehrte Beschränkung, der gemäß in der Wissenschaft nur über Einzeldinge ausgesagt werden dürfte, erst recht unerträglich. Noch heute hat die allgemeine Aussage (der generelle Satz, oder kurz: die Allaussage) in der wissenschaftlichen Erkenntnis die Vorherrschaft, zumal in den Naturwissenschaften, und auch der Aufstieg der historischen Aussage in den anerkannten Rang der Wissenschaftlichkeit konnte in der Neuzeit erst gelingen, nachdem die Erhellung unserer Welt durch allgemeine Erkenntnisse zuvor begonnen hatte.

Diese Abfolge hat sich sogar wiederholt: In der archaischen griechischen „Erkundung" der Welt (*ἱστορίη*) setzt mit HEKATAIOS VON MILET und mit HERODOT die Erkundung geographischer und historischer Einzeldinge und -ereignisse alsbald ein, nachdem man angefangen hatte, hinsichtlich des Kosmos und insbesondere hinsichtlich der Geometrie die ersten generellen Sätze zu formulieren und damit den Mythos zu durchbrechen, der unsere Fragen nach Welt und Mensch durch Erzählung von Ereignissen und Personen, also durch singulare Sätze zu beantworten pflegt (wir kennen das am besten aus dem Alten Testament). Nachdem dann aber die Historie durch die Übermacht des platonischen und des aristotelischen Verständnisses von Wissenschaft in die Sonderrolle einer Literaturgattung abgedrängt worden war und nachdem seit etwa 1600 durch die neue Naturwissenschaft die Erschließungskraft des generellen Satzes neu entdeckt worden war, setzte sich im Lichte dieser neu sich erhellenden Welt dann auch die historische Forschung wieder durch.

Es wurde früher schon darauf hingewiesen, daß wir Sätze von der Form $x \, \varepsilon \, P$ deshalb Elementaraussagen nennen, weil sie die Bauelemente für andersartige Aussagen darstellen, gerade auch, wie man seit FREGE weiß, für Allaussagen. Diesen vorgreifenden Hinweis gilt es jetzt aufzunehmen.

Um aus diesen Bauelementen kompliziertere Gebilde zu konstruieren, bedürfen wir gleichsam der Haken und Klammern, nämlich der so genannten logischen Partikeln. Wir waren ja im Zuge unserer bisherigen Sprachkonstruktion noch nicht einmal so weit gediehen, daß wir auch nur zwei Elementaraussagen zu einer neuen, umfassenderen Aussage hätten verbinden können. Zu solchen „Verbindungen" verhelfen uns diejenigen „Redeteilchen" („Partikeln"), die traditionell „Verbinder" oder „Junktoren" heißen. Um aber zu generellen Sätzen zu gelangen, bedürfen wir über die Junktoren hinaus dann ferner der „Quantifikatoren" — eine nicht eben klassische lateinische Wortbildung, die man durch weitere sprachliche Gewaltanwendung zu „Quantoren" verkürzt hat.

Durch die Einführung der logischen Partikeln erreichen wir die Stelle, an der sich nicht allein der Übergang zu einer umfassenderen Theorie der wissenschaftlichen Aussage eröffnet, sondern zugleich auch der Übergang zur formalen Logik. Wir müssen daher an dieser Stelle entscheiden, wie weit wir jetzt schon in die Theorie der logischen Partikeln eindringen wollen. Vorerst werden wir uns auf das Nötigste beschränken, eine Entscheidung, die um so leichter zu vertreten ist, als auf das letzte Kapitel und auf die Lehrbücher der formalen Logik verwiesen werden kann[1].

§ 2. Die Junktoren

Wir betrachten zwei Aussagen a, b und bilden nun neue Aussagen durch die Verknüpfung von a mit b. Dabei beschränken wir unser Interesse auf folgende Frage: Wie hängt der Wahrheitswert der durch die Verknüpfung entstehenden neuen Aussagen ab vom Wahrheitswert der verknüpften Aussagen?

Solche Verknüpfungen (Verbindungen, Zusammensetzungen) kommen in den natürlichen Sprachen schon immer vor, in der deutschen Sprache z. B. Aussagen, die mit „und", oder solche, die mit „entweder-oder" gebildet werden. Behauptet jemand etwa: „Werner ist gestern abend angekommen und (Werner ist) heute morgen schon wieder abgereist", dann hängt die Wahrheit dieser zusammengesetzten Aussage davon ab, daß sowohl der Satz „Werner ist gestern abend angekommen" wahr ist als auch der Satz „Werner ist heute morgen schon wieder abgereist." Sollten diese Teilsätze beide falsch sein oder sollte einer von ihnen falsch sein, so wäre die zusammengesetzte Aussage falsch.

Von jetzt an nennen wir die in der Logik heute gebräuchlichen graphischen Zeichen „Symbole". Symbolisieren wir das Verknüpfungswort „und" mit $\wedge$ und bezeichnen wir eine mit „und" zusammengesetzte Aussage als Konjunktion, dann können wir definieren: Eine Konjunktion ist wahr genau dann, wenn die verknüpften Teilaussagen beide wahr sind.

Mit „genau dann" meinen wir „dann und nur dann": Die Konjunktion ist dann wahr, wenn ihre beiden Teilaussagen wahr sind, und auch nur dann, d. h. in allen anderen Fällen ist sie falsch.

Da es sich um vier mögliche Fälle handelt, können wir die Herstellung von Konjunktionen auch durch folgende vier Regeln darstellen:

$$a \, \varepsilon \, w, \, b \, \varepsilon \, w \Rightarrow a \wedge b \, \varepsilon \, w$$
$$a \, \varepsilon \, w, \, b \, \varepsilon \, f \Rightarrow a \wedge b \, \varepsilon \, f$$
$$a \, \varepsilon \, f, \, b \, \varepsilon \, w \Rightarrow a \wedge b \, \varepsilon \, f$$
$$a \, \varepsilon \, f, \, b \, \varepsilon \, f \Rightarrow a \wedge b \, \varepsilon \, f$$

---
[1] D. HILBERT und W. ACKERMANN, Grundzüge der theoretischen Logik, 4. Aufl. (1959). W. V. QUINE, Elementary Logic, revised edition (1966). P. LORENZEN, Formale Logik, 3. Aufl. (1967).

Diese Tabelle von Regeln schreiben wir einfacher so:

a	b	a ∧ b
w	w	w
w	f	f
f	w	f
f	f	f

Die Definition der Junktoren durch solche „Wahrheitstafeln" geht auf FREGE, PEIRCE und WITTGENSTEIN zurück. Mit ihr konkurriert neuerdings die dialogische Einführung der Junktoren (LORENZEN), deren Vorzug vor allem darin besteht, daß sie sich nicht, wie die Wahrheitstafelmethode, auf die Junktoren beschränkt, sondern auch die Quantoren durch Dialoge zu definieren erlaubt. Wir werden auf diese Methode hernach eingehen, vorerst aber die ältere, „klassische" Methode weiter anwenden.

Eine andere Möglichkeit der Verknüpfung von Aussagen: Jemand hat Werner in dessen Wohnung nicht angetroffen und behauptet nun: „Entweder ist Werner noch gar nicht angekommen oder er hat seine Wohnung in der Frühe schon wieder verlassen." Diese Verknüpfung — die sogenannte Disjunktion — ist wahr genau dann, wenn der erste Teilsatz wahr und der zweite falsch ist oder wenn der zweite Teilsatz wahr und der erste falsch ist. In einer Tafel dargestellt:

a	b	a ⋊ b
w	w	f
w	f	w
f	w	w
f	f	f

Man sieht leicht, daß man mit Hilfe solcher Tafeln noch weitere Möglichkeiten definieren kann, im ganzen 16. Diese Methode läßt die „funktionale" Abhängigkeit der Wahrheitswerte durch Verknüpfung gebildeter Aussagen von den Wahrheitswerten der verknüpften Aussagen gut erkennen und macht verständlich, daß man diese Abhängigkeit mit Hilfe des mathematischen Terminus „Funktion" darzustellen pflegt. Diese Sprechweise soll hier jedoch vermieden werden, weil sie zu der unberechtigten Annahme verleiten könnte, an dieser Stelle sei die Mathematik nun doch eine unentbehrliche Voraussetzung der Logik.

Die Auffassung der Aussagenverknüpfungen als „Wahrheitsfunktionen" hat dazu geführt, auch das Wort „nicht" als Junktor aufzufassen. Dieses Wort „verknüpft" zwar nicht zwei Aussagen, wohl aber dient es dazu (im Sinne einer einstelligen Funktion), aus einer Aussage a eine neue Aussage „nicht a" (symbolisch $\neg a$) zu bilden, deren Wahrheitswert abhängt vom Wahrheitswert der Aussage a. Falsch ist $\neg a$ nämlich genau dann, wenn a wahr ist, und wahr genau dann, wenn a falsch ist.

Diese Negation, d. h. die Verneinung einer Aussage im Ganzen, ist zu unterscheiden von den anfangs besprochenen Elementaraussagen, in denen ein Prädikator einem Gegenstand abgesprochen wird unter Verwendung des Wörtchens „nicht". Indessen hat die Aussage „$ξ ε' \mathfrak{P}$" den gleichen Wahrheitswert wie die Aussage „$\neg ξ ε \mathfrak{P}$", wofür wir auch sagen: Diese Aussagen sind äquivalent.

Ein Nachteil der Tafelmethode besteht darin (neben ihrer Beschränkung auf die Definition der Junktoren), daß sie 16 scheinbar gleichberechtigte Möglichkeiten nebeneinanderstellt (die sich allerdings bei genauerem Zusehen auf 10 reduzieren), während sowohl die Umgangssprache als auch die Logik bestimmten Junktoren vor anderen den Vorrang geben (wenngleich nicht genau denselben). Als Beispiele für wichtige Junktoren der deutschen Umgangssprache haben wir bisher herangezogen „und", „entweder-oder", „nicht" und fügen noch hinzu „weder-noch":

a	b	$a \downarrow b$
w	w	f
w	f	f
f	w	f
f	f	w

Es ist aber leicht einzusehen, daß sich diese Verknüpfung durch die Konjunktion der Negationen von a und b — also durch $\neg a \wedge \neg b$ — ersetzen läßt (sie heißt daher auch „Negatkonjunktion"), so daß man in der Logik auf „weder-noch" als besonderen Junktor zu verzichten pflegt.

Wichtig für die Logik sind zunächst gleichfalls die Junktoren „und" und „nicht", ferner aber „wenn-dann" und das nichtausschließende „oder".

Man pflegt das nichtausschließende „oder" vom ausschließenden „entweder-oder" abzuheben durch den Verweis auf die lateinischen Junktoren „vel" einerseits und „aut-aut" andererseits. In der deutschen Umgangssprache kommt das „oder" im Sinne von „vel", das eine Adjunktion herstellt, weit seltener vor als das ausschließende „oder", das die Disjunktion ausdrückt. Sagt man freilich: „Herr Müller ißt zum Nachtisch Käse oder Obst", so kann das hier verwendete „oder" disjungierend, es kann aber auch adjungierend gemeint sein (im Sinne von „oder auch").

Die Adjunktion wird durch folgende Tafel definiert:

a	b	a ∨ b
w	w	w
w	f	w
f	w	w
f	f	f

Zu beachten ist (was den Unterschied des adjungierenden und des disjungierenden „oder" betrifft): Kommen in den Teilaussagen konträre Prädikatoren vor, dann kann die Verwendung von „vel" (∨) nicht hindern, daß eine Disjunktion entsteht, z. B. „ϱ ε Fagott ∨ ϱ ε Klarinette", „a ε wahr ∨ a ε falsch". Gleichwohl wird die Ausschließung in diesen Sätzen nicht durch den Junktor ausgedrückt.

Die Adjunktion ist gleichsam das Spiegelbild der Konjunktion (daher die heute üblichen Symbole ∧ ∨): in dem einen Fall ist die Verknüpfung wahr genau dann, wenn beide Teilaussagen wahr sind, im anderen Fall ist sie falsch genau dann, wenn beide Teilaussagen falsch sind. Diese Spiegelbildlichkeit führt in der klassischen Logik zu einem eleganten Zusammenspiel dieser beiden Verknüpfungsweisen, das in der formalen Logik ausführlich behandelt wird und das erklärt, warum die Logik, anders als die Umgangssprache, das vel vor dem aut-aut bevorzugt.

Der Junktor „wenn-dann", der die Subjunktion herstellt, kann sowohl in der Umgangssprache wie auch in der Logik eine Hauptrolle beanspruchen. Mit der Tafelmethode wird er so definiert:

a	b	a → b
w	w	w
w	f	f
f	w	w
f	f	w

Nach dieser Definition haben etwa folgende Aussagen als wahr zu gelten: „Wenn London eine Stadt ist, dann ist der Schnee weiß"; „wenn zwei mal zwei gleich fünf ist, dann ist der Schnee weiß"; „wenn zwei mal zwei gleich fünf ist, dann ist der Schnee schwarz". Als falsch zu gelten hat dagegen die Aussage: „Wenn London eine Stadt ist, dann ist der Schnee schwarz."

Angesichts solcher Beispiele wird auch ein gutwilliger Leser (der nicht schon durch die Mathematik an sonderbare Kunststücke des menschlichen Verstandes gewöhnt ist) vielleicht geneigt sein, sie alle miteinander für baren Unsinn zu erklären. In der Tat ist nicht zu erkennen, bei welcher Gelegenheit ein vernünftiger Mensch Anlaß haben könnte, derartige Verknüpfungen zu behaupten. Umso mehr sind sie geeignet, auf einen wichtigen Unterschied der logischen von den umgangssprachlichen Junktoren aufmerksam zu machen: „An diesem Sonntagnachmittag herrschte strahlendes Sommerwetter, und die Straßen der Innenstadt waren wie ausgestorben." Was besagt in diesem umgangssprachlichen Satz das Wörtchen „und"? Es verknüpft nicht allein zwei Sätze zu einem neuen Satz, der eine Situation umfassender beschreibt, als es einer der Teilsätze vermöchte, sondern es weist auch hin auf den verständlichen Zusammenhang beider Sätze: Die Menschen haben die Innenstadt verlassen, weil Sonntag ist und weil das strahlende Wetter zum Ausfliegen verlockt. Von solchen oder ähnlichen Leistungen des Wörtchens „und" in der Umgangssprache wird in der Logik abgesehen. Logisch bedeutsam ist eben allein die Verknüpfungsleistung von „und" hinsichtlich der Frage: Welchen Wahrheitswert müssen die Teilsätze haben, damit der zusammengesetzte Satz den Wert „wahr" annimmt.

Für die anderen Junktoren gilt dasselbe: In der klassischen Logik interessieren lediglich die Wahrheitswerte der Teilsätze einerseits, der entstehenden Verknüpfungen andererseits, dagegen nicht etwaige „inhaltliche" Zusammenhänge der Teilsätze, die in der Umgangssprache aufzutreten pflegen. „Wenn es regnet, dann wird die Straße naß", dieser umgangssprachliche Satz berücksichtigt einen kausalen Zusammenhang, der in der Logik nicht interessiert. Hier geht es allein um die Frage, welche Wahrheitswerte der erste und der zweite Teilsatz haben dürfen, damit der zusammengesetzte Satz als ganzer wahr wird.

Indessen hat diese Definition der Junktoren mit Hilfe der Wahrheitstafeln gerade hinsichtlich des „wenn-dann" eine Schwäche, die nicht zu Unrecht vom „gesunden Menschenverstand" empfunden wird, d. h. von demjenigen, der bisher nur in der Umgangssprache Junktoren zu verwenden gelernt hat. Nach der Wahrheitstafelmethode bin ich nämlich nur dann zu behaupten berechtigt „wenn es regnet, wird die Straße naß", wenn ich die Wahrheitswerte der Teilsätze von vornherein kenne. Zwar darf ich, um eine wahre Subjunktion zu erhalten, als erstes Glied (antecedens) sowohl einen wahren als auch einen falschen Satz verwenden, und nur wenn das antecedens wahr ist, muß auch das succedens wahr sein. Über den

Wahrheitswert der Teilsätze muß jedoch schon entschieden sein, damit durch die Tafelmethode dann auch über den Wahrheitswert der Verknüpfungen entschieden werden kann (man sagt: hier werden „wertdefinite" Aussagen vorausgesetzt und hergestellt). Wer aber behauptet „wenn es regnet, dann wird die Straße naß", muß ja, um diesen Satz riskieren zu können, keineswegs bereits wissen, ob es regnet oder nicht, ob die Straße naß wird oder nicht. Er behauptet ja nur: „wenn es regnet...". Gerade dieser Situation wird besser als die Tafelmethode die dialogische Einführung der Junktoren gerecht.

Sage ich einem Gesprächspartner gegenüber „wenn a, dann b" und stoße mit dieser Behauptung auf seinen Zweifel oder Widerspruch, dann ist es seine Sache, zunächst einmal a zu behaupten und zu begründen. Erst nachdem ihm das gelungen ist, bin nun ich verpflichtet, b zu behaupten und zu begründen. Kann ich b nicht begründen, dann erst hat mich mein Partner widerlegt.

Menschliche Rede ist zunächst immer Anrede an einen oder mehrere Partner, die gegebenenfalls antworten, so daß ein Dialog, ein Gespräch entsteht im Wechsel von Rede und Gegenrede. Sätze stehen also nicht als wahre oder falsche gleichsam im leeren Raum, sondern sie werden behauptet oder bestritten (was freilich bedeutet, daß ihnen ausdrücklich oder unausdrücklich die Prädikatoren „wahr" oder „falsch" zu- oder abgesprochen werden). Gewiß werden Sätze zuweilen auch durch Marken kodifiziert, in Stein gemeißelt etwa oder in Lehrbüchern niedergeschrieben. Aber auch in diesem Falle wird mit dem Leser als potentiellem Gesprächspartner gerechnet. Das monologische Zusammensetzen von Aussagen und Feststellen des Wahrheitswertes der Zusammensetzungen ist zwar interpersonal vorzüglich kontrollierbar. Gleichwohl entbehrt es nicht einer vermeidbaren Künstlichkeit.

Wir definieren die Junktoren daher nun ein zweites Mal unter Angabe von Dialogverläufen, die zur Rechtfertigung oder zur Widerlegung zusammengesetzter Aussagen führen. Dabei müssen wir hinsichtlich der Teilaussagen berücksichtigen, daß auch sie zu begründen sind, jedoch erst im Verlauf des Dialogs. Wie das im Einzelfall zu geschehen hat, davon sehen wir hier freilich ab.

Historisch ist die Logik bei den Griechen entstanden aus der Übung des Beweisens und Widerlegens im Dialog von zwei Partnern[1]. Diese „Dialektik" war die Kunst des spielerischen Agon der

---
[1] Vgl. E. KAPP, Der Ursprung der Logik bei den Griechen (1965).

Rede. Daran erinnernd kann man auch sagen: Ein Dialog wird „gewonnen" oder „verloren", und in seinem Verlauf werden Aussagen „angegriffen" oder „verteidigt".

Als Partner des Dialogs wollen wir den zuerst Redenden als den „Proponenten" vom Gegenspieler als dem „Opponenten" unterscheiden.

Die Konjunktion: Behauptet der Proponent $a \wedge b$, so hat der Opponent das Recht, eine der beiden Teilaussagen zu wählen und anzuzweifeln. Kann der Proponent die gewählte Aussage nicht verteidigen, so hat der Opponent den Dialog bereits gewonnen.

Kann der Proponent hingegen diesen Angriff abwehren, so hat er zwar gewonnen, jedoch noch nicht definitiv gewonnen, weil es ja sein könnte, daß er bei der anderen Angriffswahl des Opponenten verloren hätte. Um sicher zu gehen, daß eine Konjunktion vom Proponenten bei jeder Wahl des Opponenten gewonnen werden kann, muß man beide Dialogverläufe prüfen. Es vereinfacht daher die Übersicht über die Gewinnchancen, wenn die beiden Angriffsmöglichkeiten gleich in zwei Dialoggängen während eines einzigen Dialogverlaufs wahrgenommen werden.

Die Adjunktion: Behauptet der Proponent $a \vee b$, so kann der Opponent nur die zusammengesetzte Aussage als ganze anzweifeln, und jetzt hat der Proponent das Recht, eine der beiden Teilaussagen zu wählen und zu verteidigen. Gelingt ihm das, so hat er den Dialog gewonnen.

Gelingt es ihm nicht, so hat er zwar verloren, aber noch nicht definitiv verloren, weil er ja bei der anderen Verteidigungsmöglichkeit noch eine Gewinnchance haben könnte. Wieder kann man sich die Übersicht über die Gewinnchancen erleichtern, indem man beide Verteidigungsmöglichkeiten in Gestalt zweier Dialoggänge während eines einzigen Dialogverlaufs wahrnimmt.

Freilich ist hier die Lage gegenüber der Konjunktion insofern anders, als der erste Dialoggang der Adjunktion zurückgenommen werden muß, ehe der zweite angeschlossen werden kann. Hier müssen ja gerade nicht beide Teilaussagen vertretbar sein, sondern nur eine von ihnen.

Konjunktion und Adjunktion verhalten sich auch jetzt spiegelbildlich zueinander: Bei der Konjunktion wählt der Opponent die Teilaussage, die verteidigt werden soll, bei der Adjunktion wählt der Proponent die Teilaussage, die er verteidigen will.

Der oben schon angegebene Dialogverlauf der Subjunktion: Behauptet der Proponent $a \rightarrow b$, so kann der Opponent widersprechen, indem er a behauptet und zu begründen versucht. Gelingt ihm das nicht, so hat der Proponent bereits gewonnen. Gelingt es ihm, so muß nun der Proponent b behaupten. Kann er b begründen, so hat er gewonnen, im anderen Falle gewinnt der Opponent.

Auch dieser Dialog kann sich also in zwei Gängen abspielen, die aber stets während eines einzigen Dialogverlaufs stattfinden, und diesmal hat der Proponent eine definitive Gewinnchance in beiden Gängen, der Opponent dagegen erst im zweiten Gang.

Die Junktoren ∧, ∨, → scheinen eine willkürliche Auswahl darzustellen, unter den möglichen Zusammensetzungen nämlich, deren Verwendung sich dialogisch regeln läßt. Jedoch bei der Einführung der Quantoren werden wir die besondere Wichtigkeit dieser Junktoren erkennen.

Die Negation: Behauptet der Proponent ¬ a, so kann der Opponent mit a widersprechen. Gelingt es ihm, a zu begründen, so hat er den Dialog gewonnen. Im anderen Fall gewinnt der Proponent.

Hält man sich an die Vereinbarung, daß Teilaussagen erst im Verlauf des Dialogs begründet werden müssen, dann geht man gleichsam in derselben Richtung nur einen Schritt weiter, wenn man dem Proponenten im Dialog um die Adjunktion auch erlaubt, eine Aussage erst einmal versuchsweise zu behaupten und sie zurückzunehmen, falls sie sich als unbegründbar erweisen sollte. In einem solchen Dialog reden die Partner nicht gegeneinander, um Recht zu behalten, sondern miteinander, um in gemeinsamer Bemühung wahre Sätze zu finden.

In der Sophistik des 5. vorchristlichen Jahrhunderts war das Kampfgespräch Mode geworden, in dem ein Herausforderer den Gegner vor Zuhörern und Zuschauern triumphierend zu widerlegen versucht (Beispiele gibt PLATON in seinem Dialog „Euthydem"). Platon rühmt dem SOKRATES nach, er habe dieses „eristische" Gespräch von Gegnern in das „dialektische" Gespräch von Freunden verwandelt, die miteinander die Wahrheit suchen (Menon 75c/d).

Auch in der modernen Wissenschaft ist es üblich, zunächst einmal Hypothesen aufzustellen und dann gemeinsam zu untersuchen, ob sich die eine oder die andere davon begründen läßt durch die jeweils geeigneten, interpersonal kontrollierbaren Nachforschungen. Dieser Forschungsweise würde gleichfalls die tolerante Dialogführung entsprechen, die dem Proponenten das Zurücknehmen gescheiterter Versuche gestattet.

Zum Abschluß dieser Einführung der Junktoren mag noch daran erinnert werden, daß die Umgangssprache nicht immer auf den ersten Blick erkennen läßt, ob ein Ausdruck als Junktor oder etwa in anderer Weise verwendet wird. Ein Beispiel: Die Aussage „Werner und Fritz sind angekommen" stellt die abgekürzte Konjunktion von zwei Elementaraussagen dar: „Werner ist angekommen, und Fritz ist angekommen". Dagegen ist die Aussage „Werner und Fritz sind Brüder" eine Elementaraussage mit einem zweistelligen Prädikator.

§ 3. *Die Quantoren*

So lange wir nur Elementaraussagen durch Junktoren zusammensetzen und zwar nur zwei oder mehrere oder doch endlich viele, bleibt die angegebene Unterscheidung von „gewonnenem" und „definitiv gewonnenem" Dialog ohne Bedeutung — man wird ja stets, wo es so leicht zu haben ist, definitiv gewinnen wollen. Bedeutungsvoll wird diese Unterscheidung aber, wenn wir nunmehr zu weiteren, mit Hilfe der „Quantoren" zusammengesetzten Aussagen übergehen und wenn wir dann durch Junktoren zusammengesetzte Aussagen berücksichtigen, in deren Teilaussagen quantifizierte Aussagen enthalten sind.

Als neue, wiederum spiegelbildliche Symbole führen wir ein: $\bigwedge$ für den „Allquantor" und $\bigvee$ für den „Einsquantor". Diese Zeichen sollen stets mit Gegenstandsvariablen verbunden werden, z. B. $\bigwedge_x$, $\bigvee_y$, was zu lesen ist: „für alle x gilt:", „für (mindestens) ein y gilt:". Für die Gegenstandsvariablen ist der Bereich zu verabreden, für den sie verwendet werden, z. B. „Menschen" oder „natürliche Zahlen" (der „Variabilitätsbereich"). Er kann auch unter dem Quantor angegeben werden, z. B. $\bigwedge_{x \atop \text{Mensch}}$. Den Quantoren sollen Elementaraussageformen folgen, gegebenenfalls durch Junktoren zusammengesetzte, die durch den Quantor „gebundene" Gegenstandsvariablen enthalten, z. B. $\bigwedge_x \, x \, \varepsilon \, P$. Wird in einer solchen Aussageform die Prädikatorenvariable P durch einen Prädikator ersetzt, so entsteht eine Aussage, z. B. $\bigwedge_x \, x \, \varepsilon$ sterblich, was äquivalent ist mit: $\bigwedge_x . \, x \, \varepsilon$ Mensch $\rightarrow x \, \varepsilon$ sterblich. und was zu lesen ist: „alle Menschen sind sterblich". Durch Punkte (oder Klammern) wird angezeigt, wie weit sich die Bindung der Gegenstandsvariablen durch den Quantor erstreckt, z. B. $\bigvee_x . \, x \, \varepsilon$ Mensch $\wedge \, x \, \varepsilon$ genial., was zu lesen ist: „mindestens ein Mensch ist genial" oder (sachverhaltsgleich) „einige Menschen sind genial" (umgangssprachlich könnte derselbe Sachverhalt auch ausgedrückt werden durch Sätze wie: „Manche Menschen sind genial" oder „zuweilen gibt es geniale Menschen").

Behauptet nun jemand $\bigwedge_x x \, \varepsilon \, \mathfrak{P}$, so kann der Opponent seinen Zweifel dadurch anmelden, daß er nach einem beliebigen, von ihm gewählten Gegenstand $\mathfrak{y}$ des Variabilitätsbereichs fragt. Der Proponent ist jetzt verpflichtet, $\mathfrak{y} \, \varepsilon \, \mathfrak{P}$ zu behaupten und zu begründen. Gelingt ihm das nicht, so ist er widerlegt, der Opponent hat gewonnen. Gelingt es ihm, so hat er, der Proponent, gewonnen — wenngleich noch nicht definitiv gewonnen.

Behauptet der Proponent $\bigvee_x x \, \varepsilon \, \mathfrak{P}$ und begegnet damit dem Zweifel des Opponenten, so hat er selbst das Recht, ein bestimmtes $\mathfrak{y}$ zu wählen, und muß nun $\mathfrak{y} \, \varepsilon \, \mathfrak{P}$ begründen. Gelingt ihm das, so hat er gewonnen, im anderen Falle der Opponent.

Die Quantoren können dialogisch definiert werden, **ohne daß wir den Sinn der Ausdrücke „für alle" und „für einige" aus der Umgangssprache schon kennen**. Er **ergibt sich ja aus der Festsetzung der Dialogregeln**, d. h. die Definition ist konstruktiv, indem sich **dann** freilich zeigt, daß etwas re-konstruiert wurde, was wir umgangssprachlich „schon immer" tun. Darin liegt ein weiterer Vorzug der dialogischen vor der klassischen Definition der Quantoren. Denn klassisch können zwar die Junktoren, wie an der Konjunktion gezeigt wurde, durch Regelsysteme definiert werden, in denen das definiendum noch nicht vorkommt. Die klassische Definition der Quantoren dagegen geht davon aus, daß wir in der Erläuterungssprache die Verwendung der Quantoren schon beherrschen.

Folgende Beispiele mögen zeigen, daß die angegebenen Dialogregeln umgangssprachliches Verhalten rekonstruieren:

Wer behauptet „einige Heidelberger Professoren sind Nobelpreisträger" („einige" im Sinne von „mindestens einer") und damit auf Zweifel bei seinem Gesprächspartner stößt, der hat an einem von ihm gewählten Heidelberger Professor nachzuweisen: „Professor N. ist Nobelpreisträger." Gelingt ihm dieser Nachweis, so hat er den Dialog gewonnen, andernfalls verloren.

Da der Gegenstandsbereich dieser Aussage (die Heidelberger Professoren) überschaubar und damit „endlich" ist, wäre freilich eine Fortsetzung des Dialogs in folgender Weise denkbar: Der Proponent gibt seinen Irrtum zu, kann aber nunmehr einen anderen Heidelberger Professor als Nobelpreisträger nachweisen. „Definitiv verloren" hätte er erst, wenn sich durch eine vollständige Nachprüfung herausgestellt hätte: „**Kein Heidelberger Professor ist Nobelpreisträger.**"

Die Quantoren 163

Ein solches Verfahren entspräche der toleranten Dialogführung um die Adjunktion. Der Proponent könnte seine Behauptung ja als Adjunktion von Elementarsätzen ausdrücken (als „Großadjunktion") unter namentlicher Anführung sämtlicher Heidelberger Professoren: $\mathfrak{h} \varepsilon \mathfrak{P} \vee \mathfrak{h}_1 \varepsilon \mathfrak{P} \vee \ldots \mathfrak{h}_n \varepsilon \mathfrak{P}$ (daher die Verwendung des vergrößerten Adjunktionszeichens $\bigvee$ als Symbol für den Einsquantor).

Man wird freilich vom Proponenten in der Regel erwarten, daß er nicht erst nach langem Herumprobieren für ein bestimmtes $\mathfrak{h}$ nachweisen kann „$\mathfrak{h} \varepsilon \mathfrak{P}$" — so viel Geduld und Toleranz pflegt man dem Opponenten nicht zuzumuten —, und im Falle eines nichtendlichen Gegenstandsbereichs bleibt gar nichts anderes übrig, als den Dialog zu Ungunsten des Proponenten für beendet zu erklären, wenn er seine Behauptung „einige x sind $\mathfrak{P}$" nicht für ein von ihm gewähltes $\mathfrak{h}$ begründen kann. Eine solche Behauptung ist definitiv begründbar, aber nicht definitiv widerlegbar. Daher die angegebene Regelung des Dialogs über Aussagen der Form $\bigvee_x x \varepsilon P$, die der dialogischen Definition der Adjunktion entspricht.

Nun ein umgangssprachlich formuliertes Beispiel für eine Allaussage, und zwar zunächst wieder eines für einen endlichen Gegenstandsbereich: „Alle Bäuerinnen von Effeltrich tragen noch Trachten" (Effeltrich ist ein fränkisches Dorf, das wegen seiner Wehrkirche und in der Tat auch wegen seiner Trachten die Aufmerksamkeit der Touristen anzieht).

Die vorhin angegebene Dialogregelung erweist sich auch hier als rekonstruktiv, sofern ja ein Opponent diese Behauptung rasch dadurch widerlegen könnte, daß er eine Effeltricher Bäuerin ausfindig macht, die keine Tracht mehr trägt. Sollte er sich freilich irren — seine Bäuerin trägt vielleicht heute keine Tracht, wohl aber sonntags —, dann könnte man den Dialog zugunsten des Proponenten für beendet erklären. Da es sich hier aber um eine endliche Großkonjunktion handelt, wäre in diesem Falle die Fortsetzung des Dialogs naheliegend, die den Proponenten zwänge, auch noch für· die letzte Bäuerin den Trachtennachweis zu führen.

Jede Allaussage kann als Großkonjunktion aufgefaßt werden — daher die Verwendung des Symbols $\bigwedge$ für den Allquantor. Wählen wir nun aber ein Beispiel für einen unbestimmt großen, also nichtendlichen Gegenstandsbereich: „alle Beutelbären wohnen auf Bäumen", so ist klar, daß hier der entsprechende vollständige Nachweis dem Proponenten nicht allein nicht zugemutet werden könnte, sondern überhaupt nicht möglich wäre. Man wird diesen

Satz vielmehr anerkennen, solange niemand Beutelbären beobachtet hat, die nicht auf Bäumen wohnen, solange der Satz also nicht widerlegt wurde, und das heißt: Solche Allsätze sind definitiv widerlegbar, aber nicht definitiv begründbar. (In der Mathematik dagegen treten Allsätze auf, die nach besonderen Verfahren, den mathematischen Beweisen, definitiv begründet werden können.)

Es liegt auf der Hand, daß die Einführung der Quantoren überflüssig wäre, hätten wir es immer nur mit endlichen Gegenstandsbereichen zu tun (freilich wäre die Verwendung der Quantoren auch dann noch vorteilhaft, weil sie die Ersetzung langer Listen von Eigennamen durch quantifizierte Prädikatoren ermöglicht). Für Sätze über unbestimmt große Bereiche aber sind die Quantoren unentbehrlich und ist die angegebene Regelung des Dialogverlaufs unvermeidlich. Denn nur sie bewirkt, daß wir „dialogdefinite" Sätze erhalten, obzwar die Allsätze nicht definitiv begründbar und die „Eins-Sätze" nicht definitiv widerlegbar sind. (Wir unterscheiden also „dialogdefinite" von „wertdefiniten" Aussagen − vgl. oben S. 158.)

Übrigens ist der Ausdruck „Eins-Sätze" − als Abkürzung für „mit dem Einsquantor gebildete Sätze" − ungebräuchlich. Es hat sich aber für diese Sätze ein Ausdruck, der ebenso geeignet und geläufig wäre wie „Allsätze", bisher nicht eingebürgert. In der traditionellen Logik unterschied man Sätze, die „universaliter de universalibus" handeln, von solchen, die „particulariter de universalibus" handeln, woraufhin die Wiedereinführung des Ausdrucks „partikulare Sätze" zu erwägen wäre.

Denn die Weiterverwendung des ebenfalls traditionellen Terminus „Existenzsätze" dürfte sich im Jahrhundert der „Existenzphilosophie" nicht mehr empfehlen, will man Äquivokationen und damit Mehrdeutigkeiten aus dem Wege gehen. Da aber nicht allein in der Tradition, sondern auch in modernen Logiklehrbüchern der Ausdruck „Existenzaussage" noch häufig begegnet, sei daran erinnert, wie es zur Verwendung des Wortes „existentia" an dieser Stelle gekommen ist: Wir sahen oben an dem Beispielsatz „$\bigvee x . x \, \varepsilon$ Mensch $\wedge\, x \, \varepsilon$ genial.", daß er durch folgende sachverhaltsgleiche symbolfreie Sätze wiedergegeben werden kann: „Einige Menschen sind genial" oder „es gibt geniale Menschen". An unserem anderen Beispielsatz demonstriert: „Unter den Heidelberger Professoren gibt es Nobelpreisträger." Dem deutschen umgangssprachlichen „es gibt" entspricht im Französischen „il y a", und hier kann man besser als im Deutschen sehen: „il y a" ist zuweilen ersetzbar durch „il existe". Aber auch im Deutschen könnte man allenfalls sagen: „In Heidelberg existieren Professoren, die den Nobelpreis erhalten haben" oder — dieses Beispiel haben wir früher herangezogen—: „Die Existenz von Marskanälen konnte nicht nachgewiesen werden".

Diese umgangssprachliche Redeweise entstammt einer Überlieferung, die wir z. B. an DESCARTES studieren können. Descartes handelt in seiner VI. Meditation „de rerum materialium existentia", nachdem er die V. Meditation „de essentia rerum materialium" überschrieben hatte (die übliche Übersetzung: „über das Wesen der materiellen Dinge"). Dieses traditionelle Begriffspaar können wir so verstehen: Man kann durch eine Definition das „Wesen" gewisser Gegenstände angeben, Gegenstände mit gewissen Eigenschaften zunächst einmal fingieren, und kann dann fragen, ob es solche Gegenstände „wirklich gibt", ob sie „existieren". So eben hat man ja nach „Marskanälen" gefragt, oder man glaubte, die Eigenschaften von Nymphen zu kennen, deren Nichtexistenz man später annahm. Descartes beschreibt die „Essenz" der „materiellen Dinge" und geht dann erst dazu über, ihre „Existenz" nachzuweisen. Von Gott dagegen behauptet er, der Tradition des ontologischen Gottesbeweises folgend, daß an ihm Essenz und Existenz nicht voneinander getrennt werden können.

Während in Descartes' Meditationen die Essenz der materiellen Dinge ihrer Existenz „vorausgeht", sagt SARTRE, in antithetischer Anknüpfung an die Philosophie des 17. Jahrhunderts, hinsichtlich des Menschen gelte umgekehrt, daß seine Existenz seiner Essenz vorausgeht[1]. Der Mensch „existiert", in sein Dasein „geworfen", bevor er sich selbst verstehen, nach seinem „Wesen" fragen kann — aber diese Umkehrung setzt bereits jene Existenzphilosophie voraus, die das Wort „Existenz" auf früher unbekannte Weise verwendet.

Wir brechen diesen Exkurs zur Geschichte des Wortes „Existenz" hier ab und kehren noch einmal kurz zur Logik der partikularen Aussagen zurück: Sehr häufig treten sie in Kombination mit Allaussagen auf, z. B. „jedes Ereignis hat eine Ursache" oder „alle Beutelbären wohnen auf Bäumen", symbolisch geschrieben: $\bigwedge_x \bigvee_y x, y \varepsilon R$ (R sei hier Variable für Relatoren). Der formal ähnliche Satz „jeder Mensch hat einen Vater" würde freilich die

---

[1] J.-P. SARTRE, L'existentialisme est un humanisme (1946), S. 17 ff.

Einschränkung erfordern, daß es sich hier nicht um mindestens einen, sondern um genau einen Vater handelt, was in symbolischer Schreibweise einige Zusätze erfordert, auf die hier nicht eingegangen werden soll.

Wir sahen oben: Stellt sich durch vollständige Nachprüfung definitiv die Falschheit des Satzes heraus, daß es in Heidelberg Nobelpreisprofessoren gibt, dann sagen wir umgangssprachlich: „Kein Heidelberger Professor ist Nobelpreisträger." Mit einem besonderen Quantorensymbol geschrieben: Y_x . $x \varepsilon$ Heidelberger Professor $\wedge$ $x \varepsilon$ Nobelpreisträger. (verkleinert begegnete uns dieses Symbol bereits als Zeichen für den Junktor „weder-noch"). Dieser Satz ist logisch äquivalent mit der Negation des Satzes „einige Heidelberger Professoren sind Nobelpreisträger".

Es ist nützlich, sich hinsichtlich der umgangssprachlichen Formulierung von partikularen Aussagen noch folgendes klar zu machen: Sie erfolgt auch durch Ausdrücke wie „jemand", „etwas", und deren Negation lautet bekanntlich „niemand", „nichts" („niemand ist unersetzlich", „nichts ist so langweilig wie ... "). Diese logische Überlegung hinsichtlich des Wortes „nichts" dürfte insbesondere angesichts der metaphysischen Spekulationen angebracht sein, zu denen das Wort jahrtausendelang verleitet hat (Platonismus, Augustinische Theologie — Gott hat die Welt „aus dem Nichts" geschaffen —, HEIDEGGER u. a.). Sprachlich ist es möglich, dem Wort „nichts" den bestimmten Artikel voranzustellen, so daß es sich nun anhört wie ein Eigenname, der einen Gegenstand benennt (ähnlich schon im Griechischen: τὸ μὴ ὄν). Jedoch ein Quantor benennt nicht, die logischen Partikeln stellen eine von den Eigennamen und auch von den Prädikatoren durchaus verschiedene Wortart dar.

Die quantifizierenden Ausdrücke der Umgangssprache weisen also eine Vielfalt auf, von der in der logischen Rekonstruktion abgesehen wird. Durch die logische Normierung geht die Unterscheidung von „einige", „manche", „mehrere", „viele", die umgangssprachlich durchaus belangreich sein kann, verloren. Es ist z. B. logisch korrekt zu schreiben $\bigvee_x$. $x \varepsilon$ Mensch $\wedge$ $x \varepsilon$ Chinese., was zu lesen ist: „einige Menschen sind Chinesen", obwohl es wahrlich „viele" Chinesen gibt. In ähnlicher Weise würden in einer normierten Aussage über „alle Menschen" Unterschiede unberücksichtigt bleiben, die umgangssprachlich die Verwendung von Ausdrücken wie „alle Menschen", „jeder Mensch", „der Mensch", „die Menschen" veranlassen mögen. Umgangssprachlich können wir sogar

Sätze bilden, die logisch als Allsätze zu gelten haben, obwohl sie einen offenkundig quantifizierenden Ausdruck gar nicht enthalten. Um z. B. mitzuteilen, daß alle Plätze eines Theaters vermietet sind, sagen wir: „das Haus ist ausverkauft".

§ 4. *Empirische generelle Sätze*

Einige Bemerkungen über quantifizierende Aussagen in den Wissenschaften mögen dieses Kapitel ergänzen, das durch ähnliche Bemerkungen eröffnet wurde.

Neuerdings hat man darauf zu achten gelernt, daß die Geschichtswissenschaft keineswegs nur „de singularibus" spricht, in Sätzen also, deren grammatisches Subjekt ein Eigenname oder eine Kennzeichnung ist, daß sie vielmehr auch generelle Aussagen macht, über „die antike Polis" etwa, über „die neuzeitlichen Revolutionen", über „das italienische Madrigal des 16. Jahrhunderts", über „die griechische Kolonisation" und so fort. Stellt der Historiker fest, daß es gleichartige Gegenstände „gegeben" hat, so gelangt er zunächst zu partikularen Aussagen wie: „Es hat schon im Mittelalter zahlreiche kirchliche Reformbewegungen gegeben." Oder aber er sagt generell: „Die griechischen Koloniegründungen entstanden aus dem Mangel an agrarisch nutzbarem Boden im Mutterland."

Die Griechen haben an den Küsten des Mittelmeeres und des Schwarzen Meeres Kolonien gegründet — wir geben also den begrenzten, keineswegs unendlichen Raum an, in dem „alle griechischen Koloniegründungen" stattgefunden haben, und zwar mit Hilfe von Eigennamen. Auch von Eigennamen abgeleitete Prädikatoren pflegen in historischen Allsätzen aufzutreten („griechisch", „christlich", „mittelalterlich"). Ferner geben wir den begrenzten Zeitraum an, in dem alle griechischen Kolonien gegründet wurden: Mitte des 8. bis Mitte des 6. Jahrhunderts.

Historische Allsätze unterscheiden sich also dadurch von empirischen Allsätzen z. B. der Physik, daß sie sich auf zeitlich und räumlich begrenzte Gegenstandsbereiche beziehen und niemals auf nichtendliche Bereiche, die nach der Zukunft hin offen sind. Gleichwohl beziehen sie sich zuweilen auf unbestimmt große Bereiche (eine wissenschaftstheoretische Partikularaussage!), dann nämlich, wenn in Zukunft noch Neuentdeckungen zu erwarten sind. Man hat z. B. Allsätze über keltische Siedlungen aufgestellt, die durch neue Grabungen falsifiziert werden, und sagt dann, man habe sich von „der keltischen Siedlung" bisher „ein falsches Bild gemacht".

Die einst berühmte Unterscheidung von WINDELBANDS Straßburger Rektoratsrede (1894), nach der die Geschichtswissenschaft „idiographisch", die Naturwissenschaft dagegen „nomothetisch" verfahre, hat sich als Konjunktion von zwei falschen Allsätzen erwiesen. Denn nicht allein gilt, daß „nicht alle historischen Sätze idiographisch sind" (de singularibus handeln), sondern es gilt auch, daß „nicht alle naturwissenschaftlichen Sätze generell sind", wie an singularen Aussagen der Astronomie oder Geologie leicht zu zeigen ist. Fernerhin gibt es generelle naturwissenschaftliche Sätze über räumlich und zeitlich begrenzte Gegenstandsbereiche, z. B. in der Paläontologie. Besondere, der Historie unbekannte Schwierigkeiten ergeben sich in den Naturwissenschaften aber hinsichtlich der Widerlegung partikularer und der Begründung genereller Sätze über Gegenstandsbereiche, die nach der Zukunft hin offen sind.

Freilich sind diese Schwierigkeiten unerheblich hinsichtlich der partikularen Aussagen. Denn diese können ja definitiv begründet werden (so wird z. B. eine bisher unbekannte Tierart durch vorgefundene Exemplare nachgewiesen). Die seit langem erörterte Crux ist diejenige der zeitunabhängigen generellen naturwissenschaftlichen Sätze, die doch auch immer nur „bis auf weiteres" gelten, als Hypothesen also, auf deren eines Tages notwendige Abänderung man gefaßt sein muß.

Die Frage, wie man „Naturgesetze" begründen kann, obwohl eine logische Ableitung genereller Sätze über nichtendliche Gegenstandsbereiche aus endlich vielen Beobachtungssätzen unmöglich ist, wird seit langem unter dem Titel „Induktionsproblem" diskutiert — doch diese der Wissenschaftstheorie zugehörige Diskussion soll und kann thematisch hier nicht erörtert werden. Nur auf folgendes sei noch hingewiesen:

Wir haben uns mit der interpersonalen Verifizierung von Elementarsätzen wie „London ist eine Stadt" befaßt und, in diesem Falle der Tradition folgend, solche Sätze „empirisch wahr" genannt. Ferner haben wir gesehen, wie man mittels der dialogischen Einführung der logischen Partikeln zu interpersonal nachprüfbaren komplizierteren, aber gleichfalls empirisch wahren Sätzen gelangt. Schwierigkeiten auf diesem Wege ergaben sich dadurch, daß wir es nun mit nichtendlichen Gegenstandsbereichen zu tun hatten. Wir waren jedoch auf diese Schwierigkeiten nicht gänzlich unvorbereitet, da wir ja von Anfang an zwar nicht „allgemeine Sätze", wohl aber „allgemeine Prädikatoren", die traditionell sogenannten „Universalien", verwendet haben. Die Verwendbarkeit von Wörtern wie

„Fagott", „Stadt", „Baum", „Atom" schließt ja gerade ein, daß man diese Wörter ohne Begrenzung „immer wieder" verwenden kann. Wie wir „immer schon" sprechen, so werden wir auch „immer wieder" sprechen. Anders gesagt: Solche Prädikatoren erschließen unsere Welt, indem sie auch **künftig** begegnende Gegenstände als uns schon bekannt und vertraut erscheinen lassen werden. Jedoch nicht allein durch unsere Prädikatoren haben wir uns „schon immer" auf eine Welt offener Gegenstandsbereiche eingerichtet, sondern auch durch unsere „Erfahrungen" — hier nun das Wort „Erfahrung" im umgangssprachlichen Sinne genommen. Ein Kind lernt die Welt mittels Prädikatoren kennen, indem es zugleich lernt, was es von wiederkehrenden Dingen zu erwarten hat und welche Wirkungen insbesondere seine Handlungen haben werden (z. B. was ist ein „Ball", wie verhält er sich, wie muß ich mich beim Ballspiel verhalten). Oder als Autofahrer mache ich die für mein Weiterleben wichtige Erfahrung, daß mein Wagen auf nassem Kopfsteinpflaster ins Schleudern kommt. Gar nicht auf Grund „endlich vieler", sondern bereits auf Grund eines einzigen Ereignisses dieser Art erwarte ich künftige Ereignisse, die ich in diesem Falle durch geeignetes Verhalten zu vermeiden trachte. Ja, ich werde generell sagen: „jeder Wagen gerät auf nassem Kopfsteinpflaster leicht ins Schleudern", und werde diesen Erfahrungssatz vielleicht als Rat zur Vorsicht an andere Autofahrer weitergeben.

Unser alltägliches, vorwissenschaftliches Verhalten wird also von zahllosen Erfahrungen bestimmt, die mit „zunehmender Lebenserfahrung" oder mit zunehmender Berufserfahrung anwachsen, die sich in generellen Sätzen explizit ausdrücken lassen und denen implizit das traditionell so genannte „Kausalprinzip" zugrundeliegt: „Gleiche Ursachen haben gleiche Wirkungen." Und wie sich die Erschließung unserer Welt durch Prädikatoren in den Wissenschaften fortsetzt, so wird auch unser vorwissenschaftliches Erfahrungswissen durch die Wissenschaft erweitert und präzisiert. Obwohl der Terminus „empirisch" von extremen Empiristen in einer Weise verwendet wurde, die Voraussagen für die Zukunft zugunsten bloßer singularer Aussagen über vergangene Ereignisse ausschließt, läuft die Naturwissenschaft als Erfahrungswissenschaft schließlich doch auf den Ausbau unserer „Erfahrung" im umgangssprachlichen Sinne hinaus.

Indessen sind nicht alle generellen Sätze, die jeder wird gelten lassen, empirische Sätze. Wie verhält es sich z. B. mit dem Satz: „Alle Termini sind Prädikatoren oder Abstraktoren"? Die Wahrheit dieses allgemeinen Satzes **folgt logisch** aus den Prädikatorenregeln, die wir explizit eingeführt haben, so daß der Satz empirisch nicht widerlegt werden kann, so wenig wie der Satz „alle Hasen sind Tiere" — doch damit betreten wir ein neues Feld, mit dem sich das letzte Kapitel befassen soll. Hier nur noch eine Bemerkung über den schon oft gebrauchten Ausdruck „nichtendlich." Ist er etwa synonym mit „unendlich"?

Wir sprechen von einem nichtendlichen Bereich von Gegenständen immer dann, wenn wir von jeder vorliegenden (endlichen) Menge von Gegenständen sagen müssen: „es sind noch nicht alle". In einem solchen Falle befinden wir uns in der Lage dessen, der zählt und immer noch weiter zählen kann. Er mag eine noch so große Ziffer gebildet haben, zu dieser Ziffer könnte er die nächst größere (ihren „Nachfolger") bilden. Nicht zufällig ist daher die Problematik des „Unendlichen" in der Arithmetik oder doch in ihrem Umkreis historisch aufgekommen und dort durch die Jahrhunderte diskutiert worden. Auch in die Theologie ist der Begriff des Unendlichen (als Prädikator für Gott) von hier aus eingedrungen. AUGUSTIN nennt es „abgründige Unfrömmigkeit" zu bezweifeln, daß Gottes Wissen (scientia) die „infinitas numerorum" umfasse, die damit freilich auf „unaussprechliche Weise" für Gott endlich sei (De civitate Dei XII, 19). Seit dem im Jahre 1600 verbrannten Giordano BRUNO geht die Neuzeit dann dazu über, auch die Welt nach Raum und Zeit unendlich zu nennen.

Die mißverstandene Pflicht der Ehrfurcht vor Gott als dem Allmächtigen und Allwissenden hat also dazu geführt, den Prädikator „unendlich" im Sinne des so genannten „aktual Unendlichen" zu gebrauchen, als sei es sinnvoll, sich einen höheren Verstand zu denken, dem Unendlichkeit in actu gegenwärtig ist. Hier jedenfalls interessiert uns „das Unendliche" lediglich im Sinne jener menschlichen Möglichkeit, zu jeder Zahl eine größere zu bilden und so auch die Zahl von Gegenständen in gewissen Fällen noch zu vergrößern. Wir gebrauchen also „unendlich" als synonym mit „nichtendlich", um nicht sagen zu müssen, daß wir „Unaussprechliches aussprechen".

Und nun noch einmal eine Bemerkung zur traditionellen **Ontologie**: Da wir jetzt über mehr sprachliche Mittel verfügen als im Paragraphen 5 des I. Kapitels, wo von dem Hilfswort „Gegenstand" die Rede war und wo zuerst die Frage angerührt wurde, was wir von der Ontologie unserer philosophischen Tradition zu halten haben, können wir zu dieser Frage nunmehr sagen: Bei

ARISTOTELES, dem Begründer der Wissenschaft vom Seienden als Seienden, macht diese Wissenschaft folgende generelle Aussage: Alles Seiende ist entweder beständig und selbständig (dann ist es göttlich und Gegenstand der Theologik) oder selbständig und unbeständig (Lebewesen und andere Gegenstände der Physik) oder beständig und unselbständig (Gegenstände der Mathematik)[1]. Andere Beispiele solcher generellen Aussagen: Alles Seiende ist entweder unsichtbar oder sichtbar, und das größte Unsichtbare ist Gott, das größte Sichtbare die Welt (AUGUSTIN)[2]. Oder: Alles Seiende ist physisch oder organisch oder seelisch oder geistig (Nicolai HARTMANN). Wollen wir solche Aussagen vernünftig interpretieren, so werden wir „alles Seiende" mit „alle Gegenstände" übersetzen müssen und erhalten dann Aussagen der Form: $\bigwedge_x . x \varepsilon P_1 \vee x \varepsilon P_2 \vee x \varepsilon P_3 \ldots \vee x \varepsilon P_n$.. Derartige Aussagen teilen mit, daß mit den Prädikatoren P_1 bis P_n eine erschöpfende Einteilung der Welt geleistet sei, was schon allein im Hinblick auf künftige Gegenstände unmöglich ist.

Wenn wir unsererseits im Zusammenhang der Frage nach der sprachlichen Erschließung der Welt zum Beispiel die Lebewesen, die Geräte, die Handlungen hervorgehoben haben, so ist das nicht im Sinne einer anzustrebenden vollständigen Aufzählung aller „Arten des Seienden" (oder „Schichten des Seienden") geschehen, sondern lediglich im Sinne partikularer Sätze: $\bigvee_x . x \varepsilon$ Lebewesen., neben denen immer offenbleibt, was „es sonst noch alles gibt". Eine universale Ontologie dürfte den „Anmaßungen der Vernunft" zugehören, gegen die sich mit Recht die Kritik KANTS gewendet hat.

---

[1] Met. E 1, 1025b — 1026a. Vgl. W. KAMLAH, Aristoteles' Wissenschaft vom Seienden als Seienden und die gegenwärtige Ontologie, in: Arch. f. Geschichte der Philosophie 49 (1967), S. 269ff.

[2] De civitate Dei XI, 4: „Visibilium omnium maximus mundus est, invisibilium omnium maximus Deus est." „Augustin versteht esse immer als praeesse, als gegenwärtig sein. Dieses praeesse deutet er als praesto esse im Sinne von prae sensibus esse, vor den Sinnen sein. Da aber unter den menschlichen Sinnen das Auge den Vorrang hat, ist Sein als praeesse immer schon prae oculis esse, vor Augen sein... Die visibilia sind das sinnlich Anschaubare, während die invisibilia nun nicht etwa das Unsichtbare im Sinne des nicht Feststellbaren darstellen, sondern vielmehr das unsinnlich Anschaubare, was nicht von den körperlichen Sinnen, sondern allein vom ‚Geiste' (mens) gesehen wird. Das Sehvermögen des Geistes ist die ‚Einsicht', die Vernunft... als intellectus oder intellegentia, woraufhin die invisibilia auch intelligibilia heißen" (W. KAMLAH, Christentum und Geschichtlichkeit (1951), S. 218f). Vgl. ferner Augustin, De civitate Dei VIII, 6: „Sensibilia dicimus, quae visu tactuque corporis sentiri queunt; intellegibilia, quae conspectu mentis intellegi."

§ 5. *Hinweis auf das „Universalienproblem"*

Wir kommen nun auf die Aufgabe zurück, von der am Ende des Paragraphen über die „Abstraktoren" die Rede war, und überlegen noch, wie eine kritische Interpretation der traditionellen Lehre von den „Universalien", insbesondere der Platonischen Ideenlehre, anzusetzen ist.

Indem wir uns mit generellen Sätzen über nichtendliche Gegenstandsbereiche befaßt haben, ist uns nachträglich klar geworden — klarer als zu Anfang —, daß auch Prädikatoren wie „Stadt", „Baum", „Atom" als „generell" bezeichnet werden können (die Tradition sagte: als „universalia"): Im Unterschied von den Eigennamen verwenden wir sie für viele Gegenstände, aber wiederum nicht für eine überschaubare Menge vieler Gegenstände, sondern für „beliebig viele" hier und dort, gestern, heute und morgen. Wir verwenden sie „immer wieder", indem wir die sprachlichen Zeigehandlungsschemata, die solche Wörter ja sind, in sprachlichen Handlungen aktualisieren. Da uns solche Schemata zur Verfügung stehen, sind wir aber nicht allein in der Lage, jeweils vorkommende, uns aktuell begegnende Dinge als uns schon bekannte **wiederzuerkennen** und gegebenenfalls von ihnen zu sprechen, sondern darüber hinaus in der Lage, abwesende, vergangene, künftige Dinge, Vorgänge, Handlungen, Widerfahrnisse uns und anderen zu **vergegenwärtigen** im Erzählen, Beraten, Planen, insbesondere stets befaßt mit unseren Befürchtungen, Erwartungen, Hoffnungen, mit unserer „Sorge", wie Martin HEIDEGGER in „Sein und Zeit" mit Recht gesagt hat.

In diesem Buch haben wir das Verhältnis von „universale" und „singulare" (Einzelding) schon mehrfach bedacht, so daß wir in einem „Hinweis auf das Universalienproblem" zunächst auf unsere eigenen Bemühungen zurückblicken können[1]. Da wäre zunächst wieder an folgendes zu erinnern: Wenn ich einen Gegenstand mit dem Eigennamen „Goethe" benenne, so tue ich das, indem ich zugleich weiß, daß ich von einem „Menschen" und ferner von einem „Dichter" spreche. Gilt daraufhin der generelle Satz: alles Einzelne, das wir durch Eigennamen benennen, fällt auch unter uns schon bekannte Prädikatoren? Ein Gegenbeispiel, das diesen Satz widerlegt, scheint schwer zu finden zu sein. Dagegen sind leicht Beispiele

---

[1] Zur gründlicheren Information sei verwiesen auf: J. KLEIN, Art. „Universalienstreit im MA", in: RGG 3. Aufl. VI, Sp. 1151 ff. — W. STEGMÜLLER, Das Universalienproblem einst und jetzt, in: Arch. f. Philos. 6 (1956), S. 192 ff. und 7 (1957), S. 45 ff.

auffindbar, die den Satz bestätigen: Wir benennen mit Eigennamen
z. B. Menschen, Tiere, Berge, Inseln, Städte „und so fort", d. h.
wir könnten leicht noch mehr Belege dafür anführen, daß wir für
Gegenstände, die wir benennen, auch Prädikatoren zur Hand
haben.

Freilich, der Gebrauch des Eigennamens „Gott" im Sinne des
christlichen Glaubens dürfte ausschließen, daß hier von einem
Gegenstand geredet wird, für den auch noch ein Prädikator bereit
steht („Gott", als Prädikator gebraucht, bedeutet Polytheismus).
Jener generelle Satz wäre jedenfalls ein **empirischer** Satz, der
nicht **logisch** folgt aus den terminologischen Normierungen der
Logik selbst.

Vollends unhaltbar aber wäre der folgende empirische generelle
Satz: Für alles Einzelne, das uns begegnet, haben wir Prädikatoren,
die wir ihm zusprechen können. Zunächst ist die Menge der Einzeldinge, die uns durch Prädikatoren greifbar sind, freilich bei weitem
größer als die Menge der Dinge, die wir tatsächlich mit Eigennamen
benennen (daß wir alles Einzelne benennen **könnten**, war ja nur
eine Erwägung, die wir anfangs im Zuge der Einführung des Prädikators „Eigenname" angestellt haben). Jedoch können uns nicht
allein gänzlich unbekannte und unvertraute Dinge begegnen, für
die wir **bisher** noch keine Prädikatoren haben — das ist den Menschen im Verlauf ihrer Geschichte fort und fort geschehen, zumal
seit sie auf wissenschaftliche Entdeckungen ausgingen. Sondern
wir können auch jederzeit Einzelnes aus dem Ablauf eines Gesche-
hens oder aus einem räumlichen Bereich heraustrennen, wofür wir
in keiner Weise einen „Namen" haben: Was heute zwischen neun
und elf Uhr vormittags in meinem Hause „geschehen" ist, das ist
durch diese zeitliche und räumliche Ausgrenzung noch kein „Geschehnis", kein „Ereignis" — wenngleich ein „Geschehnis" wie zum
Beispiel „die Sitzung des Betriebsrats" oder „dieses Gewitter"
immer nach Ort und Zeit bestimmbare Grenzen haben wird. Oder
wir denken uns ein beliebig herausgeschnittenes Gebiet des Meeres
oder einer Landschaft im Unterschied zu einer „Bucht" oder einem
„Tal". Die Umgangssprache zeigt sich diesem Sachverhalt (daß wir
nicht für jedes Einzelne Prädikatoren haben) weitgehend dadurch
gewachsen, daß wir z. B. angesichts unseres Gartens sagen können:
„das ‚Stück', das ich heute morgen umgegraben habe", d. h. wir
bilden für Einzelnes, für das wir weder Eigennamen noch Prädikatoren haben, Kennzeichnungen unter Verwendung sehr unbestimm-
ter Prädikatoren wie „Stück", „Gebiet", „Zeit", „Geräusch": „in

der Bamberger Gegend", "in der Zeit zwischen Fastnacht und Ostern", "das Geräusch, das soeben zu hören war", "der Blick aus dem Westfenster des Rathausturms".

Was ein solcher Blick aus einem bestimmten Fenster zu einer bestimmten Zeit ausgrenzt und zusammenfaßt, ist freilich kein willkürlicher Weltausschnitt mehr, sondern kann für denjenigen, der ihn „hat", sehr bedeutsam sein. Wollte er ihn als Ganzes nicht allein durch einen Prädikator erfassen, sondern durch eine Folge von Prädikationen „in allen Einzelheiten" beschreiben, so käme er an kein Ende: individuum est ineffabile. Das Gleiche gilt für jede Situation, die wir erleben und die, auch wenn wir sie mit anderen teilen, als Ganzheit von Einzelheiten stets einmalig und unwiederholbar ist („dieser Septembermorgen in Salzburg"); es gilt für jedes geschichtliche Ereignis — daß die Wiederkehr des Gleichen auch die Geschichte durchweg beherrsche, war ein Irrtum einiger antiker Denker. Insbesondere die ganzheitliche Individualität von Menschen ist durch keine Beschreibung von Einzelheiten ausschöpfbar, ja sie ist so „ineffabilis", daß wir von niemandem, auch von dem uns vertrautesten Menschen nicht, sagen könnten, wir wüßten nunmehr, „wie er ist", er sei uns ganz und gar bekannt. Vielmehr ist unser Reden ein ebenso gelingendes wie stets vergebliches Bemühen, kraft wiederholbarer Zeichen das Einmalige und Unwiederholbare zu bewältigen.

Jedoch erkenne ich den anderen Menschen wieder, da gerade seine individuellen Eigenschaften, z. B. seine Gesichtszüge, seine Verhaltensweisen einen gewissen Bestand aufweisen, und die ihm eigentümliche Art zu sprechen (seine „Stimme") behält er sogar sein Leben lang bei. Man kann also die Individualität eines Menschen als die zwar durch Universalien unerschöpfbare und dennoch bestandhafte Gesamtheit seiner Eigenschaften trotz allem wiedererkennen und von dem einmaligen und neuen Verhalten unterscheiden, mit dem uns auch der vertrauteste Mensch zuweilen überrascht oder befremdet. Dagegen die Situationen, in denen wir uns jeweils befinden, die „Schicksale", die uns widerfahren, setzen der sprachlichen Bewältigung unüberwindliche Schwierigkeiten entgegen. Wer zum Beispiel eine Krankheit erleidet, dem ist dieses Einzelne nicht schon dadurch hinreichend bekannt, daß er den medizinischen Prädikator weiß, der dieser Krankheit zukommt und der dem behandelnden Arzt genügen mag. Wir können die Welt samt ihrer Geschichte als „unsere Welt" kraft der Sprache mit anderen teilen, und zugleich ist doch jeder Einzelne, von der Einmaligkeit seines Schicksals betroffen und bedrängt, in seine Einsamkeit eingeschlossen, als lebe er in einer Welt, die nur seine ist derart, daß er seinem Sterben als dem Untergang der Welt entgegengeht. Vernünftiges Reden, zum philosophischen Reden und Denken erhoben, ist nicht zuletzt der Versuch, gerade in dieser Einsamkeit die Gemeinsamkeit zu erkennen, die uns trotz allem miteinander verbindet und gegeneinander verpflichtet.

Der generelle Satz also: „alles Einzelne, das uns begegnet, können wir durch Prädikatoren sprachlich erfassen", läßt sich nicht verteidigen. Wer ihn behaupten wollte, könnte auf den ersten Blick als ein „Realist" erscheinen, nämlich als ein Anhänger der traditionellen Formel „universalia ante res". Er sagt ja: „Wir haben ‚schon immer' Prädikatoren, mit deren Hilfe wir das jeweils begegnende Einzelne begreifen." Da wir aber bisher als „Universalien" nur Wörter in Betracht gezogen haben, wäre der Verfechter dieser These im Sinne der alten Parteiung dennoch ein „Nominalist". Was die Scholastiker im Sinn hatten, wenn sie nicht nur die „nomina" als Universalien in Betracht zogen, können wir im Rückblick auf unsere bisherigen eigenen Überlegungen am ehesten verstehen, wenn wir jetzt auf das Verhältnis von Handlungsschema und aktueller Handlung zurückkommen.

Ein Wort wie „tanzen" ist ein Handlungsschema, und es ist ein „universale", sofern ich es in der Rede immer wieder verwenden, immer wieder aktualisieren kann. Ich kann das aber, indem zugleich immer wieder getanzt wird, indem ich auch selbst immer wieder tanzen und im Tanzen selbst Handlungsschemata aktualisieren kann. Hier stoßen also gleichsam zwei Universalien zusammen, zweierlei Handlungsschemata, und diese Verbindung ist es, die unser Reden von Handlungen und damit unser Planen und damit überhaupt menschliches Handeln möglich macht.

Wir dürfen somit — allein auf Grund unserer sprachlichen Normierungen — folgende generellen Sätze formulieren: 1. Alle aktuellen Handlungen sind Aktualisierungen von Handlungsschemata. 2. Alles Reden ist Aktualisierung sprachlicher Handlungsschemata. 3. Prädikatoren für Handlungen sind sprachliche Handlungsschemata, mittels derer wir über andere Handlungen und Handlungsschemata, sprachliche und nichtsprachliche, reden.

Hier drängt sich nun die Frage auf: Können wir von Handlungsschemata nicht weitergehen zu „Dingschemata" und damit vielleicht rekonstruieren, was PLATON im Sinn hatte, wenn er von „Ideen" sprach, und was jene scholastischen „Realisten" im

Sinn hatten, die in der Nachfolge Platons von „universalia" sprachen?

Wir haben früher schon Herstellungsschemata als Sonderfälle von Handlungsschemata berücksichtigt: Aktualisiere ich das Schema eines „Buchstabens", indem ich ihn „hinschreibe", so stelle ich eben damit etwas her, ein bestandhaftes Ding, in diesem Sonderfall eine Marke. Entsprechendes gilt für jede normierte Herstellung von Gebilden, von Krügen, Balken, Ornamenten, Geräten aller Art, bis hin zu der extremen Normierung moderner industrieller Produktion.

Ein ausgezeichneter Fall normierter Herstellung von Gebilden ist die Herstellung geometrischer Gebilde wie Kreis, Quadrat, Kugel, indem hier die aktuelle Zeichnung oder Formung hinter einem „idealen" Herstellungsschema stets mehr oder weniger zurückbleibt — was aber auch schon der Töpfer erfährt, der sich mit Formung und ornamentaler Ausschmückung nach idealen „Vorbildern" richtet.

Solche Vorbilder, Urbilder, sind Platons Ideen. Platon versteht den aktuell im Sande gezeichneten Kreis als mehr oder weniger gelungene „Nachahmung" des „Kreises selbst". Von diesem Modell weitergehend sieht er in jeder aktuellen gerechten Handlung ein Abbild des „Gerechten selbst". Ja, schon im „Menon" ist unverkennbar, daß er die aktuell begegnende einzelne Biene als die Aktualisierung eines Schemas versteht, das er die Usia oder das Eidos nennt (Men. 72a—c).

Wohlgemerkt: Dieses „universale" ideale Schema, das Platon hier in die Geschichte des europäischen Denkens einführt, ist nicht identisch mit dem „Begriff", auf den wir kommen, wenn wir von Prädikatoren sprechen und dabei von der Verschiedenheit ihrer Lautgestalt abstrahieren. Auf das „Eidos" kommen wir vielmehr, wenn wir von Handlungen sprechen, darüber hinaus allgemein von aktuell begegnenden Dingen, wenn wir dabei von der aktuellen Verschiedenheit dieser Dinge selbst abstrahieren und ihr Schema als ideale Norm vor Augen haben. Die universalia sind „vor den Dingen", d. h. die konkreten Dinge sind Aktualisierungen ihrer abstrakten Schemata, die der „Realist" aber als „res" versteht. Sagt man hingegen von den universalia, sie seien „nach den Dingen", dann ist man „Nominalist" und spricht von den Wörtern oder den Begriffen.

Was wir hier unternehmen, ist die Interpretation einer geschichtlich sehr folgenreichen Lehre, und zwar interpretieren wir, indem wir rekonstruieren, diesmal nicht Wörter oder Regeln der Umgangssprache, sondern Gedanken von Philosophen. Mit dieser Rekonstruktion wollen wir aber keineswegs die Platonische Ideenlehre für unser vernünftiges Reden unkritisch restaurieren. Wir kritisieren die Lehre, dergemäß die Ideen als eine höhere Art von Dingen, als das „wahrhaft Seiende" galten[1].

Indessen dürfen wir nicht verkennen, daß die Lehre von den „Grundgestalten" (wie wir „Ideen" jetzt einmal übersetzen wollen) gar nicht so weit hergeholt ist, wie die nominalistische Popularphilosophie zu versichern pflegt. Unsere Rekonstruktion betrifft vielmehr auch unsere eigene Umgangssprache, und dieser Zusammenhang läßt sich wieder leicht ablesen an jener Stelle des Dialogs „Menon", an der PLATON freilich auf die Arete hinauswill, indem er aber an der Biene demonstriert, worauf er hinauswill. Er sagt nämlich: Die einzelnen Bienen unterscheiden sich voneinander hinsichtlich Schönheit, Größe „und dergleichen", nicht aber, „sofern sie Bienen sind, ᾗ μέλιτται εἰσίν" (Men. 72b). Anders ausgedrückt: Wir können von den einzelnen Bienen und ihren zufälligen individuellen Eigenschaften sprechen, wir können aber auch von diesen Eigenschaften absehen und von „der Biene als solcher" sprechen (dieses Wörtchen ᾗ verwendet dann auch ARISTOTELES in seiner Formel „das Seiende als Seiendes"). Und nun knüpfen wir wieder an ein früher verwendetes Beispiel an: Wir sprechen von einem Tango als aktueller Handlung, wenn wir sagen „dieser Tango ist linkisch geraten". Wir sprechen aber abstrahierend vom „Tango als solchem", wenn wir sagen „der Tango ist schwer" — ein empirischer Satz — oder wenn wir sagen „der Tango ist ein Tanz" — eine Prädikatorenregel. Ähnlich sagen wir „dieser Beutelbär ist krank" oder aber, im Blick auf den Beutelbären als solchen, „der Beutelbär wohnt auf Bäumen" — ein empirischer Satz —, „der Beutelbär ist ein Lebewesen" — eine Prädikatorenregel. Weitere Beispiele für umgangssprachliche Sätze, die nicht ein Einzelding, sondern seine abstrakte „Grundgestalt" zum Gegenstand haben: „Das Früh-

---

[1] Eine Hauptrolle spielte schon im archaischen Denken der Griechen, mit ARISTOTELES zu reden, die Frage nach den „Ursprüngen und Ursachen des Seienden". PLATON scheint eine Zeit lang (z. B. im „Phaidon") die Ansicht vertreten zu haben, die Ideen als „Urbilder" seien selbst die Ursachen, denen die uns umgebenden Dinge als bloße „Abbilder" ihr Sein verdanken. Später hingegen (andeutend im „Sophistes", ausführlicher im „Timaios") erzählt er den Mythos von einem Weltbildner, dem „Demiurgen", der die Dinge um uns herstellt, indem er auf ein Urbild als Vorbild hinblickt. Hält man sich, wie hier vorgeschlagen, an eine Rekonstruktion der Platonischen Lehre, die vom Handlungsschema über das Herstellungsschema zum Dingschema übergeht, so ist die Möglichkeit solcher Abwandlungen bereits vorgezeichnet.

stück findet zwischen 8 und 11 Uhr statt" (eine Hausregel, die nur die Form einer Aussage hat), „der Starfighter hat sich als ein gefährliches Spielzeug erwiesen", „der F 8 Rheinblitz verkehrt täglich zwischen Dortmund und Basel" — man wird einem Bahnbeamten einen solchen Satz ja nicht verbieten, weil Bahnbeamte nicht Platoniker sein dürfen. Als strenger Nominalist dürfte der Beamte freilich nur Sätze wie diesen aussprechen: „der F 8 Rheinblitz hat heute zwölf Minuten Verspätung" — ein singularer Satz über ein Einzelding.

Der Satz über „den Beutelbären" zeigt, daß wir nicht nur umgangssprachlich, sondern auch in Wissenschaften geläufig diese Abstraktion ausführen, mit der wir über Einzelnes derart sprechen, daß wir von den zufälligen Eigenschaften der Einzeldinge absehen und allein hinsehen auf „den Beutelbären", wie er immer wieder vorkommt, „die Fichte", „das Wasserstoffatom". Nicht diese abstrahierende Redeweise ist es, die wir ausschließen wollen, wenn wir vorschlagen, die Platonische Ideenlehre nicht unkritisch zu restaurieren.

Freilich ist solche abstrahierende Rede nur sinnvoll angesichts von Handlungen, die wir immer wieder aktualisieren, oder angesichts von Dingen, die immer wieder gleichartig vorkommen wie Lebewesen oder Geräte. Wir sprechen daher von „der Fichte", dagegen kaum von „dem Tal" oder „dem Fluß", weil bei solchen Dingen die individuellen Verschiedenheiten vorherrschen.

Ist es aber nicht „unhistorisch", zumindest eine „Unsitte", überlieferte Texte aus entlegener Vergangenheit mit Hilfe „moderner Begriffe" zu interpretieren? PLATON selbst hat doch nicht von „Handlungsschemata" gesprochen, so wenig wie von „Begriffen" oder von „Abstraktion"! Dürfen wir heute den großartigen Gewinn wieder verspielen, den uns die historische Wissenschaft der letzten zwei Jahrhunderte eingebracht hat durch ihre Entdeckung der uns fremden Eigenart in sich geschlossener Welten („Kulturen") der Vergangenheit?

Dieser Gewinn ist in der Tat kostbar und bedarf der Schonung und Mehrung. Durch den Mangel an historischer Distanz und durch das bloße Fortbestehen, aber zugleich Sichwandeln traditioneller Sprachen sind Fehldeutungen entstanden, und neue Fehlinterpretationen entstehen, wenn wir unsere noch heute fortbestehende Bildungssprache unkritisch weitersprechen und unkritisch zur Interpretation Homers, der Bibel, Platons gebrauchen. Statt dessen ist es ein Gebot der „Hermeneutik", d. h. der Lehre von der Interpretation, daß sich der Interpret zunächst in Sprache und Welt seines Textes fügsam und folgsam einzuleben hat, daß er dem interpretierten Autor nicht verfrüht ins Wort fällt, sondern mit ihm zu denken und das von ihm Gesagte so genau und behutsam wie möglich nachzureden versucht (was genauer zu klären hier nicht der Ort ist). Sodann jedoch hat er, wenn er wirklich verstehen und nicht nur ein historisches Drama aufführen will, in seiner eigenen Sprache zu interpretieren. Freilich wiederum nicht in seiner unkritisierten Bildungssprache und auch nicht allein in seiner Umgangssprache, sondern in einer vernünftig normierten Terminologie, die den Gegenständen angemessen ist, über die der interpretierte Autor und der heutige Interpret gemeinsam reden als Partner eines gegenwärtigen Gesprächs, das die Vergangenheit des interpretierten Textes aufhebt. Dabei kann es dann geschehen, daß sich der vergangene Autor seinem gegenwärtigen Interpreten als überlegen an Einsicht erweist und ihn veranlaßt, seine Terminologie zu ändern, d. h. den gemeinsam besprochenen Gegenständen und Sachverhalten besser anzupassen. Und ferner gilt es dabei, wiederum mit Behutsamkeit das Gespräch auf die Gegenstände und Fragen zu beschränken, die erkennbar diejenigen des interpretierten Autors waren, nicht aber diesen Autor dadurch zu kritisieren oder unhistorisch zu aktualisieren, daß man Termini und Fragestellungen bei ihm vermißt oder ihm andichtet, die erst später oder gar erst in unserem Jahrhundert aufgekommen sind.

§ 6. *„Die Modalitäten"*

In der traditionellen Logik war es üblich, Arten der „Urteile" unter verschiedenen Gesichtspunkten zu unterscheiden. Bekanntlich hat KANT in seiner „Tafel" der Urteile unter den Gesichtspunkten der Quantität, der Qualität, der Relation, der Modalität jedesmal drei Arten von Urteilen angegeben, womit er die „logischen Funktionen in allen möglichen Urteilen" erschöpfend erfaßt zu haben und von hier zu seinen zwölf „Kategorien" übergehen zu können glaubte (Kritik der reinen Vernunft B 95ff.). Der Quantität nach unterschied man traditionell nicht allein die „universalen" von den „partikularen" Urteilen, sondern nahm auch noch die „singularen" hinzu, obwohl bei Elementaraussagen eine Quantifizierung von Prädikatoren gar nicht vorliegt. Der „Qualität" nach unterschied man die affirmativen von den negativen Urteilen, indem man gewohnt war, Eigenschaften von Gegenstän-

180 *Die logischen Partikeln, der generelle Satz und die Modalitäten*

den, die sich nicht durch Zählen und Messen bestimmen lassen, „Qualitäten" zu nennen.

Heute noch von Interesse dürfte lediglich die Einteilung der Urteile nach ihrer „Modalität" sein: „problematische", „assertorische", „apodiktische". KANT erläutert so: „Problematische Urteile sind solche, wo man das Bejahen oder Verneinen als bloß möglich (beliebig) annimmt. Assertorische, da es als wirklich (wahr) betrachtet wird. Apodiktische, in denen man es als notwendig ansieht." Es werden also unterschieden: Sätze, die notwendigerweise wahr (oder falsch) sind; Sätze, die einfachhin wahr (oder falsch) sind; Sätze, die möglicherweise wahr (oder falsch) sind. Daraufhin bezeichnet man auch die Wörter „Notwendigkeit", „Wahrheit" („Wirklichkeit"), „Möglichkeit" als „Modalitäten".

Ferner ist die Gewohnheit aufgekommen, die Modalitäten in einem Viereck anzuordnen, bei dessen Konstruktion das ältere Viereck Pate gestanden hat, das durch Verbindung der Unterscheidungen von Urteilen nach der Qualität und nach der Quantität folgendermaßen zustande kam: Man unterschied die affirmativ universalen und die affirmativ partikularen Urteile (alle P sind Q, einige P sind Q), entsprechend die negativ universalen und die negativ partikularen Urteile (kein P ist Q, einige P sind nicht Q), für die man die jeweils ersten zwei Vokale von affirmo und nego (a, i; e, o) als Symbole verwendete, und veranschaulichte die logischen Beziehungen zwischen diesen Urteilen durch ein Schema:

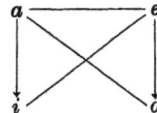

An diesem Viereck sollte abgelesen werden: a und e („alle" und „kein") stehen einander in „oppositio contraria" gegenüber, während jede der beiden Diagonalen auf eine „oppositio contradictoria" verweist („alle" — „einige nicht", „kein" — „einige"). i und o sind miteinander verträglich, können also in Konjunktion treten („einige Menschen sind Chinesen und einige Menschen sind nicht Chinesen"). i wird logisch von a impliziert, desgleichen o von e — die Tradition nannte diese logische Beziehung „Subalternation".

Führt man nun für „notwendig" das Symbol Δ ein und für „möglich" ∇ und fügt man diesen Zeichen den Negationsstrich hinzu, den wir in der negativen Elementaraussage der Kopula angehängt haben, so kann man in Analogie zu jenem älteren Schema folgendes Modalitätenviereck konstruieren:

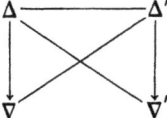

In diesem Viereck steht links oben die „Notwendigkeit" (eine Aussage a ist notwendigerweise wahr). Konträr dazu steht rechts oben die „negative Notwendigkeit" ($\neg\, a$ ist notwendigerweise wahr ⇔ a ist notwendigerweise falsch). Kontradiktorisch hierzu findet man links unten die „Möglichkeit" (a ist möglicherweise wahr), während sich die „negative Möglichkeit" rechts unten ($\neg\, a$ ist möglicherweise wahr ⇔ a ist möglicherweise falsch) in kontradiktorischem Gegensatz zur „Notwendigkeit" befindet. Diese logischen Beziehungen erlauben es, von der Notwendigkeit aus die anderen Modalitäten durch Definition zu gewinnen: a ist negativ notwendig ⇋ $\Delta \neg\, a$, a ist möglich ⇋ $\neg \Delta \neg\, a$, a ist negativ möglich ⇋ $\neg \Delta\, a$. Ähnlich wie in dem anderen Viereck ergeben sich ferner links und rechts Implikationen von oben nach unten: Aus Δ folgt ∇, aus Δ' folgt ∇'.

Bis hierher läßt die Ähnlichkeit beider Schemata nichts zu wünschen übrig. Es kommt lediglich in das Modalitätenviereck eine Zutat dadurch hinein, daß die Tradition ja das „assertorische" (wir benutzen das Symbol X für „wahr") zwischen das „apodiktische" und das „problematische" Urteil stellte, im Schema:

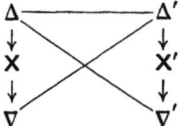

Hier werden also die „schlichte Wahrheit" (X) und die „schlichte Unwahrheit" (X') hinzugenommen, und man kann ablesen: Ist ein Urteil notwendig wahr, so ist es auch einfachhin wahr und ferner möglicherweise wahr. Ist ein Urteil dagegen notwendig falsch (man sagt auch: „unmöglich wahr"), dann ist es auch einfachhin falsch und ferner möglicherweise falsch.

Schließlich ist noch zu beachten: Wie i und o miteinander verträglich sind, so auch $\triangledown$ und $\triangledown'$. Ein Satz kann möglicherweise wahr und möglicherweise falsch sein — wenn man nämlich noch nicht weiß, ob er wahr oder falsch ist. Diese Konjunktion ist traditionell bekannt unter dem Terminus „Kontingenz" (X).

Schon ARISTOTELES hat auf dem Boden ähnlicher Konstruktionen eine Modallogik in Gang gesetzt, deren Grundregel bei ihm lautet: Kann man aus a und b auf c schließen, so kann man auch aus Δa und Δb auf Δc schließen. Seit im 19. Jahrhundert die Logik neues Leben gewann, ist auch die Modallogik, wenngleich zunächst nur von wenigen Liebhabern, wieder aufgegriffen und erheblich ausgebaut worden. Dabei geht man noch immer von „undefinierten Grundbegriffen" aus, indem man von der „Notwendigkeit" aus oder auch, äquivalent, von der „Möglichkeit" aus die anderen Modalitäten definiert.

Da wir hier in die formale Logik noch nicht eingetreten sind, sei für die Modallogik und ihre Kalküle auf das letzte Kapitel verwiesen. Doch wollen wir noch fragen, welche **umgangssprachlichen Redeweisen** durch die Konstruktion der traditionellen Modalitäten **rekonstruiert** werden.

Auf einer nächtlichen Straße wird ein Toter G. gefunden, neben ihm ein Revolver. Wie ist G. umgekommen? „Vielleicht hat er Selbstmord begangen." „Das wäre ja möglich." Eine mit der Sache befaßte Gruppe von Personen (Polizisten, Zeugen) wird sich solcher umgangssprachlichen Ausdrücke bedienen, indem sie mancherlei schon weiß, jedoch noch nicht weiß, ob G. Selbstmord begangen hat oder nicht. Vorerst ist „beides möglich", im Sinne der oben konstruierten Kontingenz.

Nun ergeben weitere Untersuchungen, daß vor dem Schuß, der sofort tödlich wirkte, ein Schalldämpfer auf den Revolver aufgesetzt, hernach aber abgezogen wurde. Daß G. selbst den Schalldämpfer abgezogen hat, ist „unmöglich" im Sinne von Δ'. Vielmehr ergibt sich „zwingend", im Sinne von Δ, daß dies ein anderer getan hat. „Das muß ein anderer getan haben."

In diesem Beispiel kommen die Sätze vor: „G. hat vielleicht Selbstmord begangen" ($\mathrm{X} a$). „G. kann den Schalldämpfer nicht selbst entfernt haben" ($\Delta \neg b$). „Ein anderer — bisher Unbekannter — muß den Schalldämpfer entfernt haben" (Δc).

$\neg b$ und c ergeben sich zwingend als **logische Folgerungen** aus dem, was die beteiligte Gruppe schon weiß. Zu diesem „schon Gewußten" gehören Tatsachen, die man in der gegebenen Situation gerade erst festgestellt hat, aber auch generelle Sachverhalte (z. B. daß Tote nicht mehr handeln können), Sachverhalte also, die durch die Erfahrung von jedermann oder durch naturwissenschaftliche Forschung allgemein bekannt sind. Unter Vernachlässigung des Unterschieds von Sachverhalt und Aussage können wir daher sagen: Die beteiligte Gruppe von Personen erkennt ein System von Sätzen S als wahr an, und indem sie weitere, in S noch nicht enthaltene Sätze in Betracht zieht, stellt sie fest (während der Umfang von S anwächst): Es ist möglich, daß a, d. h., S gibt Anlaß zu erwägen, ob a, jedoch besteht keinerlei logischer Zusammenhang zwischen S und a. Es ist unmöglich, daß b, d. h., aus S folgt logisch $\neg b$: $S < \neg b$. Es ist notwendig, daß c, d. h., aus S folgt logisch c: $S < c$.

Es ist immer schwierig, von der Umgangssprache zu sagen, welche logisch präzisierten Redeweisen „implizit" in ihr vorkommen und welche nicht. Was die Modalitäten betrifft, so wird man aber sagen dürfen: Umgangssprachlich verwenden wir immerfort diese drei Modalitäten χ, Δ, Δ', dagegen nicht ∇ (für sich allein) und ∇' (für sich allein). Mit „möglich" oder „vielleicht" meinen wir gebräuchlicherweise χ.

Erläutern wir χ („möglich") umgangssprachlich, indem wir sagen: „Es ist möglich, daß a, d. h., es ist weder notwendig noch unmöglich, daß a", so drücken wir jene Konjunktion ∇ und ∇' aus, von der die Modallogiker traditionell reden („weder notwendig noch unmöglich" ist ja äquivalent mit: nicht notwendig und nicht unmöglich). Wir wollen damit sagen, daß im Falle von a nicht — wie in den Fällen von b und c — ein logischer Zusammenhang mit S besteht.

Logisch rekonstruierbar sind also nur drei umgangssprachliche Modalitäten, nämlich χ, Δ und Δ'. Die Konstruktion von ∇ und ∇' rekonstruiert nichts, worauf wir umgangssprachlich angewiesen wären. Ferner aber gibt diese Rekonstruktion der umgangssprachlichen Modalitäten die traditionelle Einschaltung von χ zwischen Δ und ∇ nicht wieder (χ' zwischen Δ' und ∇'). Freilich, wenn wir sagen, daß „notwendig c", indem sich „aus dem schon Gewußten zwingend ergibt, daß c", so wollen wir damit sagen, daß c wahr ist. „Notwendig wahr" drückt aber hier nur aus, daß wir auf die Wahrheit von c logisch geschlossen haben, wie wir also zur Behauptung von c gekommen sind, nicht dagegen so etwas wie ein „stärkeres wahr". Singulare Sätze wie die in unserem Beispiel erschlossenen können nicht wahrer sein als wahr oder falscher als falsch. Es ist auch nicht von einem höheren Grad von „Gewißheit" die Rede — wie man das apodiktische Urteil vom assertorischen früher gern abgehoben hat. Im Gegenteil, die beteiligte Gruppe (insbesondere die Polizei) würde Aussagen von glaubwürdigen Augenzeugen bei weitem vorziehen, die besagen, daß „tatsächlich" ein anderer den Schalldämpfer entfernt und G. ermordet hat, was sich in der hier frei zitierten Kriminalgeschichte von Georges Simenon hernach in der Tat herausstellt.

Freilich gibt es bekanntlich Verbrechen und Unglücksfälle genug, die gänzlich „ungeklärt" bleiben, indem weder durch Geständnisse oder glaubwürdige Augenzeugen an den Tag kommt, wie es „tatsächlich" gewesen ist, noch eindeutig erschlossen werden kann, wie es gewesen sein „muß". Der Wissensstand, auf den man angewiesen ist, wächst nicht weiter an.

Nun zielt die logische Propädeutik nicht auf die Analyse der Umgangssprache, sondern auf die Konstruktion der Wissenschaftssprache. Jedoch ist unschwer einzusehen: Die Wissenschaftssprachen bedürfen genau derselben drei Modalitäten wie die Umgangssprache. Auch und gerade wissenschaftliche Forschung befaßt sich immer wieder mit Sätzen, von denen man noch nicht weiß, ob sie wahr oder falsch sind, ferner mit Sätzen, von denen sogleich oder nach geeigneter Anreicherung von S (dem System der schon als wahr anerkannten Sätze) gesagt werden kann, daß sie notwendigerweise wahr oder notwendigerweise falsch sind.

In den Wissenschaften wird man weit strenger als in vorwissenschaftlicher Rede darauf bedacht sein, das System der schon als wahr anerkannten Sätze daraufhin zu überprüfen, daß es nicht falsche Sätze enthält, die nur aufgrund von Gewohnheit oder Irrtum für wahr gehalten werden. Ferner wird man nicht, wie im alltäglichen Reden, nur spontan behaupten, daß etwas „doch gar nicht sein kann" oder „sich zwingend ergibt". Sondern man wird oder man sollte den logischen Übergang von S zu a oder zu $\neg a$ im Detail darstellen. Dazu bedarf man der formalen Logik. Besonderer modallogischer Kalküle indessen bedarf man dazu nicht. Diese rechtfertigen sich erst dadurch, daß sie aus Modalaussagen weitere Modalaussagen zu erschließen gestatten, ohne Kenntnisse über das System S vorauszusetzen.

Wir haben als Beispiel für die Verwendung der Modalitäten eine Redesituation herangezogen, in der man hinsichtlich eines vergangenen Ereignisses nicht einfachhin weiß, „wie es gewesen ist", sondern aufgrund dessen, was man weiß, zu erschließen versucht, wie es „gewesen sein muß", und der Rechtsprechung ist dieser Spezialfall ganz geläufig. Unter den Wissenschaften ist es die Historie, die aufgrund dessen, was sie den „Quellen" an Wissen entnehmen kann, vergangene Ereignisse und Vorgänge logisch schließend zu „rekonstruieren" versucht, eine Aufgabe, die sich zumal in der mittelalterlichen und antiken Geschichte geläufigerweise stellt, wo unmittelbare Bezeugungen selten sind. Noch bedeutsamer einerseits für unser alltägliches Leben, andererseits für die Wissenschaften ist aber der andere Spezialfall der Anwendung von Modalitäten, Redesituationen nämlich, in denen wir zukünftige Ereignisse „vorauszusagen" versuchen. Angesichts dessen, daß wir z. B. wissen: Werner ist nach dem Mittagessen aus Hannover abgefahren, die Verkehrsdichte auf der Autobahn ist heute so und so, alle Autos des Typs, den Werner fährt, fahren so und so schnell usw., können wir voraussagen: „Vor fünf kann er nicht hier sein." Dergleichen Erwägungen gehen in alle unsere Erwartungen, Planungen, Befürchtungen ein. Doch die Naturwissenschaften haben uns in den letzten Jahrhunderten mehr und mehr instand gesetzt, „exakte Prognosen" aufzustellen: Man kennt erstens eine gegebene Situation und zweitens generelle naturwissenschaftliche Sätze — die sogenannten „Naturgesetze" — und kann aufgrund dieses Wissens z. B. astronomische Ereignisse exakt voraussagen. Vor allem aber kann man, indem man durch eigenes Handeln geeignete Ausgangssituationen herstellt, physikalische oder chemische Vorgänge in Gang setzen. Die gesamte moderne Technik verfährt so, bis hinein in die alltäglichen Anwendungen dieser Technik durch jedermann, und desgleichen die Prognosen und therapeutischen Handlungen der Medizin verwenden in dieser futurischen Weise die drei Modalitäten — für deren Logik es ja keinen Unterschied ausmacht, ob eine Anreicherung des Wissens auf irgendeine Weise „jetzt schon" möglich ist wie zuweilen bei der Rekonstruktion vergangener Ereignisse, ob sie „jetzt nicht mehr" möglich ist oder ob wir „jetzt" nur abwarten können, ob sich unsere Prognosen bewahrheiten oder nicht.

Neben den Naturwissenschaften haben neuerdings die Wirtschafts- und Sozialwissenschaften als Lieferanten lebenswichtiger Prognosen an Bedeutung erheblich zugenommen, ohne die der Technik eigene Exaktheit erreichen zu können, teils weil in ihrem Bereich schon die genaue Beschreibung der gegebenen Situation weit schwieriger ist, teils weil die generellen Sätze dieser

Wissenschaften an Exaktheit hinter den „Naturgesetzen" weit zurückbleiben.

Hinzuweisen ist schließlich darauf, daß wir Wörter wie „möglich" und „notwendig", „können" und „müssen" in der Umgangssprache meist gar nicht im Hinblick auf Sätze und ihre Wahrheit verwenden, sondern im Hinblick auf Möglichkeiten des Handelns, zwischen denen wir zu wählen haben. Was z. B. „unbedingt notwendig" ist, hängt dann ab von unseren Bedürfnissen und den Zielen, die wir erreichen wollen. Was „möglich" ist, hängt ab von den Mitteln, die uns zur Verfügung stehen, von den Fähigkeiten der Handelnden und so fort.

In unserer Lebenspraxis sind ferner, neben den kognitiven (oder, wie auch gesagt wird, „ontischen") Modalitäten die normativen („deontischen", moralisch-rechtlichen) Modalitäten von größter Bedeutung, deren formale Analogie zu den kognitiven seit langem Beachtung gefunden hat: „geboten", „verboten", „erlaubt". Auch hier kann man von der ersten Modalität her die anderen definieren: a ist verboten $\leftrightharpoons$ es ist geboten, daß $\neg a$; a ist erlaubt $\leftrightharpoons$ a ist nicht verboten. Auch ein viereckiges Schema wird traditionell zur Veranschaulichung dieser logischen Beziehungen verwendet:

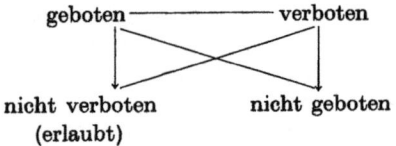

„Erlaubte" Handlungen sind solche Handlungen, die ausdrücklich (explizit) „nicht verboten" sind, indem z. B. durch Schilder „bekannt gemacht" wird: „Hier ist das Parken erlaubt." Ferner gibt es Handlungen, die explizit weder verboten noch geboten sind und die man traditionell als „indifferent" bezeichnet, z. B. die Wahl des Spazierwegs (abgesehen von Wegen, deren Benutzung ausdrücklich „verboten" ist oder von Wegen, deren Benutzung „nur für den Forstbetrieb" ausdrücklich „erlaubt" ist). Diese deontische Indifferenz entspricht formal der kognitiven Kontingenz. Da aber die „Erlaubnis" gleichfalls die Konjunktion von „weder verboten noch geboten" darstellt — eine Parkerlaubnis gebietet ja das Parken nicht —, ist dieser lebenspraktische Unterschied nicht von logischer Bedeutung, so daß man auch im deontischen Bereich auf nicht mehr als drei Modalitäten kommt und neben „geboten" und „verboten" gern den Ausdruck „freigestellt" verwendet, der offen läßt, ob es sich um eine explizite Erlaubnis oder um bloße Indifferenz handelt.

Bei der Einführung des Terminus „geboten" pflegt man von dem Terminus „Imperativ" auszugehen, den man gewinnen kann, wenn man von Beispielen ausgeht, die jedermann aus seiner Lebenserfahrung unter den umgangssprachlichen Prädikatoren „Anweisung", „Befehl", „Aufforderung", „Einladung" und dergleichen kennt. Imperative sind als aktuelle sprachliche Handlungen an bestimmte Personen gerichtet, die etwa durch Eigennamen oder Personalindikatoren angesprochen werden. Von solchen Imperativen kann man dann zu „generellen Geboten" übergehen, z. B.: „Es ist jedermann geboten, seine Steuern pünktlich zu entrichten." Dabei wird sich herausstellen, daß die in unserer Lebenspraxis vorkommenden generellen Gebote, die wir auch „Normen" nennen, stets bedingte Gebote sind, die folgende Form haben: Es gilt für jedermann: wenn er sich in der Situation S befindet, dann soll er so und so handeln (dann soll er nicht so und so handeln, oder dann darf er so und so handeln). Unbedingte („absolute") generelle Gebote können zwar vorkommen und sind historisch vorgekommen, z. B. als Tyrannenbefehle oder als dogmatische moralische Forderungen (KANT: „Du darfst unter keinen Umständen die Unwahrheit sagen"). Fragt man aber danach, wie sich generelle Gebote begründen lassen, dann wird man stets „Rücksicht nehmen" müssen, Rücksicht z. B. auf die Fähigkeiten und Bedürfnisse der betroffenen Personen, allgemein eben: auf die Situation, in der bestimmte Handlungen von bestimmten Personen ausgeführt oder unterlassen werden sollen.

Man kommt also nicht allzu weit, wenn man sich nur mit den formalen Entsprechungen befaßt, die von den kognitiven zu den normativen Modalitäten hinüberführen, d. h., man muß alsbald von der Logik zur Ethik übergehen, in deren Zusammenhang Normen erst begründet oder als unbegründet, als „willkürlich" zurückgewiesen werden können. Andererseits sollte man in der gebotenen Eile die formale Logik — einschließlich der Modallogik — auch nicht einfach überspringen.

VI. KAPITEL: ZUR PRAGMATIK DER AUSSAGE

§ 1. *Aussage und Anweisung*

Um diesem Thema „Aussage und Anweisung" nachzugehen, analysieren wir einen Beispielsatz: „Die Streicher bitte etwas zurück, wo das Fagott das Thema hat!" Dieser Satz ist keine Aussage, sondern eine höflich („bitte") geäußerte Anweisung (Handlungsanweisung). Auch wo Herrschaft archaischer Art nicht mehr ausgeübt wird, ergibt unser arbeitsteiliges Miteinanderhandeln Anweisungsbefugnisse, in diesem Falle eines Dirigenten gegenüber einem Orchester.

Lesen wir zunächst nur den angeführten (isolierten) Satz, so verstehen wir doch schon — wenn wir ein wenig von Musik und musikalischem Handeln verstehen —, was für eine Situation des Miteinanderhandelns und Miteinanderredens hier fingiert wird: eine Orchesterprobe. Eine musikalische Komposition, vielleicht ein „Satz" als Teil einer „Suite für Kammerorchester", liegt als Handlungsschema vor, durch die Marken der Notenschrift fixiert, die nun gelesen werden, und zwar auch schon als Handlungsanweisungen, nämlich als Anweisungen für Handlungen der musikalischen Reproduktion, d.h. der reproduzierenden Aktualisierung. Der Satz als Schema wird in der Probe wiederholt aktualisiert, unter der Anleitung des Dirigenten „gespielt", sicherlich in noch kleinere Abschnitte unterteilt, über die man sich durch Taktzahlen verständigt: „Bitte nochmal Takt 43!" Das möge „die Stelle" sein, wo das Fagott das Thema „hat", nämlich „spielt". „Spielen" ist in diesem Kontext ein zweistelliger Prädikator, der in einer Aussage den beiden Gegenständen zugesprochen wird, die durch die situationsabhängigen Kennzeichnungen „das Fagott" und „das Thema" unmißverständlich angegeben werden. „Das Thema" ist ein in der Komposition wiederholt auftretendes Teilschema, als solches auch in Abwandlungen wie Transposition oder Umkehrung wiedererkennbar. Die Aussage also, „daß das Fagott (der Fagottist) das Thema spielt", dient im Zusammenhang der Anweisung des Dirigenten dazu, die Stelle anzugeben, wo noch einmal begonnen werden soll und wo die Streicher zurücktreten sollen, leiser spielen sollen als das Fagott, um das Thema nicht zuzudecken. Das Wörtchen „wo" heißt ja soviel wie „an der Stelle, wo" oder „dort, wo". Es dient dazu, die Aussage (einen Relativsatz) als Bestandteil der Kennzeichnung „die Stelle, wo das Fagott das Thema hat", der Handlungsanweisung einzufügen. Der Indikator „dort" ist hier aber nur scheinbar ein lokaler, in Wahrheit ein temporaler Indikator. Die Streicher sollen ja zurücktreten „dann, wenn...", und nur die Marken auf dem Notenpapier verleiten dazu, von einem Ort zu sprechen, obwohl ein Augenblick, genauer: eine Zeitspanne gemeint ist. Gleichfalls mehrstellig ist der Prädikator „zurücktreten": Die Streicher (nämlich alle Streicher „dieses Orchesters"), das Fagott und die Zeitspanne, während das Fagott das Thema spielt, sind die durch Kennzeichnungen angegebenen Gegenstände, denen der Prädikator „zurücktreten" zugesprochen wird, man könnte nun sagen: auch in einer Aussage, die aber einen Sachverhalt darstellt, der durch die Befolgung der Anweisung erst verwirklicht werden soll. Vorerst fingiert nämlich nur der Dirigent diesen Sachverhalt in seiner vorausplanenden Klangphantasie — ein Dirigent muß mit seiner Klangphantasie den bisherigen Aktualisierungen musikalischer Schemata vorauseilen und in der Lage sein, das vorerst Phantasierte sprachlich darzustellen.

Die Analyse ergibt also: Wir haben keine Aussage, sondern eine Anweisung vor uns, einen Imperativ. Dieser imperative Satz enthält aber eine temporale Kennzeichnung und, als deren Bestandteil, eine Aussage, die einen wiederkehrenden Sachverhalt darstellt. Der analysierte Satz kann somit als Beispiel dafür dienen, wie wir Aussagen auch dann in unser alltägliches Reden immerfort gleichsam einflechten, wenn wir Aussagen „als solche" gar nicht machen wollen.

Aber auch die Anweisung selbst ist von einer Aussage, in diesem Falle: einer generellen Aussage über einen endlichen Gegenstandsbereich, nicht allzu verschieden. Denn es ist von einem Sachverhalt die Rede, der durch die Befolgung der Anweisung aus einem fingierten in einen wirklichen Sachverhalt überführt werden „soll". Man könnte daher, sich des Ausrufungszeichens als „Anweisungsoperators" bedienend, die Anweisung auch so schreiben: „!Alle Streicher dieses Orchesters treten zurück, wenn der Fagottist das Thema spielt." Und der Dirigent könnte ja auch so reden: „Bitte (das ist der Anweisungsoperator), die Streicher treten zurück...", eine Aussage, die freilich in den Kontext einer aktuellen Anrede eingeschlossen bleibt. Wir haben es ja mit einem Imperativ, nicht etwa mit einer Norm zu tun.

Wo sehr gefestigte Anweisungsbefugnisse „herrschen", wo also Anweisungen „Befehle" sind, da wird auch ohne „bitte" so gesprochen: „Unteroffizier Lemke übernimmt das 3. Geschütz." In „knapper" Sprechweise beschränkt sich der Batteriechef darauf, den zu verwirklichenden Sachverhalt durch einen Satz darzustellen, der „wie eine Aussage aussieht", weil der Anweisungsoperator, indem er sich von selbst versteht, weggelassen wird. Aber nicht nur beim Militär wird so gesprochen, sondern z. B. auch spielende Kinder reden so: „Ich zähle laut bis zwanzig, und wenn ich anfange zu zählen, lauft ihr weg und versteckt euch" — scheinbar lauter Aussagen, die doch gewiß nicht „lautere Aussagen" sind, d. h., deren Zweck sich keineswegs darin erschöpft, Sachverhalte darzustellen.

Wir wollen Aussagen, die nur gemacht werden, um Sachverhalte darzustellen, „rein darstellende Aussagen" nennen und uns darauf besinnen, daß solche Aussagen im Zusammenhang unserer Lebenspraxis nicht allzu häufig vorkommen, daß die rein darstellende Aussage vielmehr einen Grenzfall unseres alltäglichen Redens ausmacht. In der wissenschaftlichen Rede hingegen ist die rein darstellende oder „kognitive" Aussage der Normalfall, und andersartige Sätze wie z. B. Fragen oder Aufforderungen („vgl.", „beachten Sie bitte") stehen hier allemal im Dienst der reinen Darstellung, auch in Wissenschaften wie Medizin oder Technologie, die von vornherein auf ihre praktische Anwendung ausgerichtet sind.

§ 2. *Die Mitteilung*

Was soll der Titel „Pragmatik der Aussage" besagen? Wir haben uns schon längst des Prädikators „handeln" („Handlung") bedient, haben das aktuelle „Reden" (oder „Sprechen") als einen Spezialfall von „handeln" verstanden, somit auch das „Denken" als „inneres Handeln". Von Anfang an haben wir also Rede und Sprache im Gesamtzusammenhang des menschlichen Handelns untersucht. Denn auch dies wurde immer wieder erkennbar: Auch das nichtsprachliche menschliche Handeln, d. h. dasjenige Handeln, das nicht nur Sprechen ist, z. B. „rasenschneiden", „einkaufen", „klavierspielen", „dirigieren", „herstellen" (von Geräten) darf nur behutsam „nichtsprachlich" genannt werden, da es ohne

Sprechen, z. B. Planen, Erläutern, Fragen, Anweisen, gar nicht möglich wäre, da der homo faber seine Geräte ohne Sprache weder entwerfen und herstellen noch verwenden könnte, da jeder Umgang der Menschen miteinander der Rede bedarf. Das Wort „Pragmatik" nun möge verstanden werden — analog zahlreichen ähnlichen griechischen Wortbildungen — als gleichbedeutend mit „Lehre vom menschlichen Handeln". Der Titel „Pragmatik der Aussage" kündigt also an, daß noch einmal — ähnlich wie schon bisher, doch nun thematisch — von der Aussage im Gesamtzusammenhang des menschlichen Handelns gesprochen werden und damit jene Weiterführung der Logischen Propädeutik zur Anthropologie und Ethik gefördert werden soll, der auch schon die explizite Grundlegung einer Sprach- und Zeichentheorie (II. Kapitel; III, 6) diente.

Nicht also „Pragmatik der Rede" überhaupt steht jetzt zur Diskussion, sondern lediglich Pragmatik der Aussage. Warum diese Einschränkung? Weil die Logische Propädeutik zur Disziplinierung des philosophischen und wissenschaftlichen Redens anleiten soll, das sich in Aussagen vollzieht, weil also nur die unmittelbare Nachbarschaft der philosophischen und der wissenschaftlichen Aussage untersucht werden soll, damit diese als ein Sonderfall um so deutlicher hervortrete. Wir tun ja auch „Äußerungen" des Erschreckens, der Zärtlichkeit, des Zorns, der Andacht, die oft nicht ohne Gewaltsamkeit als „Sätze" und die gewiß nicht als „Aussagen" aufgefaßt werden können (vgl. oben Seite 30). Solche Äußerungen, solche nichtaussagenden Sätze, sollen auch weiterhin nur ausnahmsweise, nur der Abhebung wegen herangezogen werden.

Schon bisher ergab sich ein paradoxer Sachverhalt: Einerseits ist die „rein darstellende Aussage" ein Grenzfall menschlichen Redens. Andererseits ist unser nichtaussagendes Reden von Aussagen stärker durchsetzt, als man wohl zunächst vermuten würde. Und das erklärt sich daraus, daß wir es immerfort mit Sachverhalten zu tun haben. Nicht nur die als Beispiel analysierte Anweisung eines Dirigenten, sondern jede Anweisung, aber auch jede Planung erfolgt im Vorblick auf fingierte Sachverhalte und im Hinblick auf schon bestehende Sachverhalte. Z. B. die banale Aufforderung „mach' die Tür zu!" erfolgt im Hinblick auf die Tatsache, „daß es zieht", und im Vorblick auf den Sachverhalt, „daß es nicht mehr zieht" oder „daß es endlich warm wird im Zimmer". Vollends jeder Planung von Handlungen muß die Klärung der „Ausgangslage" durch die rein darstellende „Feststellung" von

Sachverhalten vorausgehen, während die Planung selbst künftige Sachverhalte fingiert und miteinander vergleicht.

Wir befassen uns nun mit einigen Beispielen für Aussagen, die auf bestehende (bereits verwirklichte) Sachverhalte hinweisen, ohne einer expliziten Anweisung vorauszugehen, weil sich, „was nun zu tun ist", mehr oder weniger von selbst versteht: „Der Kaffee ist fertig" (womit schon gesagt ist: setzt euch an den Tisch ...). „Wir haben kein Brot mehr" (denke daran, wenn du jetzt in die Stadt gehst). „Werner ist verreist" (so mußt du, wenn du ihn sehen willst, später wiederkommen). „Die Hühner sind im Garten" (und müssen schleunigst in den Hof zurückgetrieben werden). „Hannibal ante portas." Solche Aussagen nennen wir umgangssprachlich „Mitteilungen" und können dieses Wort hier als Terminus aufgreifen, nachdem wir uns durch die angeführten Beispiele der Gemeinsamkeit unseres Sprachgebrauchs versichert haben. Rein der Darstellung von Sachverhalten dienen die angeführten Beispielsätze sicherlich nicht. Sie enthalten unausgesprochene Hinweise auf Handlungen und reichen vom „Schreckensruf" bis zur „sachlichen Mitteilung". Oft versteht sich eindeutig von selbst, „was nun zu tun ist", oft ist es dem Angeredeten überlassen, wenn er z. B. von einer Gehaltserhöhung erfährt. Und zuweilen appelliert eine Mitteilung nur an die „Teilnahme" des Angeredeten, der „in diesem Falle gar nichts tun kann". Z. B.: „Werners Mutter hatte gestern abend einen Herzinfarkt, sie ist aber im Krankenhaus bereits wohl aufgehoben."

Die Teilnahme erweckende Mitteilung ist aber nicht allein in der alltäglichen Rede beheimatet, sondern auch in der Wissenschaft, zumal in der Geschichte. Es gehört zu den verbreiteten Vorurteilen szientistischer Wissenschaftstheorie, die Geschichtswissenschaft habe ihre „Objekte" mit der gleichen neutralen „Objektivität" darzustellen wie die Physik. Wie wir teilnehmend erfahren, was uns „nahestehenden" Gliedern der Familie oder Freunden widerfahren ist, so hören wir auch teilnehmend von der Geschichte unseres Landes, von der Geschichte uns seit Jahrhunderten „nahestehender" Nachbarvölker. Zwar dehnt sich unsere Teilnahme schließlich auf „die Geschichte der Menschheit" aus, doch in Abstufungen von einer Mitte her, von dem geschichtlichen Ort her, den „wir" bewohnen. Diese Teilnahme soll nicht parteiisch, z. B. nicht „nationalistisch" sein. Aber die vom Historiker geforderte Distanz von den eigenen Emotionen ist nicht indifferente Neutralität, sondern Gerechtigkeit, Aufgeschlossenheit für jeden Nachbarn als gleichberechtigten Mitmenschen. Denn auch noch mit dem entferntesten Bewohner unserer Erde teilen wir dies, daß wir bedürftige, daher handelnde und leidende Menschen sind.

Die Pragmatik der Mitteilung ist schließlich dazu geeignet zu klären, warum wir in Aussagen auf die Reihenfolge des Gesagten achten, nämlich achten müssen. Wer „mit Neuigkeiten hereinplatzt", wird aufgefordert, nicht so „überstürzt" zu reden: „nun erzähle mal der Reihe nach". Eine Mitteilung muß berücksichtigen, was der Angeredete „schon weiß" und was er noch nicht weiß. Z. B. wird jemandem gesagt: „die alte Dame ist krank". In diesem Satz wird von der Kennzeichnung „die Dame" Gebrauch gemacht, und logisch wäre der Satz äquivalent mit dem Satz „die kranke Dame ist alt", sofern beide Sätze eine Konjunktion der Sätze „die Dame ist alt" und „die Dame ist krank" darstellen — logisch ist bekanntlich die Umstellung der Teilsätze einer Konjunktion erlaubt. Unbeschadet der Richtigkeit dieser logischen Analyse hat aber der Mitteilende in der Gesprächssituation zu berücksichtigen: Der Angesprochene weiß längst, daß die besprochene Dame alt ist, erfährt aber erst jetzt, daß sie krank ist. In der Regel bedeutet in jedem prädizierenden Satz der Schritt vom Nominator zum Prädikator diesen Mitteilungsschritt von schon Bekanntem zu noch Unbekanntem.

Ein Spezialfall der Mitteilung ist die Belehrung. Der Musiklehrer z. B. hat zu berücksichtigen, was der Schüler bisher schon über Musikinstrumente weiß, wenn man „nun zu den Holzblasinstrumenten übergeht", und das gleiche gilt für jede wissenschaftliche Belehrung im Lehrbuch oder im Lehrvortrag. Auch hier ist jede Aussage ein Mitteilungsschritt, und diejenige Belehrung wird die beste sein, die in der aufmerksamsten Beachtung des schon Gewußten einen Schritt nach dem anderen tut.

In einigen, nicht in allen Wissenschaften muß dieses „schrittweise Vorgehen" zugleich ein „schrittweiser methodischer Aufbau" von einem geeigneten Ausgangspunkt her sein, z. B. in der Logik oder in der Physik.

§ 3. *Einführung und Verwendung von Prädikatoren*

„Dies ist ein Fagott". Wir kehren jetzt zu diesem elementaren Beispielsatz zurück, nun aber unter ausdrücklicher Berücksichtigung pragmatischer Gesichtspunkte.

Anfangs fingierten wir eine Belehrungssituation: Dem Musikschüler, der schon mancherlei gelernt hat und weiß, aber noch nicht weiß (d. h. an dieser Stelle des Lehrgangs noch nicht wissen muß), „was ein Fagott ist", wird nun der angeführte Satz gesagt, indem der Musiklehrer ein Fagott in die Hand nimmt und dem Schüler „zeigt". Doch der Lehrer wird sich wahrlich nicht mit dieser „Einführung des Prädikators ‚Fagott'" begnügen, sondern nun weiter erklären, daß dieses Holzblasinstrument eine lange, U-förmig geknickte Röhre hat, ferner ein Doppelrohrblatt, das auf einem S-förmig gebogenen Metallröhrchen sitzt usw. Und er wird vormachen, wie das Instrument angeblasen wird, wie dabei die Klappen verwendet werden, welche Klangfarben erzeugt werden können usw. Vormachendes Handeln und erläuterndes Reden verbinden sich, der Prädikator „Fagott" wird beileibe nicht eingeführt ohne die Einführung oder die Verwendung zahlreicher weiterer Prädikatoren, und niemals könnte irgend jemand lernen, „was ein Fagott ist", der nur die zu Anfang dieses Buches dürftig fingierte „deiktische" Lehrsituation erleben würde. Im Zusammenwirken all dieser belehrenden Handlungen und Reden aber bleibt „dies Fagott" ein bloßes Beispiel, ein „Exemplar". Streng genommen interessiert es überhaupt nicht als genau „dieses" Instrument, sondern lediglich als „ein solches" Instrument, das nämlich alle jene Eigenschaften hat, die dem Schüler eine nach der anderen praktisch vorgeführt werden.

Nun fingieren wir eine andere Gesprächssituation: In einer Ecke steht ein verpacktes Ding, ohne daß man sehen kann, was die Verpackung enthält. Jetzt wird einem Gesprächspartner mitgeteilt: „Dies ist ein Fagott." In dieser Mitteilung erst geht es gerade um „diesen" in der Ecke stehenden Gegenstand, und der Prädikator Fagott wird jetzt nicht „exemplarisch eingeführt", sondern als bereits geläufiges Wort „verwendet". Ähnlich „verwendet" jener Dirigent, der die oben analysierte Anweisung gibt, den Prädikator „Fagott".

Ist es nun nicht unerhört, daß wir diesen wichtigen pragmatischen Unterschied ausgerechnet dort ignoriert haben, wo wir einen zuverlässigen methodischen Ausgangspunkt für den Aufbau der Logik suchten?

Dieser vorläufige Verzicht auf eine wichtige pragmatische Unterscheidung war deshalb erlaubt, weil wir ja gar nicht den objektsprachlichen Prädikator „Fagott", sondern den metasprachlichen Prädikator „Prädikator" als ersten Baustein der Logik exemplarisch einführen wollten. Es genügte in der Tat zu zeigen: „Zum Beispiel ein solches Wort wie ‚Fagott' ist ein Prädikator." Dieses Zeigen kann man ohne nichtsprachliches Handeln, in bloßer Rede also, vollziehen. Und dieses Zeigen, nicht das dürftig fingierte Vorzeigen eines Fagotts, war der methodische Anfang des Aufbaus der Logischen Propädeutik. Wer dagegen meinte, man könne ernstlich auch Prädikatoren wie „Fagott" oder „Vater" oder „sägen" oder gar „vertrauen" durch einfache deiktische Handlungen exemplarisch einführen, der erläge einer Illusion. Faktisch haben wir denn auch die Prädikatoren unserer Muttersprache im Vollzug einer langjährigen, das Kind mit den Eltern und anderen Personen verbindenden Lebenserfahrung erlernt, nicht durch simple Hinzeigehandlungen (hinter denen in der Theorie der Logiker immer noch die dereinstige „ostensive definition" der Neopositivisten steht). Auch Fremdsprachen erlernen wir am besten unter Menschen, die deren Wörter „verwenden", welche Verwendung für uns als Lernende freilich oft als „Einführung" dient — was nicht ausschließt, daß diese Art des Lernens zumal der Kinder zuweilen unterbrochen wird durch ausdrückliche deiktische Berichtigungen wie z. B.: „Nein, das ist kein Wau-Wau, das ist eine Katze" (vgl. oben Seite 48f. einerseits, Seite 121 andererseits).

§ 4. *Der performative Satz*

Wir haben bisher beachtet, daß Aussagen, indem sie aktuell ausgesprochen werden, sprachliche Handlungen besonderer Art sein können, z. B. Mitteilungen, Anweisungen, ferner etwa Warnungen („es sieht nach Regen aus", „die Baulandpreise in München sind seit einem Monat sprunghaft gestiegen"), Bekundungen der Freude („das ist aber ein herrlicher Strauß") und dergleichen mehr, während die „reine Darstellung" einen nicht allzu häufigen Spezialfall unseres alltäglichen Redens ausmacht. Unter den Aussagen nun, die selbst aktuelle Handlungen im Zusammenhang unserer Lebenspraxis sind, kommen auch solche vor, die durch einen Prädikator (meist ein Verbum) unmittelbar ausdrücken, als welcher Art Handlungen sie zu verstehen sind, z. B.: „Ich verspreche dir, morgen wiederzukommen", „danke schön", „ich muß mich leider verabschieden", „hiermit eröffne ich die diesjährige Nürnberger Spielwarenmesse", „ich bitte dich, morgen pünktlich zu sein", „ich warne Sie vor den jetzigen Münchener Baulandpreisen", „ich taufe dich im Namen des Vaters, des Sohnes und des Heiligen

Geistes", „ich liebe dich" und so fort. Im Anschluß an J. L. AUSTIN ist es üblich geworden, solche Sätze „performativ" zu nennen[1]. In einem weiteren Sinne „etwas vollbringend" ist z. B. jede Mitteilung. Im engeren Sinne „performativ" sind aber nur solche Sätze, die einen Prädikator enthalten, der die jeweilige Vollbringung ausdrückt, wie z. B. der Satz: „Hiermit teile ich Ihnen mit, daß Sie ihr Examen mit der Note 2 bestanden haben."

Der Satz „ich liebe dich" ist nicht eine Aussage, die einen Sachverhalt darstellt mit der Absicht, daß der Angesprochene diesen Sachverhalt von nun an kenne, keine Mitteilung also, sondern Bekundung der Liebe selbst. Gleichwohl kann der Satz wahr oder falsch sein, was hier aber heißt: er kann wahre (im Sinne von „echte") Liebe bekunden oder Liebe vortäuschen. Und wenn ein Verkehrsminister die neugebaute Teilstrecke einer Autobahn „dem Verkehr übergibt", indem er ein Band durchschneidet und gleichzeitig den Satz ausspricht „hiermit übergebe ich...", so wird die Frage danach, ob dieser Satz wahr oder falsch sei, vollends sinnlos. Statt dessen wird in derartigen Fällen darauf zu achten sein, ob die von performativer Rede begleitete oder allein durch solche Rede vollzogene Handlung z. B. rechtswirksam ist, welche Verbindlichkeit ein „Versprechen" hat oder die „Erklärung", jemand sei bereit, ein Amt zu übernehmen, ein Grundstück zu kaufen und so fort. Nicht zufällig kommen performative Sätze häufig in Urkunden vor.

§ 5. *Die rein darstellende (kognitive) Aussage*

Es wurde schon darauf hingewiesen, daß es auch in unserem außerwissenschaftlichen Verhalten, mit dem wir unseren „Interessen" nachgehen, geradezu ein „Interesse an reiner Sachlichkeit" und demgemäß an kognitiven Aussagen gibt, z. B. vor Gericht oder im Zusammenhang technischen Handelns, das sich auf „gesicherte Tatsachen", exakte Berechnungen und dergleichen stützt, und seit der Ausbildung der modernen Wissenschaft hat man die Erfahrung gemacht, daß die an wirtschaftlichem Erfolg interessierte Industrie gut daran tut, sich ihrerseits für die reine Forschung zu interessieren. Wie der sprechende und Geräte handhabende Mensch sich von jeher dadurch auszeichnet, daß er sein begehrlichbedürftiges Zugreifen anhalten, befristet ausschalten kann, um in sachlicher Distanz zunächst zu prüfen, was möglich ist und was unmöglich ist, so ist diese Einschaltung sachlichen Forschens und

[1] J. L. Austin, How to do Things with Words (1962).

Redens heute extrem hochstilisert: Erfolgreiches Handeln in Wirtschaft und Politik und wo auch immer erfordert „Marktanalysen", „Lageberichte" und so fort. Daraufhin kann das rein sachliche Interesse freilich auch vorgetäuscht werden, wie es z. B. zu geschehen pflegt, wenn Politiker beteuern, es käme ihnen lediglich auf „die Sachfragen" an. In erregten Auseinandersetzungen ist die Wendung gebräuchlich geworden „indem ich lediglich Tatsachen feststelle", und solche „Feststellungen" können Kampfhandlungen sein.

Umgekehrt gibt es unbefangene Sachlichkeit nicht allein in der Wissenschaft, sondern z. B. auch bei Kindern, die so vieles einfach wissen wollen, etwa wie es kommt, daß die Mutter nicht immer so geheißen hat wie jetzt, oder wie es kommt, daß es Leute gibt, deren Sprache man gar nicht verstehen kann, oder wie es kommt, daß der Mond seine Gestalt verändert, und dieses „kindliche", dieses unbefangene Interesse an der Welt, in der wir uns vorfinden und über die wir uns verwundern, geht heute ohne scharfe Grenze über in die Wissenschaften, die ja nicht ausschließlich als technisch oder medizinisch angewandte betrieben werden.

Betrachten wir nun noch einmal unseren Beispielsatz „Werner ist verreist". Wie kommen wir dazu, in einem Buch oder in einer Vorlesung einen solchen Satz hinzuschreiben oder auszusprechen? Ist das Buch ein Roman, dann wird eine Situation fingiert, in der jemand diesen Satz ausspricht. Wir können aber auch hier, im Zusammenhang einer logischen Propädeutik, eine solche Situation fingieren, und da wir uns nicht in ihr befinden, können wir noch zusätzlich dasjenige fingieren, was in einer wirklichen Situation den Beteiligten bekannt wäre (z. B. Werners Mutter öffnet die Wohnungstür und sagt den Satz der Freundin, die Werner besuchen wollte und auf Grund seines letzten Briefs mit seiner Anwesenheit rechnen konnte). In solcher Situation ist der Satz eine Mitteilung, nicht eine rein darstellende Aussage. Jedoch im Zusammenhang unserer Logik diente der Satz als bloßes Beispiel einer Elementaraussage. Er wurde nicht behauptet, sondern lediglich als Satzschema konstruiert, als potentielle sprachliche Handlung. Wir haben also nicht die Ansicht vertreten, ein solcher Satz sei eine rein darstellende Aussage, sondern wir haben lediglich abgesehen von der Frage, welche Rolle ein solcher Satz im Handlungskontext einer Situation spielen könnte, und waren daraufhin berechtigt, ihn als Beispiel einer Aussage heranzuziehen. Die Logik untersucht sprachliche Handlungsschemata unter Abblendung des pragmatischen

Situationszusammenhangs, in dem aktuelle sprachliche Handlungen aufzutreten pflegen (ähnlich wie die Physik Vorgänge untersucht, die sie selbst erst durch Abblendungen aus dem Zusammenhang unserer vorwissenschaftlichen Erfahrung herauspräpariert).

Seit ARISTOTELES Sätze wie die Bitte und die Frage beiseite geschoben hat, um das Augenmerk auf die Aussage zu lenken, ist man in Logik und anderen Wissenschaften von der Sprache dabei geblieben, die Aussage aus anderen Satzarten herauszuheben und ihre Bedeutung für das menschliche Reden vielleicht zu überschätzen. Man hat aber auch versucht, die „sonstigen" Sätze, die nicht Aussagen sind, zu klassifizieren, d. h. unter dem Oberterminus „Satz" eine vollständige Reihe von Satzarten neben der Aussage anzugeben. Heute ist die Einteilung von Karl BÜHLER nahezu Allgemeingut geworden, der von der „Darstellungsfunktion" der Sprache ihre „Appellfunktion" und ihre „Ausdrucksfunktion" unterschied[1]. In der Tat sprechen wir mit zahlreichen Sätzen „Aufforderungen" an unsere Partner aus. In der Tat bringen wir oft genug sprachlich zum „Ausdruck", was wir selbst empfinden. Jedoch jeder Versuch vollständiger Einteilungen wie der von Bühler dürfte seine Schwäche alsbald verraten[2].

Nach der Lehre antiker Philosophen wie PLATON, ARISTOTELES und ihrer Nachfolger gehörte zur Eudämonie oder zur tranquillitas animae die theoria als ruhige Betrachtung „ewiger Wahrheiten". Als „ewig" galten wahre Sätze, sofern sie das „immer Seiende" betrafen oder sofern sie als Gedanken des ewigen Gottes aufgefaßt wurden. Solche religiösen Aspekte sind der profanen Wissenschaft von heute fremd geworden. Gleichwohl geht auch diese Wissenschaft auf kognitive „Sätze" aus, die nicht nur als „Feststellungen" von Sachverhalten praktisches Handeln unterbrechen und deren Verstehbarkeit und Wahrheit nicht an eine Redesituation gebunden sind. Sie macht situationsunabhängige Aussagen, die über den Augenblick hinaus „gelten" sollen, wie man zu sagen pflegt, sei es im besonderen Sinne geltender „Naturgesetze", sei es auch nur im Sinne von „Geltung" als „Wahrheit" z. B. singularer Sätze der Historie. Der rein darstellende Satz ist also deshalb das bevorzugte Gefäß der wissenschaftlichen Rede, weil es hier auf die Redesituation und ihre begrenzten Umstände nicht ankommen soll. Noch anders als im Roman, dessen Darstellung als fingierende be-

---

[1] K. BÜHLER, Sprachtheorie (1934), S. 28ff.
[2] Diese Skepsis an der Bühlerschen Einteilung äußert auch G. Patzig, Die Sprache philosophisch befragt, in: Die deutsche Sprache im 20. Jahrhundert (1966), S. 241.

absichtigt und hingenommen wird, treten Autor und Leser wissenschaftlicher Lehrbücher in den Hintergrund, weil die Wahrheit wissenschaftlicher Sätze jedermann einleuchten soll, der vernünftig und sachkundig ist, jedermann zu jeder Zeit und an jedem Ort. Wissenschaftliche Sätze (Texte) sind also Schemata und werden nicht nur, wie der Satz „Werner ist verreist", mit einer gewissen Künstlichkeit als bloße Schemata konstruiert, um der logischen Erörterung als Beispiele dienen zu können. Nicht gerade „ewige Wahrheiten", wohl aber bestandhafte Sätze sind noch immer das Ziel wissenschaftlicher Forschung. Wir haben uns heute daran gewöhnt, die Rede als Handlung zu verstehen und zu fordern, daß jede wissenschaftliche oder philosophische Aussage im aktuellen Dialog immer wieder auf ihre Geltung geprüft werden muß. Von Handlungsschemata zu sprechen hat nur Sinn im Hinblick auf aktuelle Handlungen und ihre Wiederholbarkeit. Diese unsere Gewöhnung darf uns aber nicht zu einem dogmatischen Pragmatismus verleiten, der verkennt, daß wir zu unserem eigenen Bestand auf die beständige Wiederholbarkeit und damit auf den situations- und zeitunabhängigen Bestand wahrer Aussagen angewiesen sind, die wir nicht allein der prägnanten Kürze wegen gern „Sätze" nennen — obwohl „Satz" Oberterminus für „Aussage" ist —, sondern auch, weil „Satz" an „Satzung" und „Gesetz" erinnert, an andersartige sprachliche Gebilde also, deren bestandhafte Geltung wir gleichfalls nicht entbehren können.

Gegen das soeben Gesagte scheint freilich dieses Buch selbst zu sprechen. Denn es wird ja nicht allein durch das Vorwort und die Einleitung, sondern darüber hinaus durch mancherlei Bezugnahmen im Text selbst hineingestellt in eine Redesituation, nämlich in die derzeitige philosophische Diskussion. Als aktueller „Diskussionsbeitrag" bestimmter Sprecher ist es zwar nicht auf bestimmte einzelne Leser, wohl aber auf potentielle Leser hier und jetzt eingestellt, so daß es in China, aber auch in den Vereinigten Staaten anders geschrieben werden müßte, und diese „Aktualität" ist beabsichtigt, sie haftet dem Text nicht versehentlich an. Doch das schließt nicht aus, daß eine interlinguale Logik methodisch aufgebaut wird, deren Termini, Regeln und Sätze in jede beliebige Sprache übersetzbar sind und die uns sogar in den Stand setzen soll, besser als bisher auch mit Philosophen der Vergangenheit zu diskutieren. Wenn hier also aktuelle Rede in einer bestimmten geschichtlichen Situation stattfindet, ja aktuelle Rede, die diese Situation ausdrücklich berücksichtigt, so werden dadurch die vorgetragene Lehre und ihre Sätze selbst keineswegs situationsabhängig — so daß wir auch der extremen „Geschichtlichkeit" nicht ausgeliefert sind, deren Problematik als „Historismus" jahrzehntelang die unüberwindbare Crux aller Philosophie auszumachen schien.

Indem wir auf den Historismus zu sprechen kommen, ergibt sich die Gelegenheit, zum Abschluß dieser Erörterung des kognitiven und insbesondere des kognitiven generellen Satzes auf das Folgende hinzuweisen: Das griechische Wort *καθόλου* wurde in der lateinischen Philosophie mit „universalis" wiedergegeben, wofür sich im Deutschen das Wort „allgemein" eingebürgert hat. Von „allgemein" streng zu unterscheiden ist „allgemeingültig" im Sinne von „gültig für jedermann": „allgemein" sind Sätze, wenn sie für **alle Gegenstände** gelten, die unter einen bestimmten Prädikator fallen (mißverständlicherweise nennt man traditionell solche Sätze auch „allgemeingültig"); „allgemein" in einem anderen Sinne sind Prädikatoren, weil sie stets **vielen Gegenständen** zugesprochen werden können; „allgemeingültig" im Sinne von „für jedermann gültig" hingegen sind Sätze, die von **allen sachkundigen Personen** anerkannt werden müssen. Im Falle rein darstellender Sätze ist „für jedermann gültig" synonym mit „wahr". Im Falle moralischer Normen ist „für jedermann gültig" synonym mit „allgemeinverbindlich".

Neben der traditionellen Unterscheidung „universaler" von „partikularen" und „singularen" **Sätzen** steht in der Tradition die Unterscheidung von „genus" (*γένος*) und „species" (*εἶδος*), im Deutschen: „Gattung" und „Art". Prädikatoren sind mehr oder weniger generell (die Konverse dieses zweistelligen Prädikators: mehr oder weniger speziell, vgl. oben III,1). Stets aber sind sie „universal", und wenn man „generell" als einstelligen Prädikator synonym mit „universal" verwendet, dann kann man auch, wie hier geschehen, sagen: Prädikatoren sind generell, und kann ferner mit dem Allquantor versehene Sätze „allgemeine Sätze" oder „generelle Sätze" nennen. (Der Ausdruck „genereller Satz" hat sich in dieser Weise eingebürgert, so daß es wenig aussichtsreich wäre, wollte man ihn durch den abgekommenen Ausdruck „universaler Satz" ersetzen. Den Ausdruck „allgemeingültig" verwendet die formale Logik in einer Weise, die es als ratsam erscheinen läßt, ihn in der logischen Propädeutik überhaupt nicht zu verwenden.)

Was nun den „Historismus" betrifft, so ist zu sagen: „Historismus" ist die Skepsis hinsichtlich der Frage, ob es **für jedermann** gültige Sätze überhaupt geben könne, Sätze also, deren Geltung nicht allein in bestimmten geschichtlichen Situationen (faktisch-historisch) anerkannt wurde, sondern von jedem Gutwilligen, Vernünftigen und Sachkundigen an jedem Ort und zu jeder Zeit anerkannt werden muß. Das Problem erhob sich zuerst angesichts moralischer Sätze: In der griechischen Sophistik erkannte man die beschränkte regionale und traditionale Geltung der durch bloßes Herkommen getragenen moralischen und damit auch rechtlichen Normen. Später aber dehnte sich diese Skepsis nicht allein auf ästhetische Normen aus, sondern auch auf die Wissenschaft: Wahre kognitive Sätze, ob nun singulare oder generelle, im Sinne von „für jedermann gültigen" Sätzen könne es nicht geben.

Die moderne historistische Skepsis hat sich sogar derjenigen Wissenschaften bemächtigt, die wie die Mathematik immer die letzte Bastion unangefochtener Jedermanngültigkeit geblieben waren. Doch bereits gegen die sophistische Skepsis erhob sich der Widerspruch des SOKRATES, der in der Aufnahme durch PLATON zugleich und ineins hinsichtlich des „Guten" wie auch hinsichtlich der Geometrie an die vernünftige Einsicht von jedermann appellierte. Indem wir dieses Anliegen gleichfalls aufnehmen, wiederaufnehmen, und indem wir am Ende gleichfalls auf die praktische Frage nach dem Guten hinauswollen, bleiben wir doch zunächst noch auf dem Boden der Gültigkeit kognitiver Sätze und wenden uns nunmehr, die logische Propädeutik im engeren Sinne überschreitend, der formalen Logik zu.

VII. KAPITEL: FORMALE LOGIK

§ 1. *Klassische Tautologien*

Der ältere Positivismus (COMTE, MILL) war ein reiner Empirismus: Ein Satz sollte nur dann „wahr" genannt werden dürfen, wenn er sich empirisch begründen ließ — wenn sich also seine Wahrheit auf die nur „erfahrbare" Wahrheit von Elementarsätzen zurückführen ließ.

Der neuere Positivismus (RUSSELL, CARNAP und viele andere) hat anerkannt, daß diese „Zurückführung", sofern sie nach logischen Regeln geschieht, selber nicht empirisch begründbar ist. Dieser Positivismus ist also „logischer Empirismus": Neben der Empirie der Elementarsätze wird auch die Logik zur Begründung von Wahrheit zugelassen.

Die formale Logik als eine Lehre von wahren Sätzen zumeist der Form: „wenn A_1 und A_2 und ..., dann B" — daher ist dieser Teil der Logik gleichzeitig eine Lehre vom „Schließen": von A_1 und A_2 und ... darf „logisch" auf B geschlossen werden — geht auf ARISTOTELES zurück. Bei ihm heißt diese Lehre von den συλλογισμοί „Analytik". Gegenwärtig wird jedoch „analytisch-wahr" zumeist als Oberbegriff von „logisch-wahr" gebraucht. Von vielen „logischen" Positivisten werden nämlich neben den empirisch-wahren Sätzen nicht nur logische Wahrheiten anerkannt, sondern auch noch analytische Wahrheiten wie z. B. daß die Hasen keine Rehe sind oder daß die Schimmel weiß sind. Im einzelnen treten sofort Meinungsunterschiede auf, z. B. in einem Jahrzehnte dauernden Streit zwischen CARNAP und QUINE über die Abgrenzung der analytischen Wahrheiten von den logischen einerseits, von den empirischen andererseits. Wird zudem noch die Terminologie KANTS aufgenommen, der alle nicht analytisch-wahren Sätze „synthetische" Sätze nannte und dann behauptete, daß es synthetisch-wahre Sätze gäbe, die nicht empirisch-wahr seien, so ist Verwirrung kaum vermeidbar. KANT gibt als Beispiele „apriorischer" („apriorisch" heiße hier nichts anderes als „nicht empirisch") synthetisch-wahrer Sätze arithmetische und geometrische Wahrheiten an. Braucht man zur Begründung dieser Wahrheiten empirisch-wahre Sätze oder ergeben sich diese Wahrheiten allein aus vernünftigen Festsetzungen über die sprachlichen Mittel (die wir dann z. B. in empirisch-wahren Sätzen verwenden)? Das ist der Kern des Streites zwischen den Empiristen und Aprioristen.

In dieser Formulierung sind es die „vernünftigen Festsetzungen", die die Hauptschwierigkeit bereiten. Da der Empirismus „vernünftig" und „empirisch-wissenschaftlich" gleichsetzt, kann es für ihn keine „vernünftigen" Festsetzungen geben, sondern nur „bloße Festsetzungen", sog. „willkürliche Konventionen".

Die Festsetzungen über die sprachlichen Mittel, um die es hier geht, sind Normen für unser wissenschaftliches Sprechen. Es sind Redenormen — ein Spezialfall von Handlungsnormen. Während der Apriorismus behauptet, daß es (mehr oder weniger) vernünftige Normen gibt, will sich der Empirismus jeder Normensetzung enthalten: Alle Verantwortung für Normen wird dem „Subjekt", dem Einzelnen, der nach dieser Norm handelt, zugeschoben. „Alle Normen sind subjektiv" — das wäre daher eine geeignete Formulierung des empiristischen Hauptdogmas. Der logische Empirismus erkennt immerhin schon logische Regeln an — also einen Spezialfall von Redenormen.

Wie dieses Buch bisher schon gezeigt hat, erfordert jedes vernünftige Reden (insbesondere also jede Wissenschaft) die gemeinsame Anerkennung von Redenormen, z. B. von terminologischen Bestimmungen. Es ist eine Vorschule des vernünftigen Redens, weil die „vernünftige" Setzung von Normen hier gerade erst vorgeführt und eingeübt wird. In diesem letzten Kapitel werden als Musterbeispiele vernünftiger Redenormen die Setzungen der formalen Logik behandelt — an ihnen kann jeder, der überhaupt wissenschaftlich sprechen will, paradigmatisch sehen, daß auch er sich für Normen entscheiden kann — und vernünftigerweise entscheiden muß — ohne sich dabei allein auf die empirische Wahrheit stützen zu können.

Wir behandeln zunächst einen geradezu trivialen Spezialfall — die klassischen Tautologien.

Die Normierungen, auf denen diese Wahrheiten beruhen, sind die Wahrheitstafeln der Junktoren, die im V. Kapitel eingeführt worden sind. Mit den so normierten Junktoren (wir beschränken uns auf $\wedge$, $\vee$, $\neg$) können wir wertdefinite Aussagen zusammensetzen. Die zusammengesetzte Aussage ist dann wieder wertdefinit, d. h. wir können über ihre Wahrheit oder Falschheit entscheiden.

Kennen wir nämlich etwa von zwei Aussagen a und b ihren Wahrheitswert, so läßt sich der Wahrheitswert von z. B. $a \vee b$ sofort aus der Wahrheitstafel für $\vee$ ablesen. Für komplizierter zusammengesetzte Aussagen, etwa

$$a \wedge b \stackrel{.}{\vee} a \wedge \neg b$$

hat man die Wahrheitstafeln mehrfach anzuwenden. (Ein Punkt über einem Junktor bedeutet, daß dieser Junktor „später" als andere zu lesen ist, d. h. schon mit Junktoren zusammengesetzte Aussagen verbindet. In unserem Beispiel ist die Punktschreibweise eine Abkürzung für die Klammerschreibweise $(a \wedge b) \vee \vee (a \wedge \neg b)$.) Das läßt sich wie eine Rechnung mit den Wahrheitswerten w und f durchführen.

Ist etwa $a = $ „es schneit" und $b = $ „es friert", so lautet die Aussage: „es schneit und friert, oder es schneit, friert aber nicht". (Aus stilistischen Gründen — wegen des folgenden „nicht" — steht hier im rechten Adjunktionsglied „aber" statt „und".) Ist ferner etwa a falsch und b wahr (d. h. es schneit nicht, aber es friert), so ist der Wahrheitswert von

$$f \wedge w \stackrel{.}{\vee} f \wedge \neg w$$

zu berechnen. Nach den Wahrheitstafeln können wir die folgenden Gleichungen hinschreiben:

(1) $\qquad f \wedge w = f$
(2) $\qquad \neg w = f$
(3) $\qquad f \wedge \neg w = f \wedge f = f$
(4) $\quad f \wedge w \stackrel{.}{\vee} f \wedge \neg w = f \vee f = f$

In der 3. Zeile wird dabei die Gleichung (2) schon benutzt, in der 4. Zeile wird die Gleichung (1) und das Ergebnis der 3. Zeile (nämlich $f \wedge \neg w = f$) benutzt. Die 4. Zeile enthält das gesuchte Ergebnis

$$f \wedge w \stackrel{.}{\vee} f \wedge \neg w = f$$

Dies können wir auch so formulieren: wenn a falsch ist und wenn b wahr ist, dann ist $a \wedge b \stackrel{.}{\vee} a \wedge \neg b$ falsch. Wird unterstellt, daß es nicht schneit, aber friert, so kann man auch sagen: „Weil es nicht schneit, aber friert, ist die Aussage ‚es schneit und friert, oder es schneit, friert aber nicht' falsch." Der Leser wird sofort bemerken, daß sich die Falschheit der Aussage auch schon ergibt, wenn nur unterstellt wird, daß es nicht schneit — ob es friert, braucht man nicht zu wissen.

Rechnet man ähnliche Beispiele durch, so wird man bald auf gewisse Aussagen stoßen, bei denen die Rechnung immer den Wert wahr ergibt, ganz gleichgültig, mit welchen (Wahrheitswerten für die) Elementaraussagen man beginnt.

Einfache solche Fälle sind etwa

$$a \vee \neg a$$
$$\neg.a \wedge \neg a.$$
$$\neg.a \wedge b. \dot{\vee} b \wedge a$$

(Die Punkte auf der Zeile geben den Wirkungsbereich der Negation an. Erstreckt sich eine Negation nur über eine Elementaraussage, so bleiben die Punkte der Einfachheit halber weg.)

Für die zuletzt angegebene Aussage hat man für a und b jeweils beide Möglichkeiten (w oder f) durchzurechnen, insgesamt also vier Möglichkeiten. Eine Aussage, die aus drei verschiedenen Elementaraussagen zusammengesetzt ist, erfordert entsprechend acht Rechnungen.

Man nennt nun eine zusammengesetzte Aussage, deren Wahrheitswert sich — unabhängig von den Wahrheitswerten der zusammensetzenden Elementaraussagen — immer als wahr ergibt, tautologisch-wahr, in der modernen Literatur stattdessen gelegentlich auch kürzer: logisch-wahr.

Der engere Gebrauch des Terminus „logisch", wie in „logisch-wahr", wird zweckmäßig als „formallogisch" vom weiteren Gebrauch abgehoben. Obwohl der dann auftretende Terminus „formal" eine lange, bewegte Geschichte hinter sich hat (die mit der lateinischen Übersetzung der Aristotelischen Unterscheidung von ὕλη und μορφή durch materia und forma beginnt), läßt sich die Wortbildung „formallogisch" einfach dadurch rechtfertigen, daß eine Aussage nach der obigen Definition genau dann tautologisch-wahr heißt, wenn alle Aussagen derselben Form wahr sind. Z. B. ist die Aussage „Werner ist nicht verreist ∧ Hans ist bei ihm ∨̇ Werner ist verreist ∨ Hans ist nicht bei ihm" wahr, wie man leicht ausrechnen kann. Das Tautologische an dieser Aussage ist — und deshalb wird sie ja auch nur zur Übung, wohl selten im Ernstfall gemacht —, daß man für ihre Wahrheit gar nicht zu wissen braucht, ob nun Werner verreist ist und ob Hans bei ihm ist. In allen hier möglichen Fällen kommt der Wahrheitswert „wahr" heraus. Deshalb ist aber auch jeder andere Satz derselben Form ebenfalls wahr, z. B. „gestern war es nicht neblig ∧ heute ist es trocken ∨̇ gestern war es neblig ∨ heute ist es nicht trocken."

Zwei Aussagen, die mit Hilfe von Junktoren aus Elementaraussagen zusammengesetzt sind, heißen dabei „von derselben Form", wenn sie durch Ersetzung der Elementaraussagen (gleiche Elementaraussagen durch gleiche!) auseinander hervorgehen. Wir können dies auch so formulieren: wir beginnen mit Variablen $a, b, c, \ldots,$

die durch beliebige Elementaraussagen ersetzbar sein sollen. Aus ihnen setzen wir **Aussageformen** mit Hilfe von Junktoren zusammen, z. B.

$$\neg a \wedge b \dot\vee c, \quad a \dot\vee b \dot\vee \neg a \wedge \neg b$$

Zwei Aussagen sind dann „von derselben Form", wenn es eine Aussageform gibt, aus der durch zwei geeignete Ersetzungen (es werden bei jeder Ersetzung gleiche Variablen durch gleiche Elementaraussagen ersetzt) gerade die beiden vorgegebenen Aussagen entstehen. Die Form unserer letzten Beispielsätze ist $\neg a \wedge b \dot\vee a \vee \neg b$.

Da weiter — nach unseren Definitionen — mit einer Aussage, die tautologisch-wahr ist, auch alle Aussagen derselben Form tautologisch wahr sind, können wir den Prädikator „tautologisch-wahr" sinnvollerweise auch für Aussageformen gebrauchen: Eine Aussageform heißt tautologisch-wahr, wenn alle aus ihr durch Ersetzung entstehenden Aussagen wahr sind. Z. B. ist $a \vee b \vee \neg a$ eine tautologisch-wahre Aussageform.

Die Pointe dieser Definition liegt darin, daß hier nur zum Schein auf „alle... durch Ersetzung entstehenden Aussagen" zurückgegriffen wird. Tatsächlich braucht man ja die Aussagenvariablen $a, b, \ldots$ nicht durch Elementaraussagen zu ersetzen, sondern nur durch die Symbole w und f, um nach den Wahrheitstafeln darüber zu entscheiden, ob eine Aussageform tautologisch-wahr ist oder nicht.

Die systematische Untersuchung aller Aussageformen auf ihre tautologische Wahrheit — insbesondere Untersuchungen darüber, wie sich das Entscheidungsverfahren mit den Wahrheitstafeln evtl. vereinfachen läßt — brauchen wir hier nicht aufzunehmen: Wir können dies den Mathematikern überlassen, da das Problem jetzt ja ein rein rechnerisches ist.

Die vorhin erwähnten tautologisch-wahren Aussageformen

$$\neg .a \wedge \neg a. \text{ und } a \vee \neg a$$

stehen in engem Zusammenhang mit zwei schon von ARISTOTELES ausführlich behandelten „Prinzipien" der Logik, nach denen jede Aussage (1) nicht zugleich wahr und falsch ist, und (2) wahr oder falsch ist. Ersetzt man „a ist falsch" durch „$\neg a$ ist wahr", so lauten diese Prinzipien in der Tat: für jede Aussage a gilt: (1) es ist nicht a und $\neg a$ zugleich wahr, (2) es ist a oder $\neg a$ wahr.

Sieht man hier von der Verwendung des Wortes „wahr" ab, so kann leicht der Eindruck entstehen, daß die obigen Formeln $\neg .a \wedge \neg a.$ und $a \vee \neg a$, deren tautologische Wahrheit durch einfache Berechnung aus den Wahrheitstafeln bewiesen wurde, die traditionellen logischen Prinzipien ersetzen könnten. Das ist aber ein Irrtum, weil das Rechnen mit den Wahrheitstafeln voraussetzt, daß die Prinzipien (1) und (2) schon anerkannt sind. Um die Wahrheitstafeln aufstellen zu können, haben wir ja erst einmal aus den überhaupt möglichen Aussagen (einer unbestimmt gelassenen Sprache) die wertdefiniten Aussagen ausgesondert: nämlich die wahren und die falschen Aussagen. Wir haben also durch eine einfache Definition (bei der die Termini „Aussage", „wahr", „falsch" schon als bekannt vorausgesetzt wurden) die wertdefiniten Aussagen bestimmt:

$\mathfrak{a}$ ist wertdefinite Aussage $\leftrightharpoons$ $\mathfrak{a}$ ist wahre Aussage oder $\mathfrak{a}$ ist falsche Aussage.

Wir haben dann ferner stillschweigend vorausgesetzt, daß keine Aussage zugleich wahr und falsch ist — und erst so erhielten wir das Resultat, daß allen wertdefiniten Aussagen genau ein Wahrheitswert (nämlich entweder „wahr" oder „falsch") zukommt. Erst dieses Resultat ermöglicht, logische Junktoren durch Wahrheitstafeln zu definieren. Mit diesen Wahrheitstafeln erhält man dann Tautologien — man erhält aber nicht alle logischen Wahrheiten.

Versucht man nämlich über die durch Wahrheitstafeln definierten Junktoren hinaus die Quantoren zur Zusammensetzung zu benutzen (um z. B. solche Sätze wie „alle Menschen sind sterblich" zu bekommen), so entsteht die Schwierigkeit, nachzuweisen, daß die mit Quantoren zusammengesetzten Aussagen auch wertdefinite Aussagen sind. Woher weiß man, daß für eine Aussageform $\mathfrak{a}(x)$ mit einer Variablen x, bei der für alle Ersetzungen von x aus $\mathfrak{a}(x)$ eine wertdefinite Aussage entsteht, also eine wahre oder falsche Aussage, auch die Aussage: „für alle x: $\mathfrak{a}(x)$", symbolisch: $\bigwedge_x \mathfrak{a}(x)$, wieder eine wahre oder falsche Aussage ist? Argumentiert man, daß entweder $\mathfrak{a}(x)$ für alle x wahr sei oder $\mathfrak{a}(x)$ nicht für alle x wahr sei und daß daher $\bigwedge_x \mathfrak{a}(x)$ wahr sei oder $\bigwedge_x \mathfrak{a}(x)$ nicht wahr sei, so entsteht ein unendlicher Regreß. Denn woher weiß man, daß $\mathfrak{a}(x)$ für alle x wahr oder nicht für alle x wahr ist?

Im Falle eines endlichen Variabilitätsbereiches von x reduziert sich, wie im vorigen Kapitel gezeigt wurde, $\bigwedge_x \mathfrak{a}(x)$ auf eine Konjunktion von wertdefiniten Aussagen der Form $\mathfrak{a}(x)$. In diesem Fall ist also auch $\bigwedge_x \mathfrak{a}(x)$ eine wertdefinite Aussage. Der Fall eines unendlichen Variabilitätsbereiches von x macht aber unüberwindliche Schwierigkeiten. Er ist am einfachsten in der Arithmetik zu studieren. Es sei etwa x eine Variable für die Grundzahlen 1, 2, 3, ...

und $\mathfrak{a}(x)$ sei eine Aussageform, von der bekannt ist, daß $\mathfrak{a}(1), \mathfrak{a}(2)$, $\mathfrak{a}(3) \ldots$ stets wertdefinite Aussagen sind. Ferner sei $\mathfrak{a}(x)$ derart gewählt, daß weder die Wahrheit noch die Falschheit der Aussage $\bigwedge_x \mathfrak{a}(x)$ bekannt ist. Solche Aussageformen gibt es beliebig viele, z. B. $\mathfrak{a}(x) \leftrightharpoons x$ ist gerade $\vee\, x$ ist unvollkommen.

Unter einer vollkommenen Zahl — dieser Begriff geht auf die pythagoreische Zahlenmystik zurück — versteht man eine Zahl, bei der die Summe aller echten Teiler genau die Zahl selber ist. Z. B. sind 6 und 28 vollkommene Zahlen. Die echten Teiler von 6 sind 1, 2 und 3. (6 selber ist auch ein Teiler von 6, aber ein sog. unechter Teiler). 6 ist vollkommen, weil $1 + 2 + 3 = 6$ ist. Die echten Teiler von 28 sind 1, 2, 4, 7, 14, und auch hier ist $1 + 2 + 4 + 7 + 14 = 28$. Nun haben die Mathematiker — trotz eifriger Suche seit den Zeiten des PYTHAGORAS — bisher keine ungerade vollkommene Zahl gefunden. Alle ungeraden Zahlen haben sich — beim Ausprobieren, man hat das Ausprobieren z. Zt. bis 10^{18} getrieben — immer als unvollkommen erwiesen. Während sich bei kleineren ungeraden Zahlen die Teilersumme immer als zu klein erweist, ist z. B. für 15.015 die Summe der echten Teiler 17.241. Für jede Zahl x hat sich — bisher — also immer „x ist gerade $\vee\, x$ ist unvollkommen" als wahr erwiesen. Aber, da die Mathematiker — ebenfalls trotz eifrigen Suchens — keinen Beweis des Allsatzes: „Alle Zahlen sind gerade oder unvollkommen" gefunden haben, ist weder Wahrheit noch Falschheit dieses Satzes bekannt.

Daher kann auch nicht verteidigt werden, daß $\bigwedge_x \mathfrak{a}(x)$ eine wertdefinite Aussage ist. In der traditionellen Logik wird trotzdem behauptet, $\bigwedge_x \mathfrak{a}(x)$ sei eine wertdefinite Aussage, d. h. sie sei wahr oder falsch — nur der Wahrheitswert dieser Aussage sei nicht bekannt. Das ist jedoch eine bloße Behauptung, die keine Gründe hinter sich hat, es ist ein Gedankensprung.

Damit soll nicht das Gegenteil behauptet werden, nämlich daß $\bigwedge_x \mathfrak{a}(x)$ keine wertdefinite Aussage sei, d. h. daß es falsch sei, daß $\bigwedge_x \mathfrak{a}(x)$ wahr oder falsch sei (diese negative Behauptung ist vielmehr logisch-falsch, d. h. ihre Negation ist logisch-wahr wie im nächsten Paragraphen gezeigt wird). Es wird nur die affirmative Behauptung, daß $\bigwedge_x \mathfrak{a}(x)$ eine wertdefinite Aussage ist, bestritten. Daß aus der Negation der Negation die Affirmation folgt, gilt, wie wir in § 2 sehen werden, nicht allgemein.

Dieselbe Überlegung gilt auch für den Einsquantor. Für $\mathfrak{a}(x) \leftrightharpoons$ x ist ungerade $\wedge\, x$ ist vollkommen, ist weder die Wahrheit noch die

Falschheit von $\bigvee_x \mathfrak{a}(x)$ bekannt. Also kann wiederum nicht behauptet werden, daß die Aussage $\bigvee_x \mathfrak{a}(x)$ wertdefinit sei.

Reflektieren wir jetzt auf die vorstehenden Überlegungen, so sehen wir, daß dort Behauptungen aufgestellt wurden darüber, ob etwas behauptet werden kann oder nicht. Um zu verstehen, wie das möglich ist, müssen wir untersuchen, ob es Regeln gibt, nach denen über das Recht, einen Satz zu behaupten (oder zu bestreiten) entschieden werden kann. Diese Frage wird uns in § 2 zu einer Logik führen, die nicht auf wertdefinite Aussagen beschränkt ist — und die daher ohne Gedankensprünge gestattet, die Quantoren einzubeziehen.

§ 2. *Logische Wahrheit*

Die in § 1 aufgewiesene Unzulänglichkeit des Versuches, eine Logik der Quantoren auf der Wertdefinitheit aufzubauen, veranlaßt uns, die Definition der wertdefiniten Aussage wieder fallenzulassen.

Wir haben ja schon in Kap. V gesehen, daß sich logische Partikeln auch dialogisch einführen lassen — und daß dazu die Wertdefinitheit nicht gebraucht wird. Nun kennen wir zwar bisher an Aussagen, die wir zur logischen Zusammensetzung benutzen können, nur Elementaraussagen — und von diesen ließe sich immerhin fordern, daß der vorkommende Prädikator soweit bestimmt sein sollte, daß sich eine wertdefinite Aussage ergibt. Z. B. ließe sich fordern, daß „rot" soweit bestimmt sein sollte, daß sich „7 ist rot" als falsch erweist. In der Tat, wenn man diese „Aussage" überhaupt gebrauchen will, sollte man sich jedenfalls soweit vorher darüber verständigen, daß man sie nicht als „wahr" behaupten dürfe. In der Arithmetik treten aber — wie wir im vorigen Paragraphen gesehen haben — logisch zusammengesetzte Aussagen auf, bei denen sich die Wertdefinitheit nicht mehr durch eine Festsetzung erzwingen läßt. Es gibt dort auch die Möglichkeit — durch sog. „induktive Definitionen" — logisch unzusammengesetzte Aussagen einzuführen, deren Wertdefinitheit nicht behauptet werden kann. Das sind dann keine Elementaraussagen, d. h. sie bestehen nicht aus Eigennamen und Prädikator. Wir nennen daher im folgenden die Aussagen, die wir mit logischen Partikeln zusammensetzen wollen, „Primaussagen". Für den Leser, der (vorläufig) nicht an der Arithmetik interessiert ist, genügt es aber, diesen Terminus synonym mit „Elementaraussage" zu verstehen.

Wir beschränken uns zunächst auf die Junktoren ∧, ∨, → und ¬ in ihrer in Kap. V angegebenen dialogischen Verwendung.

Entsprechend zu den Wahrheitstafeln suchen wir eine kurze Notation, mit der die **Verwendungsregeln** für Zusammensetzungen fixiert werden können.

Wir bilden dazu aus Primaussagen $\mathfrak{a}$, $\mathfrak{b}$, ... weitere Aussagen durch Zusammensetzung mit ∧, ∨, → und ¬, z. B.

$$\mathfrak{a} \vee \mathfrak{b} \wedge \mathfrak{c}, \qquad \neg\neg . \mathfrak{a} \vee \neg \mathfrak{a}.$$

Für solche Aussagen benutzen wir neue Variable, nämlich $\mathfrak{A}$, $\mathfrak{B}$, ...

Beginnen wir jetzt mit ∧. Wir wollen notieren, daß eine zusammengesetzte Behauptung $\mathfrak{A} \wedge \mathfrak{B}$ (deren Teile ihrerseits zusammengesetzt sein können) vom Opponenten angegriffen werden darf, indem dieser eine der beiden Teilaussagen auswählt, so daß die ausgewählte Teilaussage anschließend vom Proponenten zu verteidigen ist. Nennen wir von $\mathfrak{A} \wedge \mathfrak{B}$ die Teilaussage $\mathfrak{A}$ die Linke (L) und die Teilaussage $\mathfrak{B}$ die Rechte (R), so wollen wir die beiden Angriffe des Opponenten durch $L?$ bzw. $R?$ notieren. Damit erhalten wir zwei Verwendungsregeln für ∧, d. h. zwei Möglichkeiten, eine Konjunktion in einem Dialog zu verwenden, nämlich

Behauptung	Angriff	Verteidigung
$\mathfrak{A} \wedge \mathfrak{B}$	$L?$	$\mathfrak{A}$
$\mathfrak{A} \wedge \mathfrak{B}$	$R?$	$\mathfrak{B}$

Für die Adjunktion, bei deren Verteidigung der Proponent wählen darf, erhalten wir wieder zwei Regeln

$\mathfrak{A} \vee \mathfrak{B}$	?	$\mathfrak{A}$
$\mathfrak{A} \vee \mathfrak{B}$	?	$\mathfrak{B}$

Für die Subjunktion $\mathfrak{A} \to \mathfrak{B}$ haben wir einen Angriff (?), mit dem zugleich eine Behauptung, nämlich $\mathfrak{A}$, vom Opponenten aufgestellt werden muß. Als Verteidigung ist $\mathfrak{B}$ zu behaupten. Die Verwendungsregel, die wieder in der Form

Behauptung	Angriff	Verteidigung

geschrieben werden soll, lautet daher

$\mathfrak{A} \to \mathfrak{B}$	$\mathfrak{A}$?	$\mathfrak{B}$

Statt sich mit $\mathfrak{B}$ zu verteidigen, kann man im Dialog erst mit einem Gegenangriff auf $\mathfrak{A}$ erwidern.

Es bleibt die Negation $\neg \mathfrak{A}$ übrig mit der Verwendungsregel

$\neg \mathfrak{A}$	$\mathfrak{A}$?	

Hier ist keine Verteidigung zugelassen, hier bleibt also nur ein Gegenangriff als Erwiderung.

Sämtliche Verwendungsregeln haben die Eigenart, daß bei den Angriffen und Verteidigungen nur Teilaussagen der Behauptung auftreten. Ein Dialog, der mit einer junktorenlogisch zusammengesetzten Aussage beginnt, wird daher stets nach endlich vielen Schritten bei Primaussagen angelangt sein. Damit der Dialog insgesamt sinnvoll ist, verlangen wir von unseren Primaussagen, daß die Dialogpartner wissen, wie über das Recht, eine Primaussage zu behaupten, entschieden werden kann: die Primaussagen sollen „dialog-definit" sein.

Sind die „Primaussagen" Elementaraussagen, so ist die Bedingung nur erfüllt, wenn die in der Aussage genannten Gegenstände den Partnern hinreichend bekannt sind, und wenn der Prädikator durch Beispiele und Gegenbeispiele (evtl. im Zusammenhang mit anderen Prädikatoren) hinreichend bestimmt ist. Für arithmetische Primaussagen muß die Dialog-Definitheit auf Grund ihrer „induktiven Definition" eigens nachgewiesen werden.

Die vorgeschlagenen Junktoren ∧, ∨, → mit ihrer dialogischen Verwendung (sehen wir zunächst einmal von der Negation ab) scheinen willkürlich ausgewählt zu sein. Diese Auswahl rechtfertigt sich aber nicht etwa dadurch, daß diese Junktoren uns aus den natürlichen Sprachen vertraut sind, sondern dadurch, daß sie gewisse Möglichkeiten, Aussagen logisch zusammenzusetzen (und das soll heißen, daß die Verwendung eines Junktors im Dialog für alle Teilaussagen in gleicher Weise festgelegt ist) erschöpfen. Nehmen wir nämlich die Umkehrung ← der Subjunktion noch hinzu, und stellen wir die Angriffe und Verteidigungen für die Aussage 𝔄 ∗ 𝔅 (mit ∗ für ∧, ∨, →, ←) übersichtlich zusammen, so erhalten wir folgendes Schema:

	$L?$	𝔄
	$R?$	𝔅
	?	𝔄
	?	𝔅
𝔄	?	𝔅
𝔅	?	𝔄

Fordern wir, daß für jeden Junktor beide Buchstaben 𝔄 und 𝔅 genau einmal auftreten und daß dabei auf der rechten Seite einer der Buchstaben 𝔄 oder 𝔅 auftritt (läßt man zu, daß kein Buchstabe auftritt, so bedeutet dies, daß man die Negation hinzunimmt), so gibt es keine weitere Zeile mehr: wir haben in dem Schema die „einfachen" logischen Junktoren vollständig beisammen. Natürlich erhält man kompliziertere Junktoren z. B.

$$\mathfrak{A} \leftrightarrow \mathfrak{B} \leftrightharpoons \mathfrak{A} \leftarrow \mathfrak{B} \wedge \mathfrak{A} \rightarrow \mathfrak{B}$$

indem man, wie hier, mit einfachen Junktoren mehrfach zusammensetzt. Aber es gibt keine einfachen zweistelligen Junktoren außer $\wedge, \vee, \rightarrow, \leftarrow$. Von diesen ist $\leftarrow$ entbehrlich wegen

$$\mathfrak{A} \leftarrow \mathfrak{B} \leftrightharpoons \mathfrak{B} \rightarrow \mathfrak{A}.$$

Als Beispiel der dialogischen Verwendung einer zusammengesetzten Aussage nehmen wir eine Aussage $a \vee b \wedge \neg c$ als Ausgangsbehauptung (als „These"). Je nach den Wahlen der Dialogpartner sind dann mehrere Dialogverläufe möglich, z. B.

1		$a \vee b \wedge \neg c$
2	L ?	$a \vee b$
3	?	b

Hier stehen rechts die Aussagen des Proponenten, links die Angriffe des Opponenten. Wir wollen diese Seitenverteilung

Opponent ‖ Proponent

stets beibehalten.

Ein anderer Dialogverlauf wäre

1		$a \vee b \wedge \neg c$
2	R ?	$\neg c$
3	c ?	?

Im ersten Falle hätte der Proponent als letztes die Primaussage b zu verteidigen, im zweiten Falle hätte der Opponent die Primaussage c zu verteidigen. Je nachdem, wie dies gelingt, ist der Dialog dann beendet: es hat entweder der Proponent oder der Opponent gewonnen.

Ein Gewinn in einem solchen Dialog besagt noch nichts über die **Wahrheit** der These. Wir werden vielmehr eine These erst dann **wahr** nennen, wenn sie gegen **jede** mögliche Opposition verteidigt werden kann. Wenn nämlich mindestens eine der Aussagen a, b verteidigt werden kann, c aber nicht verteidigt werden kann, dann ist die These $a \vee b \wedge \neg c$ deshalb gegen jeden Opponenten verteidigbar, weil ein Opponent nur die Möglichkeit hat, in der Zeile 2 mit L? oder mit R? anzugreifen (und im zweiten Fall hat er nur die Möglichkeit, in der Zeile 3 mit c? anzugreifen). Es lassen sich hier also **alle Möglichkeiten eines beliebigen Opponenten übersehen**, anders ausgedrückt: es läßt sich eine Gewinnstrategie für den Proponenten angeben — diese beweist die **Wahrheit der These**.

Erst durch Angabe einer Gewinnstrategie ist der Dialog „definitiv gewonnen", wie wir im vorigen Kapitel gesagt haben. Daß wir die Verteidigbarkeit (gegen jeden Opponenten) die „Wahrheit" der

These nennen, ergibt sich natürlich nicht zwingend aus der Bestimmung der Wahrheit von Elementaraussagen. Es liegt vielmehr eine Ausdehnung des Wahrheitsbegriffes von den Elementaraussagen auf logisch zusammengesetzte Aussagen vor. Da an dem Wort „Wahrheit" nichts liegt, kommt es für den Leser nur darauf an, einzusehen, daß es sinnvoll ist, an dem interessiert zu sein, was hier „Wahrheit" genannt wird.

Um Gewinnstrategien, die für die Wahrheit entscheidend sind, als solche erkennen zu können, müssen die Regeln des Dialogspiels genauer angegeben werden. Die Verwendungsregeln für die logischen Partikeln allein genügen nicht: es muß auf eine vernünftige Weise geregelt werden, wer jeweils am Zug ist und welche Aussagen angegriffen oder verteidigt werden dürfen. Die zu treffende Regelung (positivistisch würde wohl sofort von „Konventionen" gesprochen werden) soll vernünftig sein, d. h. sie soll sich dem mit uns um eine Regelung Bemühten selbst empfehlen. Wir könnten auch sagen, die Regelung soll sachgemäß sein. Die Sache wäre aber dann unser dialogischer Umgang mit Behauptungen. Sich um diese Sache zu bemühen, kann nur heißen, sich an genügend vielen Beispielen in dialogische Situationen hineinzudenken.

Unser bisheriges Beispiel eines Dialogs um $a \vee b \wedge \neg c$ enthält in der These keine Subjunktion. Ohne Subjunktionen, also nur mit der Negation ($\neg$), den Konjunktionen ($\wedge$ und $\wedge x$) und den Adjunktionen ($\vee$ und $\vee x$), entstehen durch Anwendungen der Angriffs- und Verteidigungsregel immer wieder Situationen, in denen jeweils genau einer, der Proponent oder der Opponent, gerade eine Behauptung aufgestellt hat. Es ist daher am einfachsten (also „vernünftig") so fortzufahren, daß diese jeweils letzte Behauptung angegriffen und verteidigt wird.

Ausführlicher heißt dies:

Anfangsregel: Der Proponent beginnt mit der Behauptung einer These. Die Dialogpartner sind anschließend am Zug.

Allgemeine Dialogregel: Jeder Dialogpartner greift die im vorhergehenden Zug des anderen gesetzte Aussage an oder verteidigt sich gegen den im vorhergehenden Zug erfolgten Angriff des anderen.

Gewinnregel: Der Proponent hat gewonnen, wenn er eine angegriffene Primaussage verteidigt hat oder wenn der Opponent eine angegriffene Primaussage nicht verteidigt.

Weil keine Subjunktionen vorkommen, besteht bei der allgemeinen Dialogregel nur zum Schein eine Wahl. Eine Negation $\neg \mathfrak{A}$ wird durch $\mathfrak{A}$? angegriffen, und als Antwort bleibt nur ein Gegenangriff auf $\mathfrak{A}$. Alle anderen Aussagen werden ohne Setzung einer Aussage angegriffen, als Antwort bleibt nur eine Verteidigung. Im Unterschied zu später zu begründenden allgemeinen Dialogregeln seien Dialoge mit der obigen allgemeinen Regel als „strengkonstruktiv" bezeichnet.

Unter der Voraussetzung der Wahrheitsdefinitheit der vorkommenden Primaussagen stimmt die „streng-konstruktive Verteidigbarkeit" mit der durch die Wahrheitstafeln gelieferten sog. „semantischen Wahrheit" überein, z. B. ist $\mathfrak{A} \wedge \mathfrak{B}$ genau dann wahr (verteidigbar), wenn $\mathfrak{A}$ und $\mathfrak{B}$ wahr (verteidigbar) sind. $\mathfrak{A} \wedge \mathfrak{B}$ ist genau dann falsch (d. h., die Dialogstellung mit $\mathfrak{A} \wedge \mathfrak{B}$ als Behauptung des Opponenten ist für den Proponenten verteidigbar), wenn $\mathfrak{A}$ oder $\mathfrak{B}$ falsch ist. Wird in den Thesen auch die „konstruktive" Subjunktion mit der Angriffs-Verteidigungsregel

$$\mathfrak{A} \to \mathfrak{B} \mid \mathfrak{A}? \mid \mathfrak{B}$$

hinzugenommen (und nicht per definitionem durch die klassische Subjunktion $\neg \mathfrak{A} \vee \mathfrak{B}$ ersetzt), dann entsteht die Aufgabe, eine allgemeine Dialogregel auszuzeichnen, die auch beim Auftreten von (evtl. iterierten) Subjunktionen anwendbar bleibt.

Die streng-konstruktive Dialogregel läßt sich zwar auf konstruktive Subjunktionen anwenden. Aber in einer Stellung

$$\begin{array}{c|c} & \mathfrak{A} \to \mathfrak{B} \\ \mathfrak{A}? & \end{array}$$

müßte der Proponent jetzt zwischen einem Angriff auf $\mathfrak{A}$ und dem Setzen von $\mathfrak{B}$ wählen. Er darf nicht erst $\mathfrak{A}$ angreifen und nach gelungener Verteidigung (von $\mathfrak{A}$ durch den Opponenten) anschließend $\mathfrak{B}$ verteidigen.

Diese Erlaubnis erhält der Proponent aber, wenn man für ihn die streng-konstruktive Dialogregel folgendermaßen liberalisiert:

Der Proponent greift eine vom anderen gesetzte Aussage an oder verteidigt sich gegen den zuletzt erfolgten Angriff des anderen.

Diese für den Proponenten liberalisierte Dialogregel — für den Opponenten bleibt die streng-konstruktive Regel bestehen — heißt die konstruktive allgemeine Dialogregel. Um die Rechtfertigung dieser konstruktiven Dialogregel dreht sich der Streit zwischen konstruktiven und klassischen Logikern.

Die Klassiker benutzen nämlich — neben der streng-konstruktiven Dialogregel (die bei ihnen schon als „semantische Wahrheitsdefinition" auftritt) — nur die folgende noch weiter liberalisierte Regel für den Proponenten:

Der Proponent greift eine vom anderen gesetzte Aussage an oder verteidigt sich gegen einen Angriff des anderen.

Diese allgemeine Dialogregel — für den Opponenten bleibt es auch für die Klassiker bei der streng-konstruktiven Regel — heiße die klassische Dialogregel.

Die Konstruktivisten behaupten also, daß zwischen der strengkonstruktiven Regel und der klassischen Regel noch eine dritte Dialogregel sinnvoll ist, die zwar die Angriffe des Proponenten liberalisiert, aber nicht zugleich die Verteidigungen.

Für den Konstruktivismus stellt sich die Aufgabe, beide Liberalisierungsschritte zu begründen. Schon das bloße Faktum, daß die Kontroverse zwischen Konstruktivisten und Klassikern seit BROUWERS Dissertation 1907 bis heute nicht zu einem allgemeinen Konsensus geführt hat, wird den Leser vermuten lassen, daß diese Begründungsaufgabe nicht ohne eine gewisse Subtilität zu lösen sein wird.

Zur Vereinfachung der Diskussion sehen wir zunächst von der Subjunktion ab, beschränken uns also, wie in streng-konstruktiven Dialogen, auf subjunktionsfreie Aussagen. Obwohl wir nämlich die Liberalisierungen eingeführt haben, um die Hinzunahme der Subjunktionen zu ermöglichen, wirken sich die Liberalisierungen auch auf die Verteidigbarkeit subjunktionsfreier Aussagen aus. Das zeigt sich schon an den einfachen Beispielen von Thesen der Form $\neg a \vee b$ und $\neg . a \wedge \neg b$.

Konstruktiv sieht ein Dialog um $\neg . a \wedge \neg b$. so aus:

	$\neg . a \wedge \neg b.$	
1.		
2. $a \wedge \neg b$?		$L\ ?\ 2$
3. a		$?\ 3$
4. (a)		$R\ ?\ 2$
5. $\quad \neg b$	b	$?\ 5$
6. $\qquad ?$	(b)	

Hier sind die Zeilen numeriert, und hinter den Angriffszeichen des Proponenten P ist die Zeilennummer der angegriffenen Aussage angegeben (weil P jetzt alle vorangegangenen Aussagen des Opponenten O angreifen darf — O greift stets nur die unmittelbar vorhergehende Aussage von P an). (a) bzw. (b) steht für eine Verteidigung der Primaussage $\mathfrak{a}$ bzw. $\mathfrak{b}$. Kann O die Aussage $\mathfrak{a}$ in Zeile 4 nicht verteidigen, so endet der Dialog schon in dieser Stellung mit Gewinn für P. Im Unterschied zum streng-konstruktiven Dialog gewinnt P aber auch dann, wenn er $\mathfrak{b}$ nur verteidigen kann, nachdem O die Aussage $\mathfrak{a}$ verteidigt hat. Dieser Unterschied ist selbstverständlich nur dann relevant, wenn die Primaussagen nicht als wahrheitsdefinit vorausgesetzt werden. Nimmt man an, daß P immer schon vorher weiß, welche Aussagen O verteidigen kann, welche nicht — dann wäre es angebracht, bei den streng-konstruktiven Dialogen zu bleiben.

Der Dialog um $\neg \mathfrak{a} \vee \mathfrak{b}$ sieht konstruktiv so aus

1.		$\neg \mathfrak{a} \vee \mathfrak{b}$		$\neg \mathfrak{a} \wedge \mathfrak{b}$	
2.	?	$\neg \mathfrak{a}$		$\mathfrak{b}$	
3.	$\mathfrak{a}$?		? 3 oder ?	...	
4.	...				

P gewinnt, wenn O die Aussage $\mathfrak{a}$ nicht verteidigen kann oder P die Aussage $\mathfrak{b}$ verteidigen kann.

Klassisch sieht der Dialog um dieselbe These dagegen so aus

1.			$\neg \mathfrak{a} \vee \mathfrak{b}$	
2.		?	$\neg \mathfrak{a}$	
3.	$\mathfrak{a}$	?		? 3
4.	(a)		$\mathfrak{b}$	(2)
5.		?	...	

In der 4. Zeile ist hier angenommen, daß O die Aussage $\mathfrak{a}$ verteidigen kann. P verteidigt sich noch einmal gegen den Angriff in der 2. Zeile. P gewinnt also auch dann, wenn er $\mathfrak{b}$ nur verteidigen kann, **nachdem** O die Aussage $\mathfrak{a}$ verteidigt hat. D. h., es besteht kein Unterschied zwischen dem konstruktiven Dialog um $\neg. \mathfrak{a} \wedge \neg \mathfrak{b}.$ und dem klassischen Dialog um $\neg \mathfrak{a} \vee \mathfrak{b}$. Der konstruktive Dialog um $\neg \mathfrak{a} \vee \mathfrak{b}$ ist aber von P nur zu gewinnen, wenn er vorher weiß, ob O die Aussage $\mathfrak{a}$ verteidigen kann oder ob er (P) die Aussage $\mathfrak{b}$ verteidigen kann. Die Frage, die wir — anhand von Beispielen wie diesen — zu beantworten haben, ist, ob wir eine (subjunktionsfrei zusammengesetzte) Aussage „wahr" nennen wollen, wenn sie streng-konstruktiv, konstruktiv oder klassisch verteidigbar ist. Es ist leicht, eine Antwort zu vermeiden, indem man drei verschiedene „Wahrheitsbegriffe" unterscheidet: streng-konstruktive, konstruktive und klassische Wahrheit. Aber es bleibt dann die Frage nach der Zweckmäßigkeit, d. h. die Frage danach, welchen Zwecken diese Wahrheitsbegriffe angemessen sind. Hier läßt sich der konstruktive Wahrheitsbegriff leicht auszeichnen: er gestattet die meisten Differenzierungen. Es sind nämlich streng-konstruktiv $\neg a \lor b$ und $\neg . a \lor \neg b$. ununterscheidbar (die streng-konstruktiven Dialoge sind genau dann gewinnbar, wenn konstruktiv $\neg a \lor b$ verteidigbar ist), und ebenso sind beide Aussagen klassisch ununterscheidbar (die klassischen Dialoge sind genau dann gewinnbar, wenn konstruktiv $\neg . a \land \neg b$. verteidigbar ist). Nur konstruktiv führen $\neg a \lor b$ und $\neg . a \land \neg b$ zu verschiedenen Dialogstellungen.

Diese Bemerkungen liefern selbstverständlich noch keine Rechtfertigung der konstruktiven oder klassischen Dialoge. Wenn wir nämlich durch Wahl einer allgemeinen Dialogregel festlegen, wann zusammengesetzte Aussagen als „wahr" bezeichnet werden sollen, dann ist zunächst zu fordern, daß alles, was streng-konstruktiv wahr ist, auch wahr im neuen Sinne ist. Dies folgt für die konstruktive und klassische Wahrheit daraus, daß die konstruktive und die klassische allgemeine Dialogregel „Liberalisierungen" für den Proponenten der streng-konstruktiven allgemeinen Dialogregel sind. Dies ist der Grund, der gegen die — vom Leser vielleicht zunächst erwartete — Liberalisierung der Angriffs- und Verteidigungserlaubnisse auch des Opponenten spricht. Nur für Liberalisierungen, die auf den Proponenten beschränkt sind, ist es trivial, daß streng-konstruktive Wahrheiten stets Wahrheiten bleiben.

Außerdem ist aber zu untersuchen, ob die Angriffs- und Verteidigungsregeln für die logischen Partikeln erhalten bleiben. Dies ist für die Konjunktion (einschließlich All-Quantoren) trivial: ist z. B. $\| \mathfrak{A} \land \mathfrak{B}$ konstruktiv bzw. klassisch verteidigbar, dann sind auch $\mathfrak{A}$ und $\mathfrak{B}$ konstruktiv bzw. klassisch verteidigbar. Für die Adjunktion sind die Verhältnisse klassisch etwas unüberübersichtlicher, aber klassisch kann die Adjunktion durch $\neg . \neg \mathfrak{A} \land \neg \mathfrak{B}$. ersetzt werden. Problematisch ist nur die Negation $\neg$ und konstruktiv die Subjunktion (die klassisch durch $\neg . \mathfrak{A} \land \neg \mathfrak{B}$. zu ersetzen ist). Von den durch Liberalisierung der Proponentenregel entstehenden Wahrheitsbegriffen ist zu fordern, daß $\| \neg \mathfrak{A}$ nur dann verteidigbar ist, wenn $\| \mathfrak{A}$ nicht verteidigbar ist. Es soll nicht zugleich $\| \mathfrak{A}$ und $\| \neg \mathfrak{A}$ verteidigbar sein — das ist die Forderung der Widerspruchsfreiheit („Konsistenz").

Zum konstruktiven Fall ist zu fordern, daß $||\mathfrak{A} \to \mathfrak{B}$ nur dann verteidigbar ist, wenn $||\mathfrak{B}$ verteidigbar ist, falls $||\mathfrak{A}$ verteidigbar ist. Es wird also gefordert, daß mit $||\mathfrak{A}$ und $||\mathfrak{A} \to \mathfrak{B}$ stets auch $||\mathfrak{B}$ verteidigbar sind. Das ist der bekannte Schluß „modus ponens" auf metadialogischer Stufe.

Ersetzt man die Stellung $||\mathfrak{A} \to \mathfrak{B}$ durch die gleichwertige Stellung $\mathfrak{A} || \mathfrak{B}$, so handelt es sich darum, die Zulässigkeit der folgenden Regel

(*) $$||\mathfrak{A} \,,\, \mathfrak{A}||\mathfrak{B} \Rightarrow ||\mathfrak{B}$$

zu zeigen: diese Regel heißt „zulässig", wenn sie von verteidigbaren Stellungen stets nur zu verteidigbaren Stellungen führt.

Spezialisiert man in (*) die Aussage $\mathfrak{B}$ auf eine falsche Primaussage $\mathfrak{b}$, so entsteht die Regel

$$||\mathfrak{a} \,,\, \mathfrak{a}||\mathfrak{b} \Rightarrow ||\mathfrak{b}.$$

Da $||\mathfrak{b}$ nicht verteidigbar ist (per definitionem: es gibt überhaupt keine Verteidigungsschritte), liefert dieser Spezialfall von (*) die Konsistenz, denn $\mathfrak{a}||\mathfrak{b}$ ist gleichwertig mit $||\neg \mathfrak{a}$. Anders ausgedrückt: die Widerspruchsfreiheit der konstruktiven Dialoge ist durch die Zulässigkeit von (*) zu beweisen.

Für einen Beweis dieser Zulässigkeit (es handelt sich um einen Satz vom Typ des GENTZENschen Hauptsatzes") sei hier auf „Konstruktive Logik, Ethik und Wissenschaftstheorie" (BI 700) verwiesen.

Der Leser, der die Mühe eines Beweises scheut, wird gebeten, sich wenigstens anhand von einigen Beispielen davon zu überzeugen, daß er dann, wenn er für eine Aussage $\mathfrak{A}$ die Stellung $||\mathfrak{A}$ verteidigen kann, nicht zugleich auch die Stellung $||\neg \mathfrak{A}$ verteidigen kann. Das war für streng-konstruktive Dialoge trivial, weil Proponent und Opponent dort gleichberechtigt sind. Konstruktiv ist aber nur eine Liberalisierung für den Proponenten eingetreten.

Die Widerspruchsfreiheit (Konsistenz) gilt auch für die klassische Dialogführung, also für die Liberalisierung von Angriffen und Verteidigungen für den Proponenten.

Setzt man (aufgrund des GENTZENschen Hauptsatzes) die Konsistenz der konstruktiven Dialoge voraus, so folgt die Konsistenz der klassischen Dialoge allerdings — wie man (in anderer Formulierung) schon seit GLIVENKO 1929, GOEDEL 1932 weiß — sofort dar-

aus, daß man sich auf Negation und Konjunktionen beschränkt.
Man ersetzt klassisch $\mathfrak{A} \vee \mathfrak{B}$ durch $\neg. \neg \mathfrak{A} \wedge \neg \mathfrak{B}$.

$\mathfrak{A} \to \mathfrak{B}$ durch $\neg. \mathfrak{A} \wedge \neg \mathfrak{B}$.

(und bei Benutzung von Quantoren
$\vee x \mathfrak{A}(x)$ durch $\neg \wedge x \neg \mathfrak{A}(x)$).

Dann ist jede klassisch verteidigbare junktorenlogische These auch schon konstruktiv verteidigbar. Dies gilt auch für quantorenlogische Thesen, wenn jede Primaussage $\mathfrak{a}$ durch $\neg \neg \mathfrak{a}$ ersetzt wird. Die klassischen Dialoge sind also nur ein Spezialfall der konstruktiven.

Bei Beschränkung auf Junktoren und auf wahrheitsdefinite Primaussagen gilt darüber hinaus, daß jede tautologisch-wahre Aussage stets konstruktiv dialogisch verteidigbar ist.

Als Beispiele betrachten wir die konstruktiven Dialoge um $\neg. \mathfrak{a} \wedge \neg \mathfrak{a}$. und $\mathfrak{a} \vee \neg \mathfrak{a}$.

1		‖	$\neg. \mathfrak{a} \wedge \neg \mathfrak{a}$.	
2	$\mathfrak{a} \wedge \neg \mathfrak{a}$?	‖	L ?	2
3	$\mathfrak{a}$	‖	R ?	2
4	$\neg \mathfrak{a}$	‖	$\mathfrak{a}$	? 4
5	?	‖		? 3

In dieser Dialogstellung hat erst der Opponent $\mathfrak{a}$ zu verteidigen, dann der Proponent. Ist $\mathfrak{a}$ falsch, so kann dem Opponenten diese Verteidigung nicht gelingen, ist $\mathfrak{a}$ wahr, so wird dem Proponenten die Verteidigung (ebenso wie dem Opponenten) gelingen.

1		‖	$\mathfrak{a} \vee \neg \mathfrak{a}$	
2		?	‖	$\neg \mathfrak{a}$
3	$\mathfrak{a}$	?	‖	? 3

In dieser Dialogstellung gewinnt der Proponent nur, wenn $\mathfrak{a}$ falsch ist. Ist $\mathfrak{a}$ wahr, so müßte der Proponent in der 2. Zeile anders ziehen:

1		‖	$\mathfrak{a} \vee \neg \mathfrak{a}$
2	?	‖	$\mathfrak{a}$
3	?	‖	

Diese beiden Beispiele zeigen einen bemerkenswerten Unterschied. Beim zweiten Beispiel $\mathfrak{a} \vee \neg \mathfrak{a}$ richtet sich die Gewinnstrategie nach dem Wahrheitswert von $\mathfrak{a}$. Im ersten Beispiel braucht der Proponent für seine Strategie dagegen die Wahrheitswerte der vorkommenden Primaussagen nicht zu kennen. Hier endet der Dialog ja so, daß der Proponent nur eine Primaussage zu verteidigen hat, die der Opponent vorher gesetzt hat (und deren Verteidigung vorzuführen er daher vom Proponenten gezwungen werden kann).

Nur ein Teil der tautologisch-wahren Aussagen hat diese Eigenschaft: der Proponent kann bei ihnen den Dialog so führen, daß er schließlich eine Primaussage zu verteidigen hat, die der Opponent vorher gesetzt hat. Die Aussagen mit dieser Eigenschaft wollen wir (konstruktiv) **logisch-wahr** nennen. Mit einer Aussage, die logisch-wahr ist, sind wieder alle Aussagen derselben Form logisch-wahr. Wir können also auch eine Aussageform (zusammengesetzt aus Variablen a, b, ... mit den Junktoren) logisch-wahr nennen: nämlich dann, wenn alle aus ihr durch Ersetzung entstehenden Aussagen logisch-wahr sind. Wieder liegt die Pointe dieser Definition darin, daß die logische Wahrheit einer Aussageform festgestellt werden kann, ohne auf die durch Ersetzung entstehenden Aussagen eingehen zu müssen. Dieses Mal — im Unterschied zur Definition der tautologischen Wahrheit — braucht man noch nicht einmal zu wissen, daß die Primaussagen wertdefinit sind. Es braucht von den Wahrheitswerten gar nicht geredet zu werden, da ja nur eine Strategie gesucht werden muß, die bis zu einer Situation führt, in der der Proponent eine vom Opponenten schon gesetzte Primformel zu verteidigen hätte: es braucht keine Primformel wirklich verteidigt zu werden.

Zur Verteidigung von Aussageformen (Formeln) als Thesen modifizieren wir die allgemeine Spielregel des Dialogspieles nur dadurch, daß dem Proponenten verboten wird, Primformeln (das sind die Variablen) anzugreifen. Der Opponent darf sie angreifen (mit dem Angriffszeichen ?); es gibt aber für den Proponenten keine Verteidigung.

Wir behandeln zwei Beispiele solcher **formalen Dialoge**:

1			$\neg\neg.a \vee \neg a.$		
2	$\neg.a \vee \neg a.$	?	$a \vee \neg a$	? 2
3		?	$\neg a$	
4	a	?	$a \vee \neg a$	? 2
5		?	a	

In dieser Stellung ist der Opponent am Zuge. Er gibt auf, weil er nur die Primformel a angreifen könnte, die er selbst schon gesetzt hat. Die Negation einer Aussage $a \vee \neg a$ ist also logisch-falsch (vgl. den vorletzten Absatz von § 1).

1			$\neg\neg a \to a$	
2	$\neg\neg a$	?	$\neg a$	? 2
3	a	?		

Der Proponent kann jetzt nicht etwa seine These durch „a" verteidigen, er darf sich ja nur gegen den letzten Angriffszug des Opponenten (in Zeile 3) verteidigen. Dieser Dialogverlauf zeigt daher, daß bei dieser These der Proponent den Gewinn nicht erzwingen kann. Der Schluß von der Negation der Negation auf die Affirmation ist kein konstruktiv-logischer Schluß.

Nennen wir das zuerst betrachtete Dialogspiel mit Aussagen das „materiale" Spiel und das jetzige Dialogspiel mit Formeln „formal", so sind die Regeln für das konstruktive formale Spiel die folgenden:

Allgemeine Spielregel:

1. Der Proponent darf nur eine der vom Opponenten gesetzten zusammengesetzten Formeln angreifen oder sich gegen den letzten Angriffszug des Opponenten verteidigen.
2. Der Opponent darf nur die im vorhergehenden Zug des Proponenten gesetzte Aussage angreifen oder sich gegen den Angriff im vorhergehenden Zuge des Proponenten verteidigen.

Gewinnregel:

Der Proponent hat gewonnen, wenn er eine Primformel zu verteidigen hat, nachdem eine gleiche Primformel vom Opponenten gesetzt ist.

Durch dieses formale Dialogspiel sind die konstruktiv logisch-wahren Aussageformen jetzt definiert als diejenigen, die als Thesen gegen jeden Opponenten (d. h. gegen jede mögliche Opposition) verteidigt werden können. Jede konstruktiv logisch-wahre Formel ist auch tautologisch-wahr, dies gilt aber nicht umgekehrt. Die konstruktiv logisch-wahren Formeln bilden eine echte Teilklasse (wie man sagt) der tautologisch-wahren Formeln. Dieser Sachverhalt ist zuerst 1907 von dem Mathematiker L. E. J. BROUWER entdeckt worden[1]. Er nannte die tautologisch-wahren Formeln, die nicht zugleich konstruktiv logisch-wahr sind, onbetrouwbaar (unzuverlässig). BROUWER ist der Begründer einer intuitionistischen

---

[1] L. E. J. BROUWER, Over de grondslagen der wiskunde, 1907.

Mathematik — die hier konstruktiv logisch-wahr genannten Formeln heißen daher in der gegenwärtigen Literatur meistens „intuitionistisch logisch-wahr". Auf die Geschichte des „Intuitionismus" brauchen wir hier jedoch nicht einzugehen.

Über das Verhältnis von konstruktiv logischer und tautologischer Wahrheit können wir auf Grund der gegebenen Begründungen das folgende feststellen: Die konstruktiv dialogischen Verwendungsregeln der Junktoren führen zur Definition der Wahrheit einer junktorenlogisch zusammengesetzten Aussage als Verteidigbarkeit gegen jeden Opponenten. Sind die vorkommenden Primaussagen wertdefinit, so stimmt die dialogische Wahrheit mit der Wahrheit auf Grund der Wahrheitstafeln überein. Außer der tautologischen Wahrheit von Aussageformen läßt sich aber auch eine konstruktiv logische Wahrheit von Aussageformen durch Dialogspiele definieren, die von der Wertdefinitheit der Primaussagen keinen Gebrauch machen.

Ersetzt man dagegen die konstruktive Dialogregel durch die klassische Dialogregel, so stimmen (innerhalb der Junktorenlogik) tautologische Wahrheit und klassisch logische Wahrheit (definiert durch Verteidigbarkeit im klassisch formalen Dialog) überein.

Für die Quantorenlogik steht keine „tautologische Wahrheit" aufgrund von Wahrheitstafeln zur Verfügung.

Durch die dialogische Einführung der Junktoren haben wir uns aber von der Voraussetzung der Wertdefinitheit unabhängig gemacht. Dies ermöglicht, die Quantoren mit in die Logik einzubeziehen — ohne wie die sog. klassische Quantorenlogik die Wertdefinitheit von den wertdefiniten Aussagen unkritisch auf die quantifizierten Aussagen übertragen zu müssen.

Im Unterschied zur Junktorenlogik machen wir jetzt von der Möglichkeit Gebrauch, daß Primaussagen durch Ersetzung aus „Primaussageformen" entstehen können. Z. B. können wir die Primaussagen betrachten, die aus „x ist ein Philosoph" bei Ersetzung der Variablen x durch Eigennamen (von Personen) entstehen — oder etwa aus „diese Blume ist P" bei Ersetzung von P durch einen Farbprädikator. Genauso könnte man aber auch die Primaussagen betrachten, die aus „er hat n Spiele verloren" bei Ersetzung von n durch Zahlwörter entstehen. Diese Beispiele zeigen, daß in Primaussageformen $a(x)$ (mit einer Variablen x) diese Variable keineswegs stets eine Subjektvariable (d. h. in der Grammatik für das

Subjekt stehend) sein muß, x kann vielmehr eine Variable mit einer beliebigen Klasse von Wörtern als Variabilitätsbereich sein — die Ersetzung von x in $\mathfrak{a}(x)$ durch ein Wort des Variabilitätsbereichs soll nur stets zu einer Aussage führen. Weiß man für eine Aussageform $\mathfrak{A}(x)$ mit all den bei Ersetzung von x entstehenden Aussagen im Dialog umzugehen, so werde die dialogische Verwendung der quantifizierten Aussagen $\bigwedge_x \mathfrak{A}(x)$ (für alle x: $\mathfrak{A}(x)$) und $\bigvee_x \mathfrak{A}(x)$ (für einige x: $\mathfrak{A}(x)$) folgendermaßen festgelegt:

$$\bigwedge_x \mathfrak{A}(x) \quad | \quad y \; ? \quad | \quad \mathfrak{A}(y)$$
$$\bigvee_x \mathfrak{A}(x) \quad | \quad \; ? \quad | \quad \mathfrak{A}(y)$$

Für die Variable y sind hier beliebige Konstanten aus dem Variabilitätsbereich von x einzusetzen.

Die übrigen Regeln des materialen oder formalen Dialogspiels können wörtlich übernommen werden. Wir geben hier nur ein Beispiel für das konstruktiv formale Spiel (in dem Variable $y, y_1, y_2 \ldots$ einfach als Konstante behandelt werden).

Das Schulbeispiel von der Sterblichkeit der Griechen (von ,,Alle Griechen sind Menschen" und ,,Alle Menschen sind sterblich" wird auf ,,Alle Griechen sind sterblich" geschlossen) sieht jetzt so aus: nach Vorgabe von Hypothesen $\bigwedge_x .a(x) \to b(x).$ und $\bigwedge_x .b(x) \to c(x).$ ist die These $\bigwedge_x .a(x) \to c(x).$ zu verteidigen. Ein Dialog verläuft etwa so:

1	$\bigwedge_x .a(x) \to b(x).$			
2	$\bigwedge_x .b(x) \to c(x).$		$\bigwedge_x .a(x) \to c(x).$	
3		y ?	$a(y) \to c(y)$	
4	$a(y)$	?	$c(y)$	
5		?		y ? 1
6	$a(y) \to b(y)$		$a(y)$	? 6
7	$b(y)$			y ? 2
8	$b(y) \to c(y)$		$b(y)$	? 8

In dieser Stellung gibt der Opponent auf, weil er $c(y)$ setzen muß (das von ihm zuletzt angegriffen wurde) oder $b(y)$ angreifen muß (das von ihm schon gesetzt ist).

Ist eine These gegen jeden Opponenten nach Vorgabe von Hypothesen zu verteidigen, so sagen wir, daß die Hypothesen die These logisch implizieren. Man nennt die These auch ein logisches Implikat, eine logische Folge oder Konsequenz der Hypothesen. Der Übergang von Hypothesen zu einer logisch-implizierten These heißt ein logischer Schluß.

Zum Schluß dieses Paragraphen sei noch auf folgenden Unterschied zwischen der Junktorenlogik und der Quantorenlogik hingewiesen. Für eine nur mit Junktoren (aus Variablen als Primformeln) zusammengesetzte Formel kann man stets — die nötige Geduld vorausgesetzt — entscheiden, ob es eine Gewinnstrategie zur Verteidigung dieser Formel als These gibt oder nicht. Es lassen sich stets sämtliche Züge, die jeweils dem Opponenten oder dem Proponenten zur Verfügung stehen, übersehen — dabei ist außerdem jede Formel, die im Verlauf des Dialogs gesetzt wird, eine echte Teilformel einer schon vorher gesetzten Formel. Man kommt nach endlich vielen Schritten stets auf Primformeln.

Durch Hinzunahme der Quantoren ändert sich diese Situation. Z. B. kann der Opponent jetzt eine vom Proponenten angegriffene Formel $\bigvee_x A(x)$ auf immer neue Weise, nämlich durch $A(y_1)$, $A(y_2)$, $A(y_3)$ ... verteidigen. Auf diese Weise kann man zeigen, daß im Dialog mit der folgenden Ausgangsstellung der Opponent einen Gewinn des Proponenten verhindern kann:

$$\bigwedge_x \bigvee_y a(x,y)$$
$$\bigwedge_{x,y,z} . a(x,y) \wedge a(y,z) \to a(x,z). \qquad \| \qquad \bigvee_x a(x,x)$$

Will man beweisen, daß die These auf Grund der Hypothesen nicht verteidigt werden kann, so wird man die Arithmetik zu Hilfe nehmen müssen: interpretiert man $x, y, \ldots$ als Variable für die Grundzahlen 1, 2, 3, ... und $a(x,y)$ durch die Ungleichung $x < y$, so sieht man, daß die Hypothesen wahre arithmetische Sätze sind, die These aber kein wahrer arithmetischer Satz ist — die These kann also nicht logisch aus den Hypothesen folgen.

In vielen Fällen gestattet erst die Hinzunahme arithmetischer Betrachtungen eine Entscheidung über die Gewinnbarkeit einer quantorenlogischen Dialogstellung.

Diese Unentscheidbarkeit der logischen Wahrheit für quantorenlogische Thesen macht ein Phänomen verständlich, das für die moderne Logik charakteristisch ist, nämlich das Auftreten von Logikkalkülen. Diese dienen dazu, die Frage der Verteidigbarkeit einer These auf die einfachere Frage der „Ableitbarkeit" der These nach einem geeigneten System von Regeln (ein solches Regelsystem heißt ein Kalkül) zu reduzieren. Auf Einzelheiten solcher Kalküle — die zur sog. mathematischen Logik, von Philosophen gern verächtlich „Logistik" genannt, gehören — gehen wir in dieser Vorschule, die nur zu einem Verständnis der Möglichkeit formallogischen Schließens als einer vernünftigen Tätigkeit hinführen soll, nicht ein.

§ 3. Ontische Modallogik

Die moderne Logik hat die — auf ARISTOTELES zurückgehende — Modallogik nur sehr zögernd in ihre Untersuchungen einbezogen. Dies wird dadurch verständlich, daß die moderne Logik bis RUSSELL einschließlich nur von Mathematikern für die Mathematik entwickelt worden ist. In der Mathematik sind aber Formulierungen wie „Eine Quadratzahl ist unmöglich Primzahl" nur eine ungenaue Redeweise für : „Keine Quadratzahl ist Primzahl."

Die „deontischen" Modalitäten (geboten — erlaubt) werden erst seit ca. 1940 logisch untersucht. Die Logik der „ontischen" Modalitäten (notwendig — möglich) hat seit ca. 1960 durch Arbeiten von KANGER, HINTIKKA und KRIPKE einen ähnlichen Abschluß erreicht wie die klassische Quantorenlogik.

Zur methodischen Rekonstruktion gehen wir von der Situation einer Redegruppe aus, in der noch keine Modalitäten benutzt werden. Der wichtigste Fall ist der, daß die Elementaraussagen schon mit Zeitindikatoren wie „jetzt", „vergangen" und „zukünftig" gebraucht werden. Während für Vergangenheitsaussagen (im Deutschen: „N war p") jetzt schon entschieden ist, ob Np war oder nicht, ist für Zukunftsaussagen (im Deutschen: „N wird p sein") jetzt noch nicht entschieden — wenn überhaupt Entscheidungen eingehen —, ob Np sein wird oder nicht.

Während also die einfache Behauptung „N war p" jedenfalls sinnvoll ist — obwohl unser Wissen unzureichend zu einer Begründung sein mag —, ist die einfache Behauptung von Zukunftsaussagen „N wird p sein" nicht sinnvoll. Haben wir aber ein Wissen S über unsere gegenwärtige Situation, einschließlich von — zumindest vermeintlich gewußten Verlaufsgesetzen (speziell: Naturgesetzen), so wird es sinnvoll zu untersuchen, ob die fragliche Zukunftsaussage oder ihre Negation von S logisch impliziert wird.

Zur Abkürzung schreiben wir „$\triangle_s a$" für „$S \prec a$" mit „$\prec$" für die logische Implikation — ob dabei die klassische oder die konstruktive Logik zugrunde gelegt wird, ist für das Folgende irrelevant. Liest man „$\triangle_s a$" als „notwendig bzgl. S", so ändert dies nichts daran, daß wir nichts über die Zukunft wissen, sondern nur aus „Hypothesen" schließen (und unsere Schlußfolgerungen als „notwendig" bezeichnen).

Die Rede von einer Notwendigkeit futurischer Aussagen gewinnt erst dadurch Sinn, daß — auf der Metastufe — Implikationen zwischen solchen relativen Notwendigkeitsaussagen bestehen, die **unabhängig** davon sind, auf welches (vermeintliche) Wissen S diese „Notwendigkeit" bezogen ist. Ein triviales Beispiel ist das folgende: Es seien a und $a \to b$ bezüglich S „notwendig". Dann ist auch b bezüglich S „notwendig".

Ersichtlich kommt es hier nur auf die Form der Aussagen a, b und $a \to b$ an. Benutzen wir Variable a und b, so lautet die „metalogische" Behauptung

$$\triangle_S a \wedge \triangle_S (a \to b) \to \triangle_S b.$$

Eine Verteidigung im Dialog sieht so aus:

$$
\begin{array}{c||c}
 & \triangle_S a \wedge \triangle_S (a \to b) \to \triangle_S b \\
\triangle_S a \wedge \triangle_S (a \to b)\,? & \triangle_S b \\
? & \\
\triangle_S a & L\,? \\
\triangle_S (a \to b) & R\,?
\end{array}
$$

Statt Primformeln erreichen wir hier △-Formeln, d. h. Formeln, die mit „△" beginnen. Wir erreichen die folgende Dialogstellung mit △-Formeln allein:

$$
\begin{array}{c||c}
\triangle_S a & \\
\triangle_S (a \to b) & \triangle_S b
\end{array}
$$

Diese Stellung ist für **jedes** S gewinnbar: Impliziert S nämlich a und $a \to b$, so auch $a \wedge a \to b$. Also impliziert S — wegen $a \wedge a \to b \prec b$ — auch b. Das ist nur eine Anwendung des GENTZENschen Hauptsatzes.

Allgemein gilt (was schon ARISTOTELES in den Analytica priora I, 8 benutzt), daß eine Stellung

$$
\begin{array}{c||c}
\triangle_S A_1 & \\
\vdots & \\
\triangle_S A_m & \triangle_S B
\end{array}
$$

genau dann für alle S zu gewinnen ist, wenn die (modalitätenfreie) Stellung

$$\begin{array}{c|} A_1 \\ \vdots \\ A_m \end{array} \Big\| B$$

formal zu gewinnen ist.

Diese Entdeckung, daß von relativen Notwendigkeiten auf weitere geschlossen werden kann, ohne daß man auf ein bestimmtes Wissen S zurückgreifen muß, liefert die Grundlage einer **Modallogik**: man unterdrücke in den Symbolen $\triangle_s$ stets die Angabe von S und operiere mit den $\triangle$-Formeln als Primformeln in Dialogen wie bisher, füge aber als Verteidigung einer Stellung

$$\sum (\triangle A_1, \ldots, \triangle A_m) \| \triangle B$$

(in der rechts eine $\triangle$-Formel steht, links ein System von Formeln, unter denen evtl. $\triangle$-Formeln vorkommen) als $\triangle$-**Regel** den Übergang zu der Stellung

$$\frac{\sum (\triangle A_1, \ldots \triangle A_m)}{\begin{array}{c} A_1 \\ \vdots \\ A_m \end{array}} \Big\| \begin{array}{c} \triangle B \\ \\ B \end{array}$$

hinzu. Hier ist vor dem $\triangle$-Schritt ein Querstrich eingefügt, weil nach dem $\triangle$-Schritt nur noch die $\triangle$-freien Formeln $A_1 \ldots A_m$ und B benutzt werden dürfen. Modalformen (also Formeln, die mit „$\triangle$" zusammengesetzt sind) heißen „modallogisch wahr", wenn sie im Dialog mit $\triangle$-Regel verteidigbar sind. Je nachdem, ob man als allgemeine Dialogregel die konstruktive oder klassische nimmt, erhält man eine konstruktive oder klassische Modallogik. Neben „$\triangle$" definieren wir die „Möglichkeit" ∇ durch

$$\nabla A \leftrightharpoons \neg \triangle \neg A$$

und die „Kontingenz" $\mathbb{X}$ durch

$$\mathbb{X} A \leftrightharpoons \nabla A \wedge \neg \triangle A.$$

Konstruktiv ist zwischen $\triangle \neg A$ und $\neg \nabla A$ (A ist unmöglich) zu unterscheiden, weil $\neg \nabla A$ per definitionem für $\neg \neg \triangle \neg A$ steht. Ein Beispiel einer konstruktiven modallogischen Implikation ist:
$$\bigvee_x \nabla a x \prec \nabla \bigvee_x a x.$$

(Die Existenz eines x, für das a möglicherweise wahr ist, impliziert die mögliche Existenz eines x, für das a wahr ist.) Die Verteidigung der These im Dialog sieht folgendermaßen aus:

1. $\vee_x \neg \triangle \neg a x$		$\neg \triangle \neg \vee_x a x$	
2. $\triangle \neg \vee_x a x$?			? 1
3. $\neg \triangle \neg a y$		$\triangle \neg a y$	? 3
4. $\neg \vee_x a x$		$\neg a y$	
	$a y$?	$\vee_x a x$	? 4
	?	$a y$	

Es ist bemerkenswert, daß die Umkehrung (der Schluß von der möglichen Existenz auf Existenz der Möglichkeit) kein modallogischer Schluß ist, auch in der klassischen Modallogik nicht. Klassisch modallogisch (aber nicht konstruktiv) gilt z. B.

$$\nabla (a \vee b) \prec \nabla a \vee \nabla b.$$

(Die Umkehrung gilt sogar konstruktiv.)

Klassisch gilt ferner $\triangle (a \vee \neg a)$, aber nicht $\triangle a \vee \triangle \neg a$, worauf schon Aristoteles in seinen Ausführungen über die Seeschlacht, die notwendigerweise morgen stattfindet oder nicht stattfindet, hingewiesen hat: weder findet sie morgen notwendigerweise statt, noch findet sie morgen notwendigerweise nicht statt.

Die formalen Dialoge mit $\triangle$-Regeln lassen sich auch auf iterierte Modalformeln wie $\triangle \triangle a$, $\triangle (\nabla a \vee \nabla b)$, ... anwenden. Es ist aber umstritten, ob diese Erweiterung für die Sprache der Wissenschaften nützlich ist.

In der Anwendung auf Zukunftsaussagen ist die in der Modallogik übliche Zwischenschaltung der einfachen Wahrheit X zwischen Notwendigkeit $\triangle$ und Möglichkeit ∇ sinnlos, da Zukunftsaussagen einfachhin weder wahr noch falsch sind — sie werden erst wahr oder falsch.

In der Anwendung auf Gegenwarts- oder Vergangenheitsaussagen gewinnt dagegen die Implikation $\triangle A \prec X A$ (aus der $X A \prec \nabla A$ konstruktiv folgt) einen Sinn, wenn von dem „Wissen" S, auf das $\triangle$ (als $\triangle_s$) zunächst bezogen ist, vorausgesetzt wird, daß es aus wahren Sätzen besteht. Ist S wahr, so folgt aus $S \prec A$ nämlich die Wahrheit von A. Für die Dialogführung bedeutet dies, daß der Opponent beliebige Hypothesen der Form $\triangle A \rightarrow A$ übernimmt. Statt dessen kann er sich auch verpflichten, jede seiner $\triangle$-Formeln $\triangle A$ auf einen Angriff „?" durch A zu verteidigen.

§ 4. Deontische Modallogik

Die Logik der deontischen Modalitäten (geboten — erlaubt) entspricht formal der Logik der ontischen Modalitäten, soweit diese sich auf Zukünftiges (hierfür sei der Terminus „mellontisch" vorgeschlagen) beziehen. Denn das Gebot einer Handlung (oder eines durch Handeln zu bewirkenden Zustandes) bezieht sich stets auf zukünftiges Tun und Lassen.

Zunächst besteht in der sprachlichen Form aber der folgende Unterschied: Während unser Wissen über die gegenwärtige Situation und die Verlaufsgesetze in Indikativsätzen formuliert wird, sind für das Befolgen von Geboten nicht nur indikativische Situationsbeschreibungen, sondern auch Imperativsätze, insbesondere bedingte Imperativsätze (die sich an „alle" richten und die daher als „Normen" an die Stelle allgemeiner Verlaufsgesetze treten) erforderlich.

Modalsätze, ob „mellontische" Notwendigkeiten oder „deontische" Gebotenheiten, sind dagegen grammatisch Indikativsätze. Erst wenn wir — im Gegensatz zur Grammatik unserer Umgangssprache — auch die Gebote als eine neue Art von Imperativsätzen einführen, entsteht eine genaue formale Entsprechung zwischen mellontischen und deontischen Modalitäten.

Wir betrachten dazu Normen, also bedingte Imperative der Form $C \to \,! A$: „wenn C, dann bewirke (den Zustand) A!" Mit einem System $! S_1$ solcher Normen

$$C_1 \to \,! A_1$$
$$\vdots$$
$$C_u \to \,! A_u$$

und der Beschreibung S_0 der Situation, in der sich eine Person N „jetzt" befindet, ist zunächst zu untersuchen, welche der Bedingungen C_i „jetzt" erfüllt sind, d. h., welche der C_i aus S_0 logisch folgen. Es seien dies $C_{i_1}, \ldots, C_{i_r}$. Aufgrund von $! S_1$ sind dann die unbedingten Imperative $! A_{i_1}, \ldots, ! A_{i_r}$ an die Person N gerichtet. Bezüglich $! S_1$ ist es daher geboten, jeden Zustand B zu bewirken, für den B logisch aus der Konjunktion der $A_{i_1}, \ldots, A_{i_r}$ folgt.

Mit $! S$ für das Paar $! S_1, S_0$ schreiben wir kurz $\triangle \,_s ! B$, wenn B in der angegebenen Weise aus geeigneten A_i logisch folgt. Als Aufgabe der deontischen Modallogik stellt sich dann die Untersuchung dessen, was „geboten" ist, relativ zu beliebigem $! S$.

Der Unterschied zur „mellontischen" Modallogik besteht nur darin, daß „$\triangle \,!$" anstelle von „$\triangle$" zu schreiben ist. Beidesmal handelt es sich um Behauptungen über die logischen Implikationen, die für alle S bzw. $!\,S$ zu verteidigen sind. Für die ontischen Modalitäten ist es zwar nicht üblich, bei unserem Wissen S, das sich ebenfalls in zwei Teile zerlegt (die Situationsbeschreibung S_0 und das System S_1 von Verlaufsgesetzen), explizit auf die Form $C \to A$ für die Verlaufsgesetze einzugehen — insbesondere weil in der Physik allgemeinere Verlaufsgesetze der Form

$$S_{t+\delta} = F_\delta\,(S_t)$$

für die „Berechnung" der Situationsbeschreibung $S_{t+\delta}$ zur Zeit $t+\delta$ aus der Situationsbeschreibung S_t zur Zeit t gebraucht werden — diese Verschiedenheit ist aber für die Modallogik irrelevant.

Entsprechend zur Definition weiterer ontischer Modalitäten ∇ und $\rlap{/}{\triangle}$ definieren wir in der Deontik

$$\nabla\,!\,A \leftrightharpoons \neg \triangle\,!\,\neg A \quad \text{(„erlaubt")}$$
$$\rlap{/}{\triangle}\,!\,A \leftrightharpoons \nabla\,!\,A \wedge \neg \triangle\,!\,A \quad \text{(„freigestellt")}$$

Der logische Schluß von gewissen Imperativen auf weitere (oben hatten wir von $!\,A_{t1},\ldots,!\,A_{tr}$ auf $!\,B$ geschlossen) läßt sich in der deontischen Modallogik als ein Schluß von Modalaussagen auf weitere formulieren, nämlich als

$$\triangle\,!\,A_{t1} \wedge \ldots \wedge \triangle\,!\,A_{tr} \prec \triangle\,!\,A$$

(mit $\prec$ für die modallogische Implikation).

Dies führt dazu — wie es auch im Deutschen üblich ist —, schon die Basisnormen aus $!\,S_1$ durch Modalaussagen der Form

$$C \to \triangle\,!\,A$$

zu ersetzen.

Dadurch entsteht der Eindruck, als ob die Basisnormen „absolut" geboten sind. Aber sie sind nach unserer Konstruktion selbstverständlich nur relativ zu sich selbst „geboten". Steht man vor der „praktischen" Frage, welche Zwecke (Zielzustände B) man sich setzen „solle", so ist die Gebotenheit eines Zieles B relativ zu einem System von Basisnormen nur ein Teil der Antwort. Die Basisnormen müssen darüber hinaus darauf befragt werden, ob sie „gerecht" sind. Das Problem, wie Normen zu „rechtfertigen" sind, d. h., wie für ihre Gerechtheit (vernünftig) argumentiert werden kann, gehört nicht mehr zur deontischen Modallogik, es gehört zur Theorie der „praktischen" Wissenschaften (also zur Ethik und zur Theorie der Kulturwissenschaften).

Die in diesem Buch begonnene Reflexion auf unsere Möglichkeiten vernünftigen Redens ist schon eine Reflexion auf Handlungen (Redehandlungen). Es stellt sich daher zum Schluß die Frage, ob wir bei der Suche nach Normen für vernünftiges Reden nicht schon zugleich nach Normen gehandelt haben (oder zumindest gehandelt haben sollten), die für alles vernünftige Handeln „gelten".

Durch die Reflexion auf unsere Möglichkeiten vernünftigen Redens ergibt sich, so scheint uns, die Möglichkeit, die in der philosophischen Tradition seit SOKRATES gestellte Frage nach dem vernünftigen Reden über Normen für unser Handeln überhaupt sinnvoll wieder aufzunehmen. Diese „logische Vorschule" ermöglicht so eine „praktische Hauptschule".

PERSONENREGISTER

Antal 64
Apel, K. O. 15, 26
Aristoteles 27, 30, 40, 96, 101, 115, 171, 177, 198, 202, 206, 225f.
Augustin 75, 114, 127, 170 f.
Austin 196

Becker, O. 150
Bloomfield 54
Brouwer 215, 221
Bruno, Giordano 170
Bühler 198
Bultmann 107

Carnap 18, 202
Comte 202

Dante 15, 26
Descartes 17 ff., 43, 165
Duns Scotus 40

Frege 14, 32, 34, 68, 91, 96, 106, 117, 132, 152, 154

Gadamer 27, 150
Gassendi 18
Gentzen 218, 226
Gleason 55, 60
Glivenko 218
Gödel 218

Hamann 14
Hartmann, Nicolai 171
Hegel 19, 22, 149
Heidegger 97, 129, 166, 172
Heitsch 129
Hekataios von Milet 152
Herder 14
Herodot 152
Hilbert-Ackermann 13, 153
Hintikka 225
Homer 129
Humboldt, Wilhelm von 14, 48
Husserl 19

Jaspers 147

Kanger 225
Kant 15 f., 27, 147, 148, 171, 202
Kapp 158
Klein, J. 172
Kripke 225
Krischer 129

Leibniz 17, 27, 52, 75, 127, 141
Locke 17 f., 20
Lorenz, K. 39
Luther 105, 127

Martinet 47
Mill 202

Parmenides 75, 148
Patzig 48, 137, 198
Paulus 146
Peirce 154
Platon 27, 41, 50, 71, 75, 125, 148, 160, 175, 177
Pythagoras 208

Quine 18, 153, 202

Russell 14, 34, 106, 111, 202

Sartre 165
Saussure, Ferdinand de 53
Schneider 104
Sokrates 125, 201, 231
Stegmüller 99, 172

Tarski 18
Thales 15
Thiel, Ch. 91

Wagner, Richard 149
Weisgerber 26
Whorf 67
Windelband 168
Wittgenstein 14, 44, 99, 154
Wolff 42

SACHREGISTER

A

Ableitbarkeit 133, 224
absprechen 29
abstractum 101, 140
abstrahieren 86
Abstraktion 94, 100
Abstraktor 101, 132
Adjunktion 155, 159, 210, 213
affirmativ 30
allgemeine Spielregel 213, 215, 221
Allquantor 161, 207, 223
Analyse
   in: Bedeutungsanalyse 100
analytisch 202
anaphorisch 112
angemessen 49
Angriff 210
Anthropologie 52
Anzeichen 98
apriorisch 202
Äquivalenzrelation 93
äquivok 65, 88
Arithmetik 207, 209, 224
arithmetisch 202
Art 50, 73, 200
Artikel
   s.: bestimmter $\sim$ 34
Aussage 30
$\sim$form 206 f., 220
Elementar$\sim$ 35, 38, 73, 124, 152, 161, 209, 211
empirische $\sim$ 125
kognitive $\sim$ 196
rein darstellende $\sim$ 196
Prim$\sim$ 209
Primaussageform 222

B

Bedeutung 87, 129
$\sim$sanalyse 100

Begriff 86
Begründung 128
Behauptung 30, 120, 122
benennen 31
Beurteilungsprädikator 121
Bewahrung
   in: kritische $\sim$ 27
Bewußtsein 18 f.
Bildungssprache 24

D

darstellend
   in: rein $\sim$ 196
definit
   in: dialog-$\sim$ 164, 211
in: wert-$\sim$ 158, 207 f.
Definition 78, 209
Nominal$\sim$ 90
Real$\sim$ 90
Dialog
$\sim$, klassischer 215
$\sim$, konstruktiver 215
$\sim$, streng-konstruktiver 214
dialogdefinit 164, 211
differentia specifica 79
Disjunktion 154

E

Eigenname 31, 104
$\sim$, historischer 105
Eigenschaft 92
einfacher Junktor 211 f.
einführen
$\sim$, exemplarisch 29
$\sim$, synsemantisch 40
Einsquantor 161 f., 208, 223
einstellig 36
Elementaraussage 35, 38, 72 f., 124, 152, 209
empirisch, empirisch wahr 125, 168, 202

Empirismus 17
empiristisch 202 f.
Entität 103
Erfahrung 169, 202
Erkenntnis 21
Erläuterungssprache 25
erlaubt 186, 225, 230
Erwiderung 210
exemplarisch 29
Existenzaussage 164
existenztragende Wahrheit 145
explizit 71
extensional 93

F

Fakten 141
Fiktion 109, 140
fingieren 109, 138
fingiert 105
∼e Gegenstände 141
∼e Sachverhalte 138
Folge, logische 223
Form
   in: Elementaraussage ∼ 34 f.
formal 205
∼e Logik 13, 202, 205
∼er Dialog 220 f.
∼logisch 205
freigestellt 187, 230
Fundamentalismus 16, 19

G

Gattung 50, 73, 79, 200
geboten 186, 225, 229
Gebrauchsausdruck 24
Gebrauchsprädikator 29, 64 ff.
Gegenangriff 210
Gegensatz
∼, kontradiktorischer 74
∼, konträrer 74
∼, polar-konträrer 74
Gegenstand 39
generell 151, 200
Geometrie 202
Geräte 46
gerecht 192, 230

Geschichtswissenschaft 167
Gewinn
∼regel 211, 213
∼strategie 212 f.
Gewohnheit
   in: Handlungs-∼ 54
gleich 51
∼, extensional 93
∼, intensional 86
gleichartig 49, 51
Gliederung der Welt 46, 50
Graphem 59

H

haecceitas 40
Handlung 53
∼s-Gewohnheit 54
∼s-Schema 58, 60, 100
∼sverstehen 57, 131
Zeige∼ 57
Zeige∼sschema 62
Hermeneutik 178 f.
Herstellungsschema 176
Historie 151
historische Kennzeichnung 105
Historismus 200
homonym 65
Homophonie 66, 88
Hypothese 223

I

Idee 175 f.
Identität 106
Imperativ 187, 189, 229
implizieren
∼, logisch 223
Indikator 111
Orts∼ 115
Zeit∼ 114
Individualität 174
Inhalt 129
intensional 86, 93
interlingual 37
interpersonal 121
Interpretation 176, 179
Intuitionismus 221 f.

Sachregister

invariant 87
kontext~e Elemente 71
kontext~e Kennzeichnung 108

J

Junktor 152
~, einfacher 211 f.

K

Kalkül
   in: Logikkalkül 224
Kategorie 92
Kausalprinzip 169
Kennzeichnung 33, 41, 89, 104
~, historische 105
~, kontextinvariante 108
~, latente 114
~, rückverweisende 108
Pseudo~ 110
Klasse 93
klassisch
~e Logik 154, 215
~e Quantorenlogik 219
kognitiv 196
Konjunktion 153, 159, 210, 213
Konsequenz 223
Konsistenz 218
Konstante 223
Konstruktion 85
Re~ 84
Kontext 64
~abhängigkeit 68
~offenheit 68 f.
kontextinvariant
~e Elemente 71
~e Kennzeichnung 108
Kontingenz 182, 227
kontradiktorisch 74
konträr 73
polar-~ 74
konvers 36, 135
Kopula 34, 90
Kosmologie 44
kritisch 27
Kunstausdruck 23

L

langue 54
Laut 55
Lautgestalt 65, 86
Lautschema 65
lesen 59
Liberalisierung 214 f., 217
Logik
~, formale 13
~kalkül 224
~, mathematische 224
Quantoren~ 222
logisch
~e Folge 223
~e Partikel 152
~e Propädeutik 13
~er Positivismus 21, 202
~er Schluß 223
~ implizieren 223
~-wahr 220
Logistik 224

M

Marken 59 f.
material
~er Dialog 220
mehrdeutig 68
Mehrdeutigkeit 71, 77
mehrstellig 35
mellontisch 229
Mensch 85
Merkmal 77
Metaprädikator 103
Metasprache 83
methodisch 70
Mitteilung 190 ff.
Mitteilungsschritt 193
Modalitäten 179 ff., 225 ff.
Modallogik 225 ff.
möglich 180 ff., 225, 227
Morphem 54
~, zeitunterscheidendes 112
Muttersprache 23

N

natürliche Sprache 23
Negation 30, 155, 160

negativ 30
nicht-empirisch 128, 202
Nichts 166
nomina 32
Nominaldefinition 90
Nominalismus 41
Norm 37, 187, 203, 229 ff.
normierte Schreibweise 37
notwendig 180 ff., 225 f.

O

Objekt 43
~sprache 83
Ontologie 41 f., 170
Ortsindikator 115

P

parole 54
Partikel 152
partikular 164
Phonem 55, 59
polar-konträr 74
Positivismus 21
Possessivpronomen 109
Prädikation 29
Prädikator
~, absprechen 29
~, einstelliger 36
~enregel 83
~, kommt zu 31
~, mehrstelliger 35
~ zusprechen 28
Beurteilungs~ 121
Gebrauchs~ 29, 64 ff.
Meta~ 103
Primaussage 209
~form 222
Prinzip 206
Profanität 149
Propädeutik 13
Pseudokennzeichnung 110

Q

Quantor 161, 207, 223
~enlogik 222

R

Rationalismus 17
Raum 115
Realdefinition 90
Rede
~ (parole) 54, 60
~situation 32 f.
~verstehen 57
rein darstellend 196
Relation 36
~, konverse 36
~, symmetrische 36
Relator 108
res cogitans 19
richtig 122
rückverweisend 108

S

Sachverhalt 132
~, fingierter 138
Säkularisierung 149
Satz 64
~, partikularer 164
Schema
in: Handlungs~ 58, 60, 100
in: Herstellungs~ 176
in: Laut~ 65
in: Zeigehandlungs~ 62
Schluß 223
Schriftzeichen 59
Seiendes 41
Sein 41
singular 35, 151, 167
Sinn 131
situationsabhängig 112
situationsunabhängig 32
Spezialfall 74
Spiel
~, formales 221
~, materiales 221
~regel, allgemeine 213, 221
Sprache
~ (langue) 54
~ als Zeichensystem 60
Meta~ 83

Objekt~ 83
Sprachgebrauch 24
Strukturalismus 55
Subjekt 18
Subjunktion 156, 159, 210, 214
Symbol 99, 153
symmetrisch 36
synonym 65 f., 86
synsemantisch 40, 49, 102
synthetisch 202
Szientismus 13, 126, 148

T

Tatsache 136
Tautologie 40
tautologisch-wahr 205
Terminus 70 ff., 102
Text 63
Kon~ 64
Theologie 107, 127
These 212, 223

U

übersetzen 98
Übersetzung 87
Umgangssprache 23 f.
Umwelt 51
unendlich 170
Unentscheidbarkeit 224
universalia 32, 168, 172
Universalienproblem 104, 172
Urteil 132
~, singulares 35

V

Variable 32, 34
Variabilitätsbereich 161, 223
Vereinbarung 58
~, explizite 71
verifizieren 117
Verifizierung 121
verstehen 56 f.
Handlungs~ 57, 131
Rede~ 57, 130
Verteidigung 210 ff.

Verwendungsregel 210, 213
vollkommene Zahl 208

W

wahr 30, 117 f., 212, 216 f.
~e Aussage 30, 117 f.
analytisch-~ 202
apriorisch-~ 202
formallogisch-~ 205
logisch-~ 202, 205, 220 f.
tautologisch-~ 205
Wahrhaftigkeit 126
Wahrheit 117–150, 181, 183, 203, 212 f.
~, einfache 228
~, klassische 217
~, konstruktive 217
~, semantische 214
~, streng konstruktive 214, 217
~stafel 154, 203 f.
~swert 91, 119, 122, 203 f.
Welt 45, 49
Um~ 51
Wendung 55
wertdefinit 158, 203, 207, 209
Widerspruchsfreiheit 218
wirklich 138 ff.
Wirklichkeit 143
Worterklärung 81
Wortverlauf 101, 130

Z

Zahlwörter 222
Zeichen 58, 97
~system 60
Schrift~ 59
s.: Zeigehandlungsschema 62, 97 f.
Zeigehandlung 57
~sschema 62, 97 f.
Zeit 114 f.
~indikatoren 114
zeitunterscheidend 112
Zirkel 52
zukommen 31
Zulässigkeit 218
zusprechen 28 f.

SYMBOLREGISTER

x	34	ψ	155
ε	34	$\rightarrow$	156, 210
ε'	34	$\bigwedge_x$	161, 207, 223
P	34	$\bigvee_x$	161, 209, 223
$x \varepsilon P$	34	$\bigwedge_x^{\text{Mensch}}$	161
$x \varepsilon' P$	34	ψ	166
$x_1, x_2, \ldots, x_n \varepsilon P$	36	$\dot{v}$	204
$x_1, x_2, \ldots, x_n \varepsilon' P$	36	$a, b, c, \ldots$	205
$\Rightarrow$	(39), 73	$\mathfrak{A}, \mathfrak{B}, \ldots$	210
$\mathfrak{P}$	72	$L\,?$	210
$\mathfrak{Q}$	72	$R\,?$	210
$\mathfrak{r}$	73	$?$	210
$\wedge$	(79), 153f, 210	$\leftarrow$	211
$\Leftrightarrow$	79	$*$	211
$\leftrightharpoons$	79	$\ldots \| \ldots$	212
$P \leftrightharpoons P_1 \wedge P_2 \wedge \ldots \wedge P_n$	80	$?\ 3$	215
y	83	$\prec$	(183), 225
$\mathfrak{y}$	95, 162	$\triangle_s$	225
$\vee$	(102), 155, 210	$\triangle$	180, 227
$x, y \varepsilon R$	135	∇	180, 227
$\breve{R}$	135	X	182, 227
$\mathfrak{a}$	153	$\times$	181, 183, 228
$\mathfrak{b}$	153	$!$	229
$\mathfrak{w}$	153	$\triangle\,!$	229
$\mathfrak{f}$	153	$\nabla\,!$	230
$\times$	154	$\mathrm{X}\,!$	230
$\neg$	155, 210		

MIX
Papier aus verantwortungsvollen Quellen
Paper from responsible sources
FSC® C105338

If you have any concerns about our products,
you can contact us on
ProductSafety@springernature.com

In case Publisher is established outside the EU,
the EU authorized representative is:
**Springer Nature Customer Service Center GmbH
Europaplatz 3, 69115 Heidelberg, Germany**

Printed by Libri Plureos GmbH
in Hamburg, Germany